JAPAN

Susanne Phillipps, geboren 1968, studierte Japanologie in Frankfurt am Main und Tōkyō. Sie promovierte über Manga und hat zahlreiche Beiträge vor allem zur japanischen Polulärkultur verfasst.

JAPAN

Susanne Phillipps

DUMONT

Impressum

Umschlagvorderseite von links nach rechts und von oben nach unten:
Der Berg Fuji, einer der schönsten Vulkane der Welt / Kaiseki-Platte /
Junge Japanerin in traditioneller Kleidung / Tradition und Moderne in Tokyo:
Shinto-Schrein auf dem Dach eines Hochhauses / Sumo-Ringer /
Buddha-Statue in Kyoto

Umschlagrückseite von links nach rechts:
Das Schreintor von Itsukushima / Werbung für Mirin-Beer

Frontispiz:
Der Schnellzug Shinkansen vor dem Berg Fuji

Karten:
Cartomedia, Karlsruhe

Bibliographische Information der Deutschen Bibliothek
Die Deutsche Bibliothek verzeichnet diese Publikation
in der Deutschen Nationalbibliographie;
detaillierte bibliographische Daten sind im Internet über
http://dnb.db.de abrufbar.

Originalausgabe
© 2004 DuMont Literatur und Kunst Verlag, Köln
Alle Rechte vorbehalten
Druck und buchbinderische Verarbeitung: Rasch, Bramsche

Printed in Germany   ISBN 3-8321-7616-0

Inhalt

Inhalt

Vorwort

Japan war die erste und erfolgreichste Industrienation, die nicht dem abendländischen Kulturkreis entstammt, und nach wie vor weisen viele ausländische Beobachter auf den Kontrast, das Spannungsfeld, gar auf die Zerrissen-
heit zwischen japanischer Tradition und Moderne hin. Es ist das unmittelbare
Nebeneinander von Bekanntem und Fremdem, das beim Besucher solche
Einschätzungen heraufbeschwört – geronnen in typischen Momentaufnah-
men wie dem Hochgeschwindigkeitszug Shinkansen vor dem im Shintō-
ismus als Heiligtum verehrten Berg Fuji.

Um die Ursprünge dieses Nebeneinanders, der Praxis, mehr oder weniger
Bewährtes aus der Vergangenheit beizubehalten und sich gleichzeitig Brauch-
bares fremder Kulturen anzueignen, soll es in diesem Band gehen.

Bis ins 19. Jahrhundert hinein konnte die geostrategische Lage der japanischen Inseln nur als günstig bezeichnet werden: nahe genug am Festland,
um Handel zu betreiben oder Anregungen zu empfangen, gleichzeitig aber
weit genug entfernt, um nicht vollkommen schutzlos einer Invasion ausgesetzt zu sein. Für das japanische Reich bedeutete dies: keine sich ständig
verschiebenden Grenzen, keine Völkerwanderungen oder Plünderungen
und die Möglichkeit, sich vor ungewollten Einflüssen anderer Kulturen abzu-
schirmen. Erst 1853/54 erzwangen die Amerikaner die Öffnung des Landes.
Die japanische Regierung war gezwungen, mit mehreren Mächten sogenannte »Ungleiche Verträge« abzuschließen, die sie erst Jahrzehnte später
nach ungeheuren Kraftanstrengungen revidieren konnte. Der Weg, den die
japanischen Regierenden im 19. Jh. einschlugen, verhinderte, daß das Land
eine Kolonie der damaligen Weltmächte wurde. In dieser Hinsicht gilt Japan
bis heute für viele nichteuropäische Staaten als großes Vorbild. Von ausländischen Befehlshabern kontrolliert wurde Japan zum ersten Mal 1945 nach
der völligen Niederlage im Zweiten Weltkrieg.

Die grundlegenden Änderungen, die japanische Kultur, Wirtschaft, Politik
und Gesellschaft im Laufe der Geschichte mehrmals durchliefen, waren meist
selbst gewollt und herbeigeführt. So ist der chinesische Einfluß auf Japan
vergleichbar mit dem der griechisch-römischen Kultur in Europa. Anders
ist indessen der Rhythmus, mit dem sich das Land gegenüber dem Neuen
öffnete und sich dann freiwillig isolierte, um das neu Erworbene eigenen
Bedürfnissen anzupassen. Die folgenden Seiten werden zeigen, daß Japan
keineswegs zu einem kleinen Ableger der chinesischen oder später der
abendländischen Kultur wurde, sondern eine eigene Identität formte: Trotz
aller Begeisterung für das Neue beweisen etablierte Institutionen und Denk-
muster Kontinuität.

Susanne Phillipps

Jōmon – Jäger, Fischer und Sammler

Woher die Vorfahren der heutigen Japaner stammen, ist noch nicht restlos geklärt. Wahrscheinlich kamen verschiedene Völker in mehreren Einwanderungsströmen über Jahrtausende hinweg auf die heutigen Inseln. Während der letzten Eiszeit, als der Meeresspiegel mehr als hundert Meter unter dem jetzigen Niveau lag, verbanden Landbrücken die heutigen Inseln mit dem asiatischen Festland. Als dann vor ca. 12.000 Jahren mit der Erwärmung der Erde der Meeresspiegel wieder anstieg, setzten die Einwanderer auf Booten vom Festland und von Inseln aus dem Süden über.

Spuren dieser frühesten Inselbewohner sind kleine, behauene Werkzeuge wie Faustkeile, Klingen und scharfkantige Wurfspitzen. Die geographischen Bedingungen, die sie vorfanden, haben bis heute großen Einfluß auf das Leben in Japan: An der Nahtstelle zwischen eurasischer, pazifischer und philippinischer Platte gelegen, weist die Erdkruste der Inselkette Risse auf. Der vulkanisch aktive Boden speist Tausende heißer Quellen, und das Aneinanderreiben der Kontinentalplatten erzeugt häufig schwere Erdbeben.

Ein Gefäß der Jōmon-Zeit mit dem charakteristischen Schnurmuster

Die **Jōmon-Zeit** umfaßt eine lange Zeitspanne, deren Beginn die Forscher unterschiedlich früh, meist aber im elften Jahrtausend vor Christus ansetzen. »Jōmon« bedeutet »Schnurmuster« und bezieht sich auf eine Technik zur Verzierung von Keramikgefäßen, die ein auffällig lebhaftes, expressives Dekor aufweisen. Art und Weise ihrer Bearbeitung dient als Hinweis für die weitere Untergliederung der jungsteinzeitlichen Epoche. Im dritten Jahrhundert vor Christus fand die Jōmon-Kultur mit der Verbreitung des Wissens neuer Zuwanderer vom Kontinent schrittweise ihr Ende.

Die Menschen der Jōmon-Zeit, Jäger, Fischer und Sammler, mußten sich an

die stetige Erwärmung der Erde anpassen: Mit dem Aussterben großer Tiere wie des Mammuts konzentrierten sich die Waldbewohner auf die Jagd von Wildschweinen und Hirschen, die sie mit Hilfe von Hunden verfolgten und mit Pfeil und Bogen erlegten. Die Küstenbewohner fingen Fische und sammelten Muscheln, Krebse und an-

Wohnhaus der mittleren Jōmon-Zeit, Rekonstruktion des Edo-Tōkyō-Museums

dere Schalentiere. Die tierische Nahrung wurde von Kartoffeln und Wurzeln, Pilzen, Beeren und Früchten, Kastanien, Nüssen und anderen Baumfrüchten ergänzt. Nahe der Küste fand man Keramiken, die dazu dienten, aus konzentriertem Meerwasser Salz zu gewinnen.

Die Entwicklung von Gefäßen, Gruben und Lagerhäusern zur Vorratshaltung erlaubte den Menschen, seßhaft zu werden. Sie siedelten in Grubenhäusern, kochten auf steinernen Herdstellen und betrieben noch ohne Zug- und Lasttiere einfachen Ackerbau (z. B. Kürbis, Bohnen; Kastanienbäume im näheren Umkreis der Siedlungen). Im Umfeld der Siedlungen fand man Gruben, in denen Stein und Ton abgebaut wurde, und Wege – in schlammigen Gebieten mit Brettern ausgelegt – für den Transport von Werkzeugen und Schmuck. Auf dem Wasser bewegten sich die Menschen in Einbäumen.

Die japanische Sprache

Die Herkunft der japanischen Sprache kann bis heute nicht eindeutig bestimmt werden. Unmittelbar verwandt ist sie lediglich mit der Ryūkyū-Sprache, einer Sprache, die auf den südlich gelegenen Inseln in der heutigen Präfektur Okinawa noch in Gebrauch ist. In der Grammatik weist das Japanische einige Ähnlichkeiten mit dem Koreanischen, in der Lautstruktur mit austronesischen Sprachen auf. Mit dem Chinesischen ist das Japanische indessen nicht verwandt.

Bezeichnungen für das Inselreich

Die ältesten Bezeichnungen für Japan entstammen den beiden Geschichtswerken *Kojiki* und *Nihongi* aus dem frühen 8. Jh. (s. S. 12f.). Sie bezeichnen die Geographie, wie »Land, das aus vielen Inseln besteht« *(Ōyashima no kuni)* oder »Land der weit verstreuten Inseln« *(Shikishima no kuni)* und die Fruchtbarkeit, wie »Land inmitten der üppigen Schilfgefilde« *(Toyo ashihara no nakatsu kuni)* oder »Land der ewig fruchtbaren Reisähren« *(Chiiho aki mizuho no kuni)*.

Im Jahr 645 wurden die Schriftzeichen für »Sonne« und »Grundlage« zur offiziellen Landesbezeichnung, also »Land des Sonnenursprungs« oder »Land der aufgehenden Sonne«. Die beiden Schriftzeichen werden wahrscheinlich seit der Heian-Zeit »Nippon«, später auch »Nihon« gelesen.

Der Name »Japan« bzw. die ältere europäische Bezeichnung »Zipangu« basieren auf einer zeitgenössischen chinesischen Lesung der beiden Schriftzeichen und gehen auf den italienischen Abenteurer und Handlungsreisenden Marco Polo (1254–1324) zurück.

Über die Lebensgewohnheiten geben vor allem die Abfallplätze *(kaizuka,* »Muschel-« bzw. wissenschaftlich korrekt »Molluskenhaufen«) nahe der Siedlungen und an den Küsten Auskunft. Ihr Durchmesser ist oft größer als hundert Meter, meist sind sie mehrere Meter hoch. Auf ihnen häufen sich Essensreste wie Muschelschalen und Gräten, Tierknochen und Pflanzenteile, aber auch ausgediente Keramiken und Werkzeuge. Man fand hölzerne Kämme und Haarpfeile, steinerne Speer- und Pfeilspitzen, Bohrer, Äxte, Messer und Schaber sowie Nadeln, Pfeilspitzen und Angelhaken aus Knochen und Horn.

Verzierungen auf
Gefäßen der Jōmon-Zeit

Die »Schnurkeramik« wurde noch ohne Töpferscheibe und Brennofen gefertigt und blieb unglasiert. Ihr Dekor entstand durch das Eindrücken von Gegenständen in den noch feuchten Ton: Schnüre, zum Teil geknotet, Muschelränder und -rücken oder mit Einkerbungen versehene Stöckchen wurden auf die Wand des zu verzierenden Gefäßes gedrückt. Die so entstandenen spiralförmigen Muster laufen in Streifen rund um das Gefäß und erinnern an Flammen, Strudel oder Wellen.

Über die Jahrtausende hinweg änderten sich Form und Gestaltung: Den zylindrischen Gefäßen mit weiter Öffnung und spitz zulaufendem Fuß, die man in den Boden stecken konnte, folgten kugelige Gefäße. Die Verzierung wurde zunächst komplexer, dann wieder einfacher.

Die kleinen Figuren aus Terrakotta *(dōgu)* wurden bei niedriger Temperatur gebrannt und verkörpern menschliche Gestalten mit Augen, Nase und Gliedmaßen.

Mit Hilfe von Orakeln suchten die Jōmon-Menschen Antworten auf existentielle Fragen. Wahrsager *(urabe)* präparierten und erhitzten Schulterblattknochen von Hirschen, später Schildkrötenpanzer, und deuteten die Muster der durch die Hitze zersprungenen Knochenteile.

Die beiden wichtigsten Quellen mythischer Überlieferung sind die Werke *Kojiki* (»Bericht über alte Begebenheiten«, 712) und *Nihongi* (auch *Nihon shoki*, »Annalen Japans«, 720). Beide Werke schildern die Mythen des Landes und stellen frühe historische Ereignisse bis ins siebte Jahrhundert dar. Während das *Kojiki* im Auftrag der Kaiserin Genmei (reg. 707–715) von einem Gelehrten auf der Basis von mündlichen Vorträgen berufsmäßiger Erzähler zusammengestellt wurde, verfaßten vier Autoren das *Nihongi* nach Vorbildern chinesischer und koreanischer Geschichtsschreibung.

Die Werke schildern zunächst in voneinander abweichenden Versionen die Entstehung der Welt. Dem Werden der Inselgruppe folgt dann der Herabstieg der Götter. Beide Werke versuchen, zahlreiche Haupt- und Nebenmotive aus verschiedenen Mythenkreisen zu einer zusammenhängenden Erzählung zu vereinen. Ursprünglich hatte jede Sippe eigene Mythen, in deren Mittelpunkt ein göttlicher Urahn stand. Als die Yamato im 3. Jh. n. Chr. die Vorherrschaft über andere Sippen erlangten, konnten sie ihre Ahnengöttin, die Sonnengöttin Amaterasu, an die Spitze der Götterhierarchie stellen, mußten aber gleichzeitig dafür sorgen, daß die Schutzgottheiten der unterworfenen Sippen in ihre Mythen einbezogen wurden.

Izanami und Izanagi stehen auf der Schwebenden Himmelsbrücke und rühren mit einem Speer in der Salzflut. Die herabfallenden Tropfen gerinnen zur Insel Onogoro. Druck aus dem 19. Jh.

Die Darstellung der Reichsgründung mit der Abstammung des Tennō-Hauses von der Sonnengöttin verlieh dem Herrschaftsanspruch des Kaiserhauses schließlich ein festes Fundament.

Die Entstehung der japanischen Inselkette und die Geburt der Gottheiten *(kami)*

Das Universum, zunächst Urchaos, teilt sich in den Wohnort der Götter *(Takama no hara,* Hohes Himmelsgefilde) und die Erde, genannt Mittelland oder Schilfgefilde. Von der Erde erhebt sich die Schwebende Himmelsbrücke *(Ama no hashidate)* zum Firmament. Unter der Erde liegt das Land der Toten *(Yomi),* in dem die Dämonen leben.

Generationen von Göttern werden geboren, das letzte der entstandenen Götterpaare, die Geschwister Izanami und Izanagi, steigt auf Befehl der himmlischen Götter vom Himmel herab, um die japanischen Inseln zu erschaffen.

Auf Onogoro zeugen sie weitere Inseln sowie Götter und Göttinnen der Berge, Flüsse und Bäume. An der Geburt des Feuergottes stirbt Izanami. Ihr verzweifelter Gatte Izanagi folgt ihr in die Totenwelt und fleht sie an, mit ihm auf die Erde zurückzukehren. Doch sie weigert sich. Trotz eines Verbotes wirft Izanagi einen Blick auf die Verstorbene. Beim Anblick des verwesenden Körpers flieht er entsetzt, verfolgt von den Flüchen seiner Frau

und Gestalten aus der Unterwelt, denen er sich durch seine magischen Kräfte entzieht. Als er an der Grenze der Totenwelt die Scheidung fordert, verwünscht ihn Izanami: Täglich läßt sie seitdem tausend Menschen sterben, Izanagi zum Ausgleich 1.500 Gebärhütten errichten.

Nach seiner Reise in die Unterwelt reinigt sich Izanagi im Wasser. Beim Waschen seiner Augen entstehen die Sonnengöttin Amaterasu und der Mondgott Tsukiyomi, beim Schneuzen der Nase der Windgott Susanoo.

Nach Rivalitäten zwischen den Göttergeschwistern Amaterasu und Susanoo verwüstet der Windgott Susanoo die himmlischen Reisfelder, zerstört das Bewässerungssystem und verunreinigt die Heilige Halle der Weberinnen. Verärgert flieht die Sonnengöttin Amaterasu in eine Felsenhöhle, Finsternis senkt sich über die Erde, und alles Leben erlischt. Durch eine List schaffen es die versammelten Götter, Amaterasu wieder hervorzulocken: Sie pflanzen einen Baum, hängen Glitzerzeug und Spiegel an seine Äste, und die ausgelassene Göttin der Morgenröte führt einen erotischaufreizenden Tanz auf. Das Geklimper und schallende Gelächter der Götter dringt bis in die Höhle, Amaterasu wird neugierig. Sie öffnet die Grotte einen Spalt breit und steht verblüfft vor ihrem eigenen Spiegelbild. Schnell verschließen die Götter die Höhle hinter ihr. Susanoo wird zur Strafe auf die Erde verstoßen.

Die späteren Kapitel konzentrieren sich auf drei Bereiche: Das Gebiet um Izumo (auf Honshū, heute Provinz Shimane) wird zur Heimat der Nachkommen von Susanoo, der die Prinzessin der Reisfelder vor einem Ungeheuer rettet und dann heiratet. Ihre Nachfahren geraten in Konflikte mit der Sonnengöttin und werden letztlich besiegt.

Amaterasu will ein Mitglied ihrer Familie mit der Herrschaft über das Mittelland der Schilfgefilde betrauen. Sie stattet ihren Enkel Ninigi mit den drei göttlichen Schatzstücken (sanshu no jingi) aus, die die drei kaiserlichen Insignien werden: ihre eigene Perlenkette, das Schwert, das Susanoo aus dem Schwanz eines Drachen schnitt, und der Bronzespiegel, mit dem die Götter die Sonnengöttin aus ihrer Höhle lockten. Beim Berg Takachiho auf Kyūshū steigt Ninigi vom Himmel auf die Erde herab.

Perlenketten bestanden aus sogenannten Krummjuwelen (magatama)

Sein Enkel Jinmu, auf Kyūshū geboren, gilt als Ahnherr aller folgenden Tennō. Jinmu zieht von Kyūshū gen Osten, besiegt den Herrscher von Yamato (Zentral-Honshū) und wird mit der Reichsgründung am 1. Tag des 1. Monats im Jahre 660 vor Christus erster, mythologischer Kaiser Japans.

Damit sehen die Schreiber des *Kojiki* und des *Nihongi* das mythische Zeitalter, oder Götterzeitalter, Japans beendet. An welcher Stelle die Darstellung mythischen Geschehens tatsächlich in Geschichtsschreibung übergeht, beschäftigt die Forschung. Die Jahreszahl 660 vor Christus galt zwar lange als Anfangspunkt der japanischen Geschichte – so feierte man im 1940 ultranationalistisch gesinnten Japan das zweitausendsechshundertjährige Jubiläum des Reiches –, muß aber als Konstruktion der damaligen Geschichtsschreiber betrachtet werden. Da der Mythos um Jinmu die Etablierung des Yamato-Reiches im dritten Jahrhundert nach Christus widerspiegelt, wurde Jinmu mit dem historischen Herrscher Sujin gleichgesetzt.

Bronzespiegel, gefertigt in Tang-China (8. Jh.), aus dem Besitz des Klosters Hōryūji

Shintō

Shintō bezeichnet die grundlegenden Wertorientierungen des japanischen Volkes, seine ureigene religiöse Tradition mit ihren Glaubensinhalten, Institutionen und Praktiken. Er besteht aus drei Elementen: der Naturverehrung, dem Ahnenkult und dem Mythos. Der Shintoismus stellt kein geschlossenes religiöses System dar, es gibt keinen Glaubensstifter, keine heiligen Schriften, keine moralischen Gebote oder Dogmen. Der Mensch gilt als im Grunde gut, das Schlechte oder Böse kann durch bestimmte Reinigungszeremonien beseitigt werden. Die Reinigung ist ein zentrales Konzept des Shintoismus, sowohl im konkreten – vor dem Eintritt in den Schrein wäscht der Besucher die Hände und spült den Mund aus –, wie auch im übertragenen Sinne. Shintō-Priester reinigen noch heute Orte (z. B. Baustellen) rituell durch das Schwenken eines Stabs mit gefalteten Papierstreifen. Von einer starken Bejahung des Diesseits, des Lebens und der Fruchtbarkeit geprägt, gibt der Shintō keine Auskunft über ein Leben nach dem Tod.

Von jeher wurden im Shintō »achthundert Myriaden von Gottheiten« *(yaoyorozu no kami,* »achthundert mal zehntausend« mit der Bedeutung »unzählige«) verehrt. Der Kosmos war erfüllt von *kami*, geistigen Kräften und Wesen, die an allen Formen der Existenz teilhatten. Die *kami* sind keine Verkörperungen absoluter Werte, wie Gerechtigkeit oder Wahrheit, sondern weisen in ihrem Charakter durch und durch menschliche Züge auf (s. S. 13).

Die vergöttlichten **Naturkräfte** (der Landschaft, von Naturphänomenen) hatten kein festes Äußeres und keine feste Wohnstätte. Sie waren mit bestimmten Regionen verbunden oder fanden in besonders eindrucksvollen, konkreten Dingen, wie in Bergen, Flüssen oder auffällig geformten Felsen, ihre Verkörperung. Bildliche oder plastische Darstellungen wurden nicht verehrt.

Täglich mussten den Seelen der Verstorbenen Opfer gebracht wer-

Auch heute noch werden prachtvolle Tragschreine *(mikoshi)* bei unzähligen Schreinfesten in Prozessionen durch die Straßen getragen, wie hier bei dem im Mai stattfindenden Sanjasai (»Fest der drei Schreine«) in Asakusa (Tōkyō). Im Tragschrein ist die Gottheit meist in Form eines Symbols gegenwärtig; das kann ein Spiegel, ein Juwel, ein schöner Stein oder eine Statue sein.

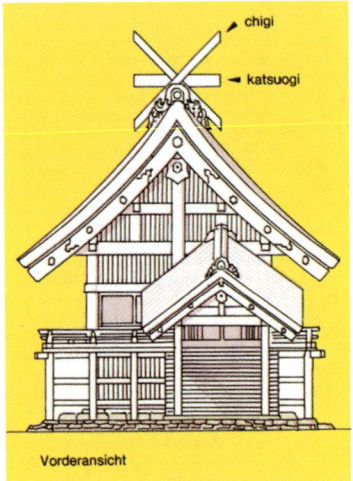

chigi

katsuogi

Vorderansicht

Ein Gebäude des Schreins von Izumo (Izumo Taisha), der den ältesten, vom Buddhismus vollkommen unbeeinflußten japanischen Baustil der Shintō-Architektur (benannt nach diesem Schrein *taishazukuri*), zeigt: Massive Pfahlfundamente tragen die Holzbauten, und über die mit Schilf gedeckten Satteldächer ragen die Giebelsparren *(chigi)* weit heraus. Wahrscheinlich stammt die Form des Pfahlbaus aus frühen Speichern und den sich daraus entwickelnden Behausungen für Höhergestellte.

den. Im Gegenzug wachten die **Ahnen** über das Wohlergehen ihrer Nachfahren. Jede Sippe verehrte eine bestimmte Gottheit, einen Familienahnen, dem die Macht zugesprochen wurde, die Sippe und ihr Land

zu schützen. Als die Yamato ihre Vorherrschaft über die anderen Sippen etablieren konnten, wurde ihre Ahnengöttin, die Sonnengöttin Amaterasu, zur obersten Schutzgottheit der ganzen Nation.

In unterschiedlichen Regionen existierten verschiedene Vorstellungen über die Herkunft der *kami* (vom Himmel herabgestiegen, über das Meer gekommen) und den Aufenthaltsort der Toten (in einer Unterwelt, auf den Gipfeln der Berge, weit draußen auf dem Meer). Zwischen dem Diesseits und dem Jenseits bestand keine unüberwindbare Kluft. Wer den Kontakt mit den *kami* wünschte, mußte sich rituell mit Wasser, Feuer oder Speisen reinigen. An einem ausgewählten Ort hoffte man auf einen erhellenden Schlaf. Meist waren Frauen, Schamaninnen, auf den Kontakt mit den Göttern spezialisiert.

Die bedeutendste Gelegenheit zum Kontakt mit den *kami* boten die regelmäßig wiederkehrenden Festlichkeiten *(matsuri)*, bei denen die Gottheit mit Gesang empfangen, mit Speisen (Getreide, Obst und Gemüse, Wasser, Salz, Reiswein) bewirtet, mit Tänzen und Wettbewerben unterhalten wurde. Dem Darbringen von Opfergaben folgten gemeinsame Gebete. Ein Baum oder Zweig diente der Gottheit bei den Festen als temporärer Aufenthaltsort. Die älteste Beschreibung einer solchen ausgelassenen Feier findet man in der mythischen Szene, in der die Sonnengöttin Amaterasu von den anderen Göttern aus ihrer Höhle gelockt wird.

Die Übernahme von Verwaltungsstrukturen aus China und die Verbreitung buddhistischer Ideen in der Kofun-Zeit brachte zahlreiche Neuerungen für den Shintoismus. Waren bisher die Naturgottheiten an besonderen Stellen im Freien, die Ahnen an den Grabstätten verehrt worden, entstanden erst mit der Einführung des Buddhismus Schreine (miya, jinja) und erste bildliche Götterdarstellungen. Die Taihō-Gesetze (702 n. Chr.) sahen eine eigene Behörde, Jingikan, für die Organisation des Kultes und Verwaltung der Schreine vor.

Seit der Nara-Zeit gewannen buddhistische Priester Einfluß auf den Shintō und forcierten eine Verschmelzung von Shintō und Buddhismus (ryōbu shintō). Anhänger dieses Synkretismus interpretierten die shintoistischen Gottheiten als Buddhas und Bodhisattvas, die sich in lokalen und nationalen Gottheiten manifestieren. Amaterasu wurde so als eine Erscheinungsform des Vairocana-Buddha gesehen. Seit der Heian-Zeit äußerte sich diese Synthese auch architektonisch und organisatorisch: Tempel wurden in einer Mischform errichtet, die meisten Schreine wurden unter die Leitung buddhistischer Priester gestellt.

Die Edo-Zeit, in der die Shōgune aus der Familie der Tokugawa poli-

tisch regierten (1600–1868), stand unter dem Einfluß des Neokonfuzianismus. Gelehrte der Nationalen Schule (kokugaku) betrieben altertumskundliche Forschungen und riefen als Gegenreaktion auf die verschiedenen Einflüsse, die auf den Shintoismus einwirkten, eine Bewegung zur Erneuerung des »Reinen Shintō« ins Leben. Ihre Gedanken

Die Verschmelzung von Buddhismus und Shintō äußerte sich auch im Entwurf shintoistischer Mandalas, die im Gegensatz zu den buddhistischen keine streng geometrische Aufteilung aufweisen. Das Kasuga-Mandala (13. Jh.) zeigt einen Hirsch (shika) als göttlichen Boten. Über dem Sattel erhebt sich ein geheiligter Baum (sakaki), auf seinen Ästen stehen die Gottheiten des Kasuga-Schreins (Nara) als Buddhas.

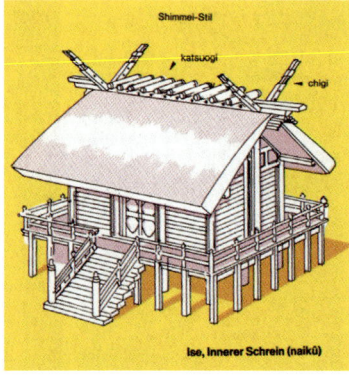

Shimmei-Stil

katsuogi

chigi

Ise, Innerer Schrein (naikū)

Seit dem Mittelalter sind die beiden Heiligtümer, der Innere und Äußere Schrein, in den Wäldern von Ise Ziel shintoistischer Pilger. Beide Schreine werden seit 685 alle 20 Jahre neu errichtet. Der Innere Schrein ist der Sonnengöttin Amaterasu geweiht. Hier wird für den Besucher nicht sichtbar der Heilige Spiegel aufbewahrt, Realsymbol *(shintai*, wörtl. »Körper einer Gottheit«) der Sonnengöttin. Zu Zeiten des Staats-Shintō waren die Schreine nationale Kultstätte.

dienten als Basis für den Staats-Shintō, eine politische Schöpfung aus den Anfangsjahren der Meiji-Zeit, die auf die Verankerung einer nationalen und kulturellen Identität unter der Herrschaft des Kaiserhauses abzielte. Die Göttlichkeit des Tennō sah man in der mythologischen Behauptung begründet, er stamme in ununterbrochener Linie vom ersten auf die Erde herabgestiegenen Kaiser und damit von der Sonnengöttin ab.

Der Staats-Shintō, aufs engste mit dem Kaiserkult verbunden, definierte sich als überreligiöser Kult des Patriotismus und unterlag der strengen Kontrolle durch die Regierung. Buddhistische Tempel wurden zerstört, buddhistische Priester verfolgt. In der Zeit vor und während des Zweiten Weltkrieges sahen die Verfechter des Ultranationalismus in der göttlichen Herkunft des Herrschers die Legitimation für das japanische Volk, Angehörige anderer Nationalitäten zu unterwerfen.

1945 wurde der Shintō auf Druck der alliierten Besatzungsmächte als Religion definiert. Der offizielle Staats-Shintō wurde verboten und die Trennung von Staat und Religion durchgesetzt. Die Verfassung von 1947 definiert den Kaiser als »Symbol Japans und der Einheit des japanischen Volkes«. Schreine haben keinen staatlichen Charakter und kein staatliches Einkommen mehr. Wiederholt forderten die Riten des Kaiserhauses kritische Stimmen heraus, die in ihnen eine Gefahr der Wiederannäherung von Shintō und Staat sehen, und mehrfach lösten hochrangige konservative Politiker Empörung aus, die zum Jahrestag des Kriegsendes im August den Schrein Yasukuni besuchten. In diesem Schrein, in dem für das Vaterland Verstorbene geehrt werden, sind die Namen einiger nach 1945 als Kriegsverbrecher hingerichteter Politiker und Generäle verewigt.

Heute existiert der Shintoismus in einzelnen, vom Buddhismus unabhängigen Sekten und in Riten des Schrein-Shintō fort. Die meisten Japaner besuchen Schreine nur zu den Festtagen. Sie ziehen Orakelzettel *(mikuji)* und versorgen sich mit Amuletten und Talismanen *(o-mamori)*, die gegen Krankheiten schützen, bei Prüfungen und Kinderwunsch helfen oder die Ehe stabilisieren sollen.

Heute sehen sich fast alle Japaner als Shintoisten, und 90 Millionen gleichzeitig als Buddhisten. Nach shintoistischem Brauch werden freudige Ereignisse wie Hochzeiten und Geburten gefeiert, und wichtige Unternehmungen erhalten shintoistischen Segen. Dagegen wird die (Feuer-)Bestattung nach buddhistischem Brauch vorgenommen.

Etwa 11 Mio. Japaner gehören einer der sogenannten »neuen Religionen« an, verschiedene in der Gegenwart gegründete Sekten. Das Christentum spielt mit ca. 1,5 Mio Anhängern eine untergeordnete Rolle.

Ein Schreingelände betritt man durch ein oder mehrere Schreintore *(torii)*. Das wohl berühmteste *torii* erhebt sich vor der Insel Miyajima aus dem Meer (Präfektur Hiroshima). Der Itsukushima-Schrein, zu dem es führt, ist den drei göttlichen Töchtern des Sturmgottes Susanoo geweiht.

Yayoi – Die ersten Reisfelder entstehen

Die Menschen der Jōmon-Zeit hatten noch kaum Kontakt zur Außenwelt, und ihre technische Innovationskraft stagnierte. Als im dritten Jh. v. Chr. neue Gruppen von Einwanderern die Inselkette erreichten, revolutionierte das Wissen, das sie mitbrachten, das Leben der Einheimischen. Die Phase dieser umwälzenden Neuerungen wird nach dem Tōkyōter Stadtteil Yayoi benannt, in dem die ersten Fundstücke dieser Zeit entdeckt wurden. Die **Yayoi**-Zeit fand nach rund 600 Jahren im dritten nachchristlichen Jahrhundert mit der fortschreitenden Staatenbildung und der Vorherrschaft der Yamato-Sippe ihr Ende.

Höchstwahrscheinlich kamen die Einwanderer – die sich in Körperbau, Schädel- und Zahnform von den Jōmon-Menschen unterschieden – über die koreanische Halbinsel und landeten an den Nordküsten der Insel Kyūshū. Ausgrabungen legen die Vermutung nahe, daß die Yayoi-Kultur nicht in Massenbewegungen oder großen Eroberungswellen weitergetragen wurde,

Dorf aus der Yayoi-Zeit: Die Menschen siedelten vor allem im feuchten Flachland, das die Anlage von Feldern erleichtert. Neben Wohngruben errichteten sie Speicher und Wohnungen auf Pfählen, die sie durch Holzgerüste stabilisierten und mit Stroh deckten.

sondern von Seefahrern, Händlern und Kriegern, die die Inseln in Gruppen erreichten und sich mit den Einheimischen vermischten oder sie vertrieben. Einige Jahrhunderte lang bestanden beide Kulturen nebeneinander: Während im Südwesten Japans bereits Erzeugnisse der Yayoi-Kultur im Einsatz waren, stellten die Bewohner im Nordosten noch Jōmon-Gefäße her. Mitgebracht hatten die Einwanderer das Wissen um den Reisanbau auf bewässerten Feldern sowie Herstellung und Gebrauch von Metallwerkzeugen und -waffen. Diese Errungenschaften stellten die Weichen für eine komplexer werdende Agrargesellschaft.

Die Menschen lebten in kleineren Dörfern und zum ersten Mal auch in regionalen Zentren, größeren Siedlungen mit vermutlich einigen hundert bis eintausend Einwohnern, die von einem oder mehreren Gräben umgeben waren. An der Spitze der hierarchisch gegliederten Gemeinwesen standen die Oberhäupter der Sippen *(uji)*. Sie residierten in besonderen Wohnhäusern, ihnen oblag neben der politischen Führung auch die Ausführung der Riten und des Kultes: Jede Sippe führte ihre Abstammung auf einen Vorfahren zurück, den sie zu ihrer Schutzgottheit *(ujigami)* erhob.

Die Handwerker und die zahlenmäßig weit überlegenen Bauern fanden sich nach Berufsgruppen in Gemeinschaften *(be)* zusammen. Gebunden an eine Sippe, bildeten sie deren wirtschaftliches Rückgrat.

Dōtaku, ursprünglich ein glockenförmiges Musikinstrument aus Korea. Die in Japan gefundenen *dōtaku* haben eine Größe von einigen Zentimetern bis zu mehr als einem Meter. Sie waren nicht als Instrumente in Gebrauch, sondern wurden wahrscheinlich rituell verwendet und begraben. Einige sind mit Ornamenten geschmückt, andere zeigen Tiere und Jagdszenen, Haus- und Ackerbau.

Außerhalb der Siedlungen wurden Gemeinschaftsfriedhöfe mit unterschiedlichen Grabformen (Erdgräber, Steinkistengräber, Bestattungsgefäße) angelegt. Nur einigen wenigen Toten wurden Bronzespiegel chinesischer oder koreanischer Herkunft mit ins Grab gegeben. Der Spiegel, Symbol der Macht, zählte später zu den drei kaiserlichen Insignien.

Da die Einwanderer zu einer Zeit nach Japan kamen, als das Eisen in ihrer Heimat schon weit verbreitet war, fehlt in der japanischen Geschichte eine ausgeprägte Bronzezeit: Bronze kam nur kurz zum Einsatz und wurde dann nicht mehr zu Gerätschaften des täglichen Gebrauchs, sondern zu Ritual- und Prestigeobjekten (Spiegel, Glocken) verarbeitet.

Die bergige und an den Küsten steil zerklüftete Landschaft Japans hatte bis dahin in relativ kleinen, abgeschlossenen Räumen zahlreiche Ansiedlungen ohne gegenseitige Herrschaftsbeziehungen hervorgebracht. Die Yayoi-Zeit ist die Zeit der ersten längeren kriegerischen Auseinandersetzungen und politischen

Natur und Natursymbolik

Die unterschiedlichen Klimazonen und das landschaftliche Mosaik brachten in Japan einen großen Formenreichtum in der Pflanzenwelt hervor. Bis heute herrscht in Alltag, Literatur und Kunst ein starkes Bewußtsein für die Natur im Ablauf der vier Jahreszeiten.

So wird jährlich das »Wandern« der Kirschblüte vom (wärmeren) Süden in den (kälteren) Norden von Mitte März bis Mitte April von allen Fernsehstationen akribisch beobachtet und von zahllosen *hanami*-Feiern (Festen zum »Blütenschauen«) begleitet: Familien und Kollegen picknicken und zechen unter den Kirschbäumen, deren Äste sich unter der Last prächtiger Blüten biegen.

In der Gedichtkunst war jede Jahreszeit mit zahlreichen Wörtern verbunden, die Bilder aus der Flora und Fauna bzw. natürliche Phänomene wachriefen (s. S. 70). Die durch Konventionen genau festgelegten Begriffe (wie Kirsch- und Pflaumenblüte, Chrysantheme und Bambus, Nachtigall, Kuckuck oder Krähe) wurden über die Jahrhunderte in Handbüchern kanonisiert, manchmal mit Assoziationen, die dem eigentlichen Erleben gar nicht unbedingt entsprechen.

Das berühmteste aller Symbole ist die Kirschblüte, die durch ihre Pracht und durch das unvermittelte Herabregnen der Blütenblätter nach ihrem Verblühen Anmut, Jugend und schnell vergängliche Schönheit symbolisiert

Bündnisse: Einige Sippen wurden so mächtig, daß sie andere in ihren Verband eingliedern konnten. Aufschluß darüber geben – noch lange vor der Existenz schriftlicher Zeugnisse in Japan – zeitgenössische chinesische Berichte: Die chinesischen Herrscher ließen Informationen über Ansiedlungen jenseits ihrer Grenzen sammeln und in den Abschnitten der Dynastie-Geschichten über fremde Völker festhalten. Ausgrabungen bestätigten in vielerlei Hinsicht den Inhalt der Berichte über das »Land der Wa«, wie die Chinesen das Inselreich bis ins 8. Jahrhundert nannten.

Die Keramik der Yayoi-Zeit ist braunrot, manchmal schwarz, und weist schlichte Verzierungen auf. Die Krüge zum Aufbewahren der Nahrung, die Gefäße zum Kochen und die Schüsseln zum Anrichten des Essens wurden auf Töpferscheiben gefertigt, bei niedriger Temperatur gebrannt, zum Teil bemalt und poliert.

Nach diesen chinesischen Quellen existierten im ersten Jahrhundert vor Christus noch über hundert »Staaten«, das heißt Sippen oder kleinere Verbände von schätzungsweise mehreren tausend bis einigen zehntausend Menschen. Einige dieser Sippen unterhielten diplomatischen Kontakt zu China. Im dritten Jahrhundert nach Christus erwähnen sie dagegen dreißig Sippen, die sich der Macht des Staates Yamatai beugten. Das bedeutet, daß sich ein erstes politisches Gebilde, ein Verband mehrerer Sippen unter der Vorherrschaft einer Hauptsippe, herausgebildet hatte. Nach chinesischen Informationen bestand Yamatai aus 70.000 Haushalten und wurde von einer Herrscherin namens Himiko regiert. Himiko war vermutlich eine Art Schamanin, die neben der realpolitischen Herrschaft die Mittlerfunktion zwischen der Schutzgottheit und dem Volk innehatte. Die Aufgabe, mittels Orakel den Willen der Gottheit zu erfahren und den Untertanen kundzutun, hatten oft Frauen inne.

Wo Yamatai lag, ist bis heute umstritten: vielleicht auf der Insel Kyūshū, wahrscheinlicher aber in der Ebene südlich von Nara (Zentral-Honshū). Vieles spricht für die Lage auf Honshū, denn man vermutet, daß Yamatai der Vorläufer des späteren Staates Yamato war.

Die Reispflanze mit den eigentümlich runden Körnern kam wahrscheinlich über mehrere Routen vom chinesischen Festland auf die japanischen Inseln. Seit dem 3. Jh. v. Chr. prägt der Reis das Leben in Japan entscheidend: Als Opfergabe für die Götter, als Naturalsteuer und später als Grundnahrungsmittel, vor allem aber als Symbol für die Form des japanischen Zusammenlebens: Im Reisanbau wird im allgemeinen der Ursprung des japanischen Gruppendenkens lokalisiert, denn die Instandhaltung des für den Anbau von Naßreis notwendigen Bewässerungssystems verlangt Arbeitsteilung und Zusammenhalt, um den Ertrag eines jeden einzelnen zu gewährleisten.

Trotz der Modernisierung, die arbeitserleichternde Maschinen, Dünger, Insekten- und Unkrautvernichter brachte, ist der Ablauf von der Aussaat bis zur Ernte seit Jahrhunderten derselbe geblieben. Die Reissamen, die man von der letzten Ernte zurückgelegt hat, läßt man vor der Aussaat keimen, indem man die Strohballen, in denen sie gelagert wurden, zunächst in Wasser legt und dann in der Sonne ausbreitet. Die Aufzuchtbeete werden mit Seilen in Quadrate unterteilt, um ein gleichmäßiges Verteilen der Saat zu erleichtern. Nach etwa vierzig Tagen werden die Setzlinge auf die inzwischen gefluteten Hauptfelder umgepflanzt. In den Sommermonaten werden die Felder immer wieder von Unkraut befreit und der Wasserspiegel möglichst konstant gehalten. Besonders in trockenen Jahren muß die Kontrolle über das ausgeklügelte Wassernetz eine gerechte Verteilung gewährleisten. Vor der Ernte im Herbst läßt man die Felder schließlich austrocknen. Heute werden die Ähren maschinell geschnitten, in der Yayoi-Zeit arbeiteten die Menschen mit hölzernen Sicheln, die manchmal mit eisernen Spitzen versehen waren. Die Reisgarben werden in Bündeln getrocknet, dann das Korn von der Ähre gestreift. Ein Teil wird für die Aussaat im nächsten Jahr zurückgelegt, früher mußte der Großteil als Steuern abgegeben werden.

Bestimmte Bräuche begleiten die einzelnen Arbeitsschritte. Die Flutung des Hauptfeldes feierte man in großem Zeremoniell, und das Setzen der Sprößlinge, eine körperlich harte Arbeit, die Ausdauer und einen bestimmten Rhythmus verlangt, wurde von Liedern begleitet. Während der Wachstumsphase erbat man den Beistand der Götter, vor allem der shintoistischen Reisgottheit Inari, auch Schutzpatronin des Handels und des Wohlstandes, die als Botin in der Gestalt des Fuchses erscheint. Durch Zeremonien sollten Schädlinge von den Feldern ferngehalten werden. Schließlich brachte man den Göttern bei Erntefesten Opfer zum Dank.

Während der Edo-Zeit wurde der gesellschaftliche Rang eines Samurai an seiner jährlichen Reiszuteilung gemessen. Bis ins 19. Jh. aßen die japanischen Bauern nur bei Festlichkeiten reinen Reis, ansonsten wurde er mit anderem Getreide (Weizen, Gerste, Hirse) gemischt. Grundnahrungsmittel wurde der Reis erst in der Meiji-Zeit. Nach dem Zweiten Weltkrieg sank der Verbrauch durch das Angebot von Brot, Nudeln usw. beständig, so daß Mitte der sechziger Jahre zum ersten Mal Überschuß produziert wurde.

An Hängen terrassierte Reisfelder passen sich in ihren Umrissen den unregelmäßigen Formen des Hügels an. Der Naßfeldbau verlangt flache Felder, die zum richtigen Zeitpunkt mittels künstlicher Bewässerungsanlagen geflutet werden können. Am Hügel lieferten Kanäle oder Bambusrohre das Wasser, in Ebenen mußte das Wasser mit Kurbeln oder Tretmühlen aus dem Boden geholt werden. Die Felder sind von kleinen Wällen umgeben, die das Wasser am Abfließen hindern.

Die Regierungspartei LDP sah sich dem ständig steigenden Druck aus dem Ausland ausgesetzt, den Reismarkt zu öffnen, wollte aber die Reisbauern als Stammwähler nicht verlieren, hielt die Grenzen verschlossen und subventionierte die Agrarbetriebe mit immensen Summen. Während die japanischen Konsumenten ein Vielfaches des Weltmarktpreises bezahlten, versuchte das Landwirtschaftsministerium, durch angeordnete Stillegungen von Anbauflächen der Überproduktion entgegenzuwirken, eine Kontrolle, die vollkommen versagte. 1995 wurde ein Gesetz verabschiedet, das die vollständige staatliche Kontrolle über den Reishandel beendete und eine an der Nachfrage orientierte Preisbildung anstrebte. Nach wie vor sind aber die viel zu kleinen Betriebe unrentabel, nicht konkurrenzfähig und werden subventioniert. Über die Hälfte aller Reisbauern ist heute über 65 Jahre alt. Und nach wie vor ist der heimische Reisanbau ein emotionsgeladenes Thema, das in weit größerem Maße die Gemüter bewegt, als die wirtschaftliche Bedeutung vermuten ließe.

Kofun – Ein Staat entsteht

In der **Kofun**-Zeit, einer Epoche großer Umwälzungen, konnten die Oberhäupter der Yamato-Sippe ihre Vorherrschaft, die sie über andere Sippen gewonnen hatten, zu einer Zentralgewalt ausbauen, so daß im 7. Jh. die Macht konkurrierender Sippenverbände gebrochen war. Augenfälliger Ausdruck der neuen Herrschaft sind riesige Hügelgräber, Begräbnisstätten, die der Epoche den Namen gaben _(kofun, »alter Grabhügel«, »Tumulus«)._

Prägend für die Zeit war der Einfluß der chinesischen Kultur. Die japanischen Gelehrten lernten chinesische Schrift und Literatur kennen, und mit den chinesischen Kulturgütern drang das Wissen um den Buddhismus nach Japan. Am Hof sorgte die neue Religion als machtpolitischer Faktor zunächst für Unruhen, um schließlich zu Beginn des 7. Jahrhunderts zur Staatsreligion erhoben zu werden. Die Kofun-Zeit endet 710 mit dem Umzug in die erste dauerhafte kaiserliche Residenz, Nara (Heijōkyō).

Die herrschende militärische Elite, aus blutsverwandten Sippen entstanden, trieb die politische Machtkonzentration voran, indem sie durch militärische Unterwerfungen und politische Koalitionen lokale Hegemonien schuf. Der Aufstieg des späteren Kaiserhauses ist als Prozeß zu verstehen, in dem ein Sippenverband,

Der berühmteste Grabhügel, die letzte Ruhestätte des Herrschers Nintoku, wird auf das 5. Jh. datiert und liegt in Sakai (Präfektur Ōsaka). Der Hügel in Form eines Schlüsselloches ist etwa 480 Meter lang und wird von drei Wassergräben umgeben. In seiner Mitte befindet sich eine Gruft mit einem Steinsarg und Grabbeigaben.

seßhaft in Yamato, durch Feldzüge und Diplomatie schrittweise seine Vormachtstellung
über die anderen Oberhäupter
etablierte. Da die Yamato-Sippe
zu keiner Zeit über die alles
beherrschende Militärmacht
im Land verfügte, mußte sie in
vielen Fällen Bündnisse einge-
hen. Die eingegliederten Sip-

penoberhäupter wurden mit erblichen Standestiteln
(kabane), die die Ausübung eines bestimmten Berufes
oder Amtes genehmigten, an die neue politische Gewalt gebunden.

Soldat und Pferd,
tönerne Grabfiguren
aus dem 6. Jh.

Der Weg der Einigung und die Herkunft der neuen
Führungsschicht bergen nach wie vor viele Rätsel.
Forscher sehen in den Mythen (Auseinandersetzung
mit den Nachfahren des Susanoo in Izumo, Unterwerfung der Yamato und anderer Führer) einen Spiegel der tatsächlichen historischen Entwicklungen. Als
gesichert gilt, daß der Südwesten Japans im 4. Jh. der
Yamato-Föderation eingegliedert war, im Norden dagegen die Kämpfe noch bis ins 9. Jh. andauerten.

Ihre neu gewonnene Machtfülle demonstrierten die
Herrscher anhand riesiger Grabhügel, die sie für die
Zeit nach ihrem Tod errichten ließen. Im Unterschied
zu vielen anderen Neuerungen hatten die Hügelgräber
ihren Ursprung nicht auf Kyūshū, sondern im Zentrum der Insel Honshū.

Rund um die Grabhügel wurden auf Röhren tönerne
Figuren *(haniwa)* in Form von Häusern, Geräten und
Tieren und ab dem 5. Jh. auch Darstellungen menschlicher Figuren angebracht: ein symbolisches Grabgeleit
aus Kriegern, Bauern, Tänzern und Musikern.

In den Grabbeigaben wird das Leben der Oberschicht lebendig: zunächst aus China importierte, später auch in Japan gefertigte Bronzespiegel, Waffen und
Schmuck aus Muscheln zeugen von Macht und Wohlstand. Ab etwa 400 n. Chr. tauchen plötzlich neue
Grabbeigaben auf: Gold- und Silberschmuck, Kronen,

Vergoldete Bronze-
schuhe aus einem
Grabhügel, 5./6. Jh.

Helme, Panzer, Waffen, Gürtelbeschläge, Zaumzeug
und Sattel. Die neuen Materialien und Bearbeitungs-
techniken und ihre auffällige Übereinstimmung mit
Funden vom Festland werfen Fragen auf, zu denen
Archäologen zwei verschiedene Theorien formuliert
haben: Einige Forscher sehen die neuen Techniken als
vom Festland übernommen und in die heimische Kultur integriert; eine auf den japanischen Inseln ansässi-
ge Sippe muß demnach nach koreanischem Vorbild
Reitertruppen ausgehoben haben und konnte ihre Vorherrschaft ausbauen. Dem gegenüber steht die andere
These, wonach ein den heimischen Sippen technisch
und militärisch überlegenes Reitervolk über Korea
nach Japan gekommen ist, die japanischen Sippen
unterworfen und den Staat Yamato gegründet habe.

Tatsächlich führten viele Einwanderer, die vor Krie-
gen auf dem Festland flüchteten, neue Fertigkeiten
und Techniken in Japan ein. Nach dem Verlust der
chinesischen Vorherrschaft kämpften auf der koreanischen Halbinsel die verfeindeten frühkoreanischen
Reiche Koguryo (Norden), Paekche (Westen) und Silla
(Osten) um die Macht. Japanische Truppen unterstützten Paekche und errichteten 369 sogar eine eigene Kolonie, Mimana, am Südzipfel der Halbinsel. Doch 554
schlug das mit China eng verbündete Silla den Staat
Paekche, und 562 verloren die Japaner ihren Stütz-
punkt an Silla. Viele koreanische Flüchtlingsfamilien
begleiteten die japanischen Soldaten auf ihrem Rückzug. Durch ihr Wissen spezialisierte sich das (Kunst-)
Handwerk, wie die Weberei, die Keramik, die Metall-
und Steinbearbeitung. Koreanern und Chinesen, die

lesen und schreiben konnten, wurde in Japan hohe
Achtung entgegengebracht. Als Angestellte am japanischen Hof brachten sie verwaltungstechnische Kenntnisse vom Festland ein. Nach einem japanischen Fami-
lienstammbuch von 815 war fast ein Drittel aller Adligen koreanischer Abstammung.

Auch der Buddhismus fand seinen Weg über die
koreanische Halbinsel nach Japan. Mönche, die vom
Festland gekommen waren, verbreiteten viele Innova-
tionen, die das Leben der japanischen Bauern erleich-
terten: den Pflug, eiserne Ackergeräte, den Einsatz von
Pferden und Rindern, den Gebrauch von Dünger. Den
Aufzeichnungen zufolge soll der König von Paekche
Mitte des 6. Jahrhunderts (538 oder 552) den Herrscher
von Japan um Waffenhilfe gegen seine Nachbarn gebeten haben. Die Übersendung seiner Geschenke,
Buddha-Statuen und Sutren, gilt als die offizielle Einführung des Buddhismus in Japan.

Am japanischen Hof waren die Reaktionen auf die
Geschenke gespalten. Die Familien, die ihre Abstammung auf shintoistische Schutzgottheiten zurückführ-
ten, sahen in der neuen Religion eine Bedrohung.
Da die Etablierten die Rache der einheimischen Götter
– sicherlich aber noch mehr den Verlust der eigenen
sozialen Stellung – fürchteten, lehnten sie den neuen
Glauben strikt ab. Andere Familien, insbesondere die
Soga, förderten dagegen das neue Gedankengut. Durch
eine geschickte Heiratspolitik hatten sie eine bedeutende Stellung am Hof errungen und sahen im Buddhismus die Möglichkeit, den Einfluß alteingesessener,
konkurrierender Sippen zu schwächen. Die Auseinandersetzungen um den Buddhismus mündeten in einen
bewaffneten Kampf zwischen den Befürwortern (die
Familien Soga und Ōtomo) und Gegnern (Mononobe
und Nakatomi) um die Vorherrschaft im Land. Buddhistische Tempel wurden erbaut und von den Gegnern
niedergerissen, Statuen aufgestellt und wieder zerstört.
587 schließlich wurden die Mononobe vernichtend
geschlagen und die Soga errangen die Herrschaft im
Land. Kaiserin Suiko (reg. 592–628) bestieg den Thron

und berief 593 ihren Neffen Shōtoku zum Regenten. Kronprinz Shōtoku (Shōtoku taishi, 574–622) gilt als *die* herausragende politische Figur des Altertums. Viele Legenden ranken sich um das Leben des Staatsmannes, der ein Förderer des Buddhismus war und auch religiös verehrt wird. Während seiner knapp dreißigjährigen Regentschaft traten Reformen in Kraft, die Japan von einer Sippengesellschaft in einen zentral regierten Staat umwandelten. Dabei galt China in jeder Beziehung als Vorbild: Das Oberhaupt der Yamato-Sippe wurde zum absoluten Herrscher und nahm den Titel Tennō (»himmlischer Herrscher«, auch *tenshi,* »himmlischer Sohn«, oder *tenson,* »himmlischer Enkel«) an, nach Rängen gegliederte Beamte erfüllten die Aufgaben des Staates, und im ganzen Land galten von

Kämpfe um den Kaiserthron

Das japanische Kaiserhaus gilt als die älteste Monarchie der Welt. Dies bedeutet aber nicht, daß die Macht über die Jahrhunderte hinweg friedlich vom Herrscher an einen von ihm bestimmten Nachfahren weitergegeben wurde. Die Tatsache, daß zahlreiche Anwärter (Nachfahren des Tennō oder seiner Vorfahren) als Thronfolger in Betracht kamen, führte nicht selten zu Streitereien um die Erbfolge, zu Staatsstreichen und Mordanschlägen, bei denen Rivalen – mitunter die engsten Verwandten – aus dem Weg geräumt wurden. Aus dem Hintergrund agierten verfeindete Parteien, die unterschiedliche Thronanwärter unterstützten, rechtzeitig aufgedeckte Verschwörungen und mißglückte Umsturzversuche wurden mit Verbannung oder Tod bestraft.

Einige Herrscher mußten den Thron unfreiwillig an Verwandte abtreten, andere wiederum bestiegen mehrmals den Thron und gingen mit unterschiedlichen Namen für die verschiedenen Regierungszeiten in die Geschichte ein. Häufig herrschten Verwandte aus dem Hintergrund, wie Monarchen, die offiziell zugunsten ihrer Söhne zurücktraten, um tatsächlich befreit vom zeitraubenden Hofzeremoniell die Macht ausüben zu können. Eine Kompromißformel sah vor, daß im Wechsel von zehn Jahren Nachfolger der verschiedenen Linien der Tennō-Familie den Thron besteigen sollten.

Schon im 9. Jh. hatten Regenten aus der Familie der Fujiwara die Staatsgeschäfte übernommen. Mit der Etablierung der Militärregierung Ende des 12. Jahrhunderts wurde der

Tennō-Hof schließlich über Jahrhunderte hinweg politisch vollkommen bedeutungslos. Doch trotz seines politischen Schattendaseins wurde die Institution des Kaiserhauses niemals angetastet, und die offiziell ununterbrochene Linie gilt bis heute.

Das Wappen des japanischen Kaiserhauses ist die sechzehnblättrige Chrysantheme, hier auf einem Firstziegel.

nun an die vom Hof erlassenen Gesetze.

Kronprinz Shōtoku gilt als
der Verfasser der konfuzia-
nisch beeinflußten »Verfassung in 17 Artikeln« (Kenpō
jūshichi jō), Japans ältestem
geschriebenem Gesetz aus
dem Jahre 604, das die Herrschaft der Yamato konsolidieren und das Verhältnis zwischen Herrscher und Untertanen regeln sollte. Die
Einführung von Hofrängen
zur hierarchischen Gliede-
rung des Beamtentums gab
dem Staat die Möglichkeit,
den Aufstieg der Mächtigen
zu kontrollieren. Die Verer-
barkeit der Ämter sollte eingeschränkt und damit die
Position rivalisierender Sippen geschwacht werden.

Nach dem Rückzug aus
Korea intensivierte der japani-
sche Hof den Kontakt mit China. Kronprinz Shōtoku
sandte junge Männer auf das Festland, die sich mit
dem Studium der chinesischen Kultur auf Verwaltungsaufgaben im eigenen Land vorbereiteten. Der
enge Kontakt mit China brachte den Japanern neue Er-
kenntnisse in allen Bereichen, vor allem in der Medizin, der Kalenderkunde, der Astronomie und Geographie.

Der zweite Artikel in der Verfassung definierte den
Buddhismus als Staatsreligion. Prinz Shōtoku, selbst
als Kommentator buddhistischer Schriften in die Geschichte eingegangen, gründete zahlreiche Tempel,
für deren Errichtung koreanische und chinesische
Zimmermänner und Bildhauer beauftragt wurden,
und Mönche brachten Skulpturen vom Festland.

Kronprinz Shōtoku
mit zwei Prinzen.

Die japanische Schrift

Das heutige Japanisch schreibt man in einer Kombination von zwei Silbenschriften *(hiragana* und *katakana)* und einem System bedeutungstragender Schriftzeichen *(kanji).* Die drei Zeichensysteme finden in einer Mischschrift zusammen, in der jede Zeichenart einen eigenen Aufgabenbereich hat:

Kanji stellen Begriffe dar. Man verwendet sie für den Kern von Substantiven, Verben und Adjektiven, außerdem für japanische Namen.

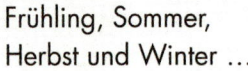

女 1185 F486 Jo, Nyo, Nyō woman, girl, daughter. *onna, omina* woman, female, sweetheart, girl. *onna(rashii)* womanly, ladylike; effeminate. *onna(datera) ni* unladylike. *me-* female.
² 人 *nyonin, jojin* woman ⌜women
人禁制 *nyonin-kinsei* no admittance to
³ 女 *meme(shii)* effeminate, unmanly
工 *jokō* factory woman worker
丈夫 *jojōfu* heroine; outstanding woman
大学 *onna daigaku* cultural books for women
三昧 *onnazammai* indulging in lewdness
子 *joshi, nyoshi* woman, female, girl. *onna-(no)ko* girl; daughter; baby girl. *onago* girl, woman, maid
子大学 *joshi daigaku* women's college
子供 *onna kodomo* a woman and her child; a nonentity; a man of straw; an encumbrance ⌜association
子青年会 *joshi seinenkai* young women's
子青年団 *joshi seinendan* young women's
子部 *joshibu* girls' section ⌞association

Aus einem japanisch-englischen Zeichenlexikon: Schriftzeichen mit der Bedeutung »Frau«. Neben dem Schriftzeichen stehen in KAPITÄLCHEN und *kursiv* verschiedene Lesungen des Zeichens (JO, NYO, NYŌ, *onna, omina* usw.) und ihre jeweilige Bedeutung. Darunter werden Zeichen aufgelistet, die mit dem Schriftzeichen »Frau« zu Begriffen kombiniert werden *(Ausschnitt).*

Frühling, Sommer, Herbst und Winter …

Die ☀ lacht und

die 🦆 paddeln über

den 🌿 . Der 🚜

fährt zum 🏠 .

Die 🍎 sind schon reif.

Und was passiert, wenn

die ersten ❄❄ fallen?

Beispiel für eine Mischschrift aus Text und Bild aus einem deutschen Kinderbuch. In einem japanischen Text werden neben den Substantiven, die hier als Bilder in die Schrift integriert sind, auch Verben wie »lachen« und Adjektive wie »reif« als sinntragende Zeichen *(kanji)* wiedergegeben, die übrigen Wörter als *hiragana.* Leider erschließen sich die *kanji* aber nicht unmittelbar, da sie keine Abbildungen sind, sondern auf Konvention beruhen.

Mit der Silbenschrift *hiragana* schreibt man die übrigen Wortarten und die grammatikalischen Elemente, die an die *kanji* angehängt werden. *Katakana* benutzt man hauptsächlich für Fremdwörter, ausländische Namen und Hervorhebungen im Text.

Die Komplexität der Schrift ergibt sich aus dem Umstand, daß die Japaner, die bis dahin keine eigene Schrift hatten, ab dem 4. Jh. die *kanji* (wörtlich »Zeichen der Han-Chinesen«) adaptierten, obwohl diese sinntragenden Zeichen zur Darstellung der japanischen Laute vollkommen ungeeignet waren: Chinesische Begriffe waren damals einsilbig und kennen bis heute keine Deklination oder Konjugation.

Im Gegensatz dazu besteht das Japanische aus mehrsilbigen Wörtern, an die grammatikalische Endungen angehängt werden.

没 沒	935 85 2506	**BOTSU** – sinken, untergehen			
		没落	botsuraku – Untergang, Verfall, Ruin		839
		没入	botsunyū – untertauchen, (sich) versenken		52
		出没	shutsubotsu – Erscheinen und Verschwinden		53
		没収	bosshū – Beschlagnahme, Konfiskation		757
		没交渉	bokkōshō – unbeteiligt		114,432
沈 沈	936 85 2508	**CHIN**, shizu(mu) – (ver)sinken; shizu(meru) – versenken			
		沈没	chinbotsu – Untergang		935
		沈下	chinka – Sinken, Senkung		31
		沈静	chinsei – Ruhe, Stille, Flauheit		663
		沈着	chinchaku – gelassen, geistesgegenwärtig		657
		沈思	chinshi – tiefes Nachdenken/Nachsinnen		99
潜 潜	937 85 2703	**SEN** – tauchen, sich verbergen; mogu(ru) – tauchen; hineinkriechen; hiso(mu) – sich verbergen, verborgen liegen			
		潜水	sensui – tauchen		21
		潜水夫	sensuifu – Taucher		21,315
		潜在	senzai – verborgen, latent, potentiell		268
		潜入	sennyū – heimlich eintreten, sich einschmuggeln		52
泣 泣	1236 85 2532	**KYŪ**, na(ku) – weinen			
		感泣	kankyū – zu Tränen gerührt werden		262
		号泣	gōkyū – laut weinen, heulen		266
		泣き声	nakigoe – tränenerstickte Stimme, lautes Weinen		746
		泣き落とす	nakiotosu – unter Tränen überreden		839
		泣き虫	nakimushi – weinerlicher Mensch		873
泥 泥	1621 85 2533	**DEI**, doro – Schlamm, Kot, Schmutz, Dreck			
		泥炭	deitan – Torf		1344
		泥沼	doronuma – Sumpf, Morast		996
		泥棒	dorobō – Dieb; Räuber, Einbrecher; Diebstahl; Raub; Einbruch		1543
		雲泥の差	undei no sa – himmelweiter Unterschied		636,658
渇 渇	1622 85 2596	**KATSU**, kawa(ku) – durstig sein			
		飢渇	kikatsu – Hunger und Durst		1304
		渇望	katsubō – heftiges Verlangen, Durst		673
		枯渇	kokatsu – aus/vertrocknen; erschöpft sein		974
		渇水	kassui – Wassermangel		21
		渇きを覚える	kawaki o oboeru – Durst haben		605

Die meisten Schriftzeichen sind zusammengesetzt aus einem sog. Radikal, der einen Hinweis auf das Bedeutungsfeld des Zeichens gibt, und einem weiteren Bestandteil, der meist einen Hinweis auf die Lesung gibt. Der Radikal der hier gezeigten Zeichen (der linke Teil der Schriftzeichen, d. h. die drei kleinen Striche) symbolisiert »Wasser«. Alle hier gezeigten Zeichen haben in ihrer Bedeutung eine Verbindung zu »Wasser« oder »flüssig«.

Mit der Übernahme der *kanji* bildete sich in Japan zunächst einmal eine chinesische Schriftsprache heraus, die – vergleichbar mit der Wissenschaftssprache Latein in Europa – der Wissenschaft, den Behörden und der Geistlichkeit vorbehalten war. Gleichzeitig wurden die chinesischen Zeichen auf verschiedene Weisen (einerseits nach ihrer Bedeutung, andererseits nach ihrem Lautbild) zur Fixierung japanischer Texte gebraucht. Aus diesen unterschiedlichen Adaptionsweisen ergab sich, daß ein *kanji*, das in der chinesischen Sprache ursprünglich *eine* Bedeutung und *eine* Lesung hatte, in Japan mehrere Bedeutungen erhielt und auf unterschiedliche Weisen ausgesprochen wurde.

Heute sind offiziell knapp 2.000 Zeichen für den Alltagsgebrauch festgelegt. Ein *kanji* besteht aus bis zu 64 einzelnen Strichen, wobei komplexe *kanji* aus häufig auftretenden Komponenten zusammengesetzt sind.

Über die Jahrhunderte hinweg entwickelten sich aus den *kanji* zwei feste Repertoires von Silbenzeichen *(kana,* wörtlich »geborgte Zeichen«): Die fließenden *hiragana* entstanden durch die Kursivierung von *kanji* und wurden meist von Frauen gebraucht (s. S. 68f., Literatur der Hofdamen), die eckigen *katakana* sind Teile chinesischer Schriftzeichen, die Mönche als Kürzel entwickelten.

Beide Silbenschriften entstanden zeitlich parallel, aber unabhängig voneinander, und waren seit dem 10. Jh. weit verbreitet. Durch die Vermischung von *kanji* mit den Silbenzeichen entstand der heute gebräuchliche Mischstil. Theoretisch würde eines der Silbensysteme genügen, um jeden japanischen

あ安 A	い以 I	う宇 U	え衣 E	お於 O
か加 KA	き幾 KI	く久 KU	け計 KE	こ己 KO
さ左 SA	し之 SHI	す寸 SU	せ世 SE	そ曽 SO
た太 TA	ち知 CHI	つ川 TSU	て天 TE	と止 TO
な奈 NA	に仁 NI	ぬ奴 NU	ね祢 NE	の乃 NO
は波 HA	ひ比 HI	ふ不 FU	へ部 HE	ほ保 HO
ま末 MA	み美 MI	む武 MU	め女 ME	も毛 MO
や也 YA		ゆ由 YU		よ与 YO
ら良 RA	り利 RI	る留 RU	れ礼 RE	ろ呂 RO
わ和 WA	を袁 O	ん无 N		

ア阿 A	イ伊 I	ウ宇 U	エ江 E	オ於 O
カ加 KA	キ幾 KI	ク久 KU	ケ介 KE	コ己 KO
サ散 SA	シ之 SHI	ス頁 SU	セ世 SE	ソ曽 SO
タ多 TA	チ千 CHI	ツ川 TSU	テ天 TE	ト止 TO
ナ奈 NA	ニ二 NI	ヌ奴 NU	ネ祢 NE	ノ乃 NO
ハ八 HA	ヒ比 HI	フ不 FU	ヘ部 HE	ホ保 HO
マ末 MA	ミ三 MI	ム牟 MU	メ女 ME	モ毛 MO
ヤ也 YA		ユ由 YU		ヨ与 YO
ラ良 RA	リ利 RI	ル流 RU	レ礼 RE	ロ呂 RO
ワ和 WA	ン尓 N			

Die beiden Silbenschriftsysteme *hiragana* und *katakana* und die chinesischen Zeichen, von denen sie abgeleitet wurden (rechts). Die Laute werden in der sogenannten 50-Laute-Tafel alphabetisch angeordnet.

Text niederzuschreiben, doch neben der Bewahrung des kulturellen Erbes sprechen auch praktische Gründe für die Beibehaltung der *kanji*. So existieren in der japanischen Sprache extrem viele Homophone (gleichlautende Wörter mit unterschiedlichen *kanji*-Schreibweisen und Bedeutungen, wie im Deutschen »Lehre« und »Leere«), deren Bedeutung in einem Text nur durch die *kanji*, nicht durch Silbenschriftzeichen eindeutig wird.

In einem gedruckten Text nimmt jedes Zeichen unabhängig von seiner Strichzahl ein identisch großes Quadrat ein, es gibt keine Groß- und Kleinschreibung. Die einzelnen Schriftzeichen stehen getrennt, werden also nicht zu Wörtern miteinander verbunden. Die Wörter wiederum schreibt man ohne Abstände/ohne Freizeichen fortlaufend hintereinander, entweder in senkrechten, von rechts nach links angeordneten Spalten oder in waagrechten Zeilen.

Shodō – Der Weg der Schrift

Die Gestaltung von Schriftzeichen mit Pinsel und Tusche wurde schon in China als hohe Kunst betrachtet. Die Niederschrift von Gedichtsammlungen (s. S. 70f.) brachte – oft mit Malerei oder Druck kombiniert – vollendete japanische Kunstwerke hervor. Zeitgleich spiegeln die verschiedenen Schreibtechniken, die sich über die Jahrhunderte herausbildeten, die voneinander abweichenden zugrundeliegenden geistigen Strömungen.

Die große Variationsbreite in Anordnung und Gestaltung der Schrift eröffnet unzählige Möglichkeiten für graphisches Design, auch in Kombination mit Abbildungen (Werbung, *manga*). Besonders die bedeutungstragenden *kanji* bieten unerschöpfliche Ausdrucksmöglichkeiten in ihrer Gestaltung, da sie ihre Aussage immer in doppelter Weise transportieren: als Wort und als Bild.

Die weich fließende, graziös wirkende Silbenschrift *hiragana* wurde zum Träger der poetischen Kultur (s. S. 68). Hier ein Ausschnitt aus einer Rolle mit Gedichten des Künstlers Hon'ami Kōetsu (1557–1637), der sich Werke der Heian-Zeit zum Vorbild nahm. Den Hintergrund gestaltete der Maler Tawaraya Sōtatsu mit Pflanzen der vier Jahreszeiten in Gold und Silber.

Ausschnitt aus einer illustrierten Sutra über das Leben des Buddha (8. Jh.).

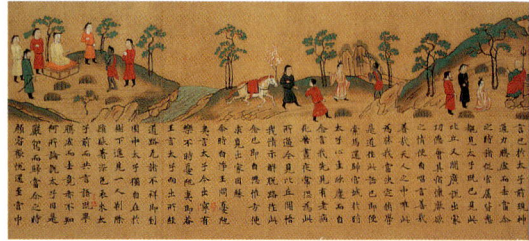

Der älteste noch erhaltene Tempel Japans ist der von Prinz Shōtoku gestiftete Hōryūji (bei Nara), dessen Gründung die Überlieferung auf 607 festlegt. Die Gebäude wurden Mitte des 8. Jahrhunderts insgesamt vollendet, einige von ihnen durch Brände zerstört und wieder aufgebaut. Das älteste heute noch erhaltene Gebäude stammt von 622 und gilt als ältestes Holzbauwerk der Welt. Entstanden japanische Tempelbauten zunächst in Anlehnung an Vorbilder vom Kontinent, so flossen zunehmend eigene Vorstellungen ein, was nicht zuletzt anhand der Entwicklung von symmetrischen Bauwerken hin zu asymmetrischen Tempelanlagen deutlich wird.

Angehörige der im Kampf um den Buddhismus siegreichen Familie Soga hatten weiterhin führende Stellungen im Staate inne, als sich ihre Gegner um den Prinzen Naka no Ōe, den späteren Tennō Tenchi (reg. 668–671), sammelten und 645 einen Staatsstreich durchführten: Soga no Iruka wurde ermordet, sein Vater beging Selbstmord, die Kaiserin verzichtete zu-

Westlicher Bereich des Hōryūji: Die Tempelanlage betritt man durch ein Torhaus mit Wächterfiguren. Den Kern der Anlage umgibt eine hölzerne Galerie. Wichtige Gebäude sind: Haupthalle *(hondō* oder *kondō)*, Gebets- und Vortragshalle *(kōdō)*, Stifterhalle *(soshidō* mit einem Bild des Tempelgründers), Pagode, Bibliothek, Schatzhaus, Wirtschaftsgebäude, Unterkünfte der Mönche, Türme für die Glocke und die Trommel.

gunsten ihres Bruders auf den Thron. Mit dem erfolgreichen Putsch trat eine neue Familie in die Riege der politisch Machtvollen ein: Einer der Aufständischen, Nakatomi Kamatari (614–669), erhielt den Familiennamen Fujiwara und begründete damit die Familie, die in späteren Jahrhunderten die japanische Politik lenken sollte (s. S. 62ff.).

Die Traumhalle (Yumedono) des Tempels Hōryūji aus dem Jahr 739 ist die älteste achteckige Halle Japans.

Die Männer um Prinz Naka no Ōe besetzten die höheren Regierungsämter neu und ließen ihre Mitarbeiter einen Treueid auf die uneingeschränkte Herrschergewalt des Tennō ablegen. Gegen den Widerstand der einflußreichen Familien führten sie die von Prinz Shōtoku eingeleiteten Reformen fort. Man begann die Jahre nach chinesischem Vorbild in Form von Regierungsdevisen *(nengō)* zu zählen. Für die aktuelle Ära wählte man die Bezeichnung »Taika« (»Großer Wandel«), durchaus zutreffend für die Vielzahl an grundlegenden Neuerungen, die heute unter der Bezeichnung »Taika-Reform« (645–649) zusammengefaßt werden.

Die zentrale Umwälzung der Taika-Reform bestand darin, den Grundbesitz der Sippen in Staatseigentum zu überführen, so daß der Hof die Kontrolle über bisherige Privatländereien und die zugehörigen Arbeits-

---

Epochenbezeichnungen

645 übernahmen die japanischen Regierenden das chinesische System der Jahreszählung in Devisen *(nengō)*. Nach dieser Zählweise endet bei einem Thronwechsel – früher auch bei einem schlechten Omen – eine Ära, und die Zählung der Jahre wird unter einer anderen Devise neu begonnen. Die Bezeichnungen werden aus einer bestimmten Auswahl chinesischer Schriftzeichen gebildet und haben glückverheißende oder – wie die erste Jahresdevise »Taika« (»Große Reform«) – richtungsweisende Bedeutung.

Diese Zählung ist in Japan heute noch in Gebrauch. Auch offizielle Stellen benutzen bei Datumsangaben die Regierungsdevisen, nicht die Zählweise des christlichen Kalenders. So begann das Jahr 1989 als Shōwa 64 (Shōwa: »leuchtender Friede«) und wurde dann nach dem Tod von Tennō Hirohito (postum: Shōwa-Tennō) und der Thronbesteigung durch seinen Sohn Akihito zu Heisei 1 (Heisei: »Frieden schaffen«). Das Jahr 2004 entspricht Heisei 16.

kräfte erlangte. Als Gegenleistung erhielten die ent-
machteten Sippenoberhäupter den Auftrag zur Verwaltung ihrer ehemaligen Ländereien, durften öffentliche
Ämter bekleiden und bezogen als Beamte des Staates
fortan feste Gehälter. Als Grundlage für die Zuteilung
von Ackerflächen und ihre Besteuerung wurden Haus-
haltsregister _(koseki)_ herangezogen, die die Distrikte
und Provinzen alle sechs Jahre vorzulegen hatten.

Da der Tennō-Hof über keine absolute militärische
Vorherrschaft verfügte, mußten beim Prozeß der Ent-
eignung viele Zugeständnisse gemacht werden: Einflußreichen Familien und Tempeln wurden bestimmte
Rechte an eigenen Ländereien eingeräumt. Später, im
11. und 12. Jh., war das System vollständig unterhöhlt:
Ein Großteil des bewirtschafteten Bodens befand sich
im Besitz reicher Familien und religiöser Einrichtungen, befreit von Steuern und nicht unter der Aufsicht
kaiserlicher Beamter. Mit der Taika-Reform gelang es
nun aber zunächst einmal, die Macht des Tennō gegen
die Widerstände der mächtigen Sippen zu festigen.

Neben der Landreform wurden zahlreiche andere
Maßnahmen eingeleitet, die zum Teil über Jahrhunderte Bestand hatten. Das Land wurde in 68 Provinzen, von Gouverneuren eigenständig verwaltete Einheiten, unterteilt, eine Regelung, die bis 1868 in Kraft
blieb. 649 wurden acht Ministerien und die dazu-

Stempel und Siegel

Im Zuge der Taika-Reform wurde der Gebrauch von Amtssiegeln zur Kennzeichnung von
Schriftstücken eingeführt. Seit dem Mittelalter verfügen Tempel über eigene Siegel, und
Künstler kennzeichnen ihre Kunstwerke mit persönlichen Stempeln. Seit der Meiji-Zeit ist
der Gebrauch des persönlichen Na-
mensiegels vorgeschrieben. Auch
heute werden Dokumente mit dem
persönlichen Stempel versehen, er
hat die Funktion der Unterschrift.

Stempel des Tempels Hōryūji aus
dem 7. und dem 9. Jh. Daneben
ein heute gebräuchlicher Stempel
mit den Schriftzeichen des Fami-
liennamens Matsui. Eine Kappe
schützt die runde Stempelfläche.

gehörigen Ämter gegründet. Als Beamte wurden Männer berufen, die Jahrzehnte in China zum Studium verbracht hatten. Es wurden Kanzler ernannt, eine Volkszählung durchgeführt, ein Postsystem geschaffen. Kaiserin Genmei (reg. 707–715) befahl die Errichtung eines Münzamtes, und 708 kam das erste japanische Kupfergeld in Umlauf. Im selben Jahr befahl die Kaiserin, den Umzug der Hauptstadt nach Heijōkyō (Nara) vorzubereiten.

Nara – Macht und Glanz des Kaisertums

Während der Nara-Zeit (710–794) orientierte sich die Aristokratie am leuchtenden Vorbild Tang-Chinas (618–906). In Nara, dem Ort, der der Epoche den Namen gab, errichteten Architekten die erste dauerhafte kaiserliche Residenz nach dem Muster der Stadt Chang'an, der kosmopolitischen Metropole von Tang-China. Der Hof baute den zentral regierten Beamtenstaat weiter aus, und der Buddhismus erfreute sich weiterhin engagierter Förderung durch die Tennō. Chinesisch war nicht nur Sprache der Verwaltung, Wissenschaft und Religion, sondern auch der Dichtkunst.

Anfang des 8. Jhs. wurden in den ersten systematisch angelegten Gesetzessammlungen alle Angelegenheiten des Staates und seiner Bürger festgeschrieben (702 Taihō-Gesetze, 718 Yōrō-Kodex). Die Gesetze sind nicht erhalten, aus Zitaten in anderen Texten allerdings rekonstruierbar. Obwohl davon auszugehen ist, daß die Bestimmungen nie vollständig in Kraft traten – die meisten Tennō hatten nicht die Macht, alle Verordnungen durchzusetzen – legten sie die Grundzüge für die Verwaltung der folgenden Jahrhunderte fest.

Es gab eine religiöse und mehrere weltliche Regierungsbehörden. Die oberste Behörde für religiöse Angelegenheiten (*jingikan*) regelte den Shintō-Kult. Die höchste weltliche Behörde, das Großkanzleramt (*daijōkan* oder *dajōkan*) verwaltete den Staat. Angeführt vom Großkanzler (*daijōdaijin*) und seinen beiden Beratern, dem Minister zur Linken (*sadaijin*) und zur Rechten (*udaijin*), unterstanden dem Großkanzleramt acht

Ministerien *(hasshō)* mit verschiedenen Geschäfts-
bereichen: Unterstützung des Kaisers, kaiserliche Er-
lasse *(nakatsukasa)*; Personalien, Verwaltung, Protokoll *(shikibu)*; Adel, Geistlichkeit, Zeremonien *(jibu)*;
Meldewesen, Grund und Steuern *(minbu)*; Wehrwesen
(hyōbu); Justiz *(gyōbu)*; Finanzen *(ōkura)*; Angelegenheiten des kaiserlichen Hofes *(kunai)*.

Die Beamten wurden von der Schulbehörde (Daiga-
kuryō) unter anderem in klassischer chinesischer Literatur, Mathematik und Orthographie ausgebildet. Im
Gegensatz zu China wurden die Bewerber allerdings
nicht nach ihren Fähigkeiten ausgewählt: In Japan gab

Die Kaiserstadt Nara

Bis ins 8. Jh. war nach dem Tod eines jeden Tennō der Hof verlegt worden, da nach shintoistischen Vorstellungen die Gebäude nach einem Tod als verunreinigt galten. So entstanden im Umkreis der alten Tennō-Höfe keine größeren Städte, die Baulichkeiten selbst
waren eher einfach. Im 8. Jh. zeigte sich dieser Brauch als nicht mehr praktikabel: Der
Kaiserhof brauchte eine angemessene Darstellung der Staatsmacht, einen Platz für die
arbeitende Beamtenschaft und ein kulturelles Zentrum. So wurde nach dem Muster von
Chang'an (heute: Xi'an) ein an den vier Himmelsrichtungen ausgerichtetes Rechteck von
ca. 4.200 m auf 4.800 m angelegt. Der Kaiserpalast *(daidairi)* lag im Norden. Von ihm
führte eine breite Straße nach Süden und teilte die Stadt in zwei Hälften. Beide Stadthälften wurden streng geometrisch von Quer- und Längsstraßen durchschnitten, so daß nach
dem Muster eines Schachbretts gleich große Blöcke von knapp 500 Metern Seitenlänge
entstanden. Beide Stadthälften hatten ihre eigene Verwaltung und ihren eigenen Markt.
Östlich der Stadt lagen die großen Schreine und Tempel, wie der Tōdaiji und das Schatzhaus Shōsōin. Die Anlage der Paläste, Tempel und Regierungsbauten richtete sich streng
nach geomantischen Vorgaben (Beachtung von Glück verheißenden oder Unglück bringenden Himmelsrichtungen).

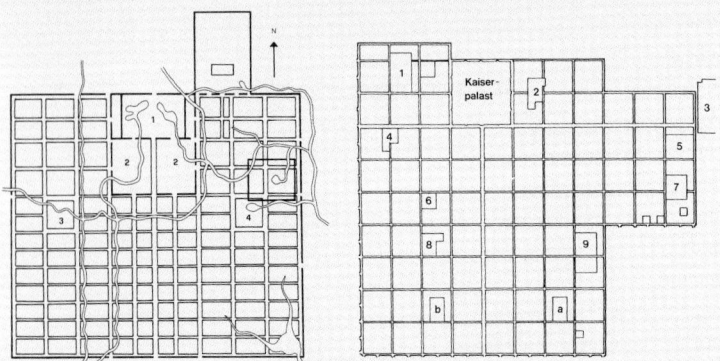

Pläne von Chan'an und Nara

es kein Staatsexamen als Eingangsvoraussetzung für den Schulbesuch. Die Schüler waren fast ausnahmslos Söhne höherer Beamter, und die Beamtenstellen wurden weiterhin mit Angehörigen des Hofadels besetzt, blieben also erblich.

Die Adelsfamilien unterschied man nach ihrer Herkunft in drei Gruppen: Eine Gruppe war mit dem Tennō-Haus verwandt, eine andere führte ihre Abstammung auf shintoistische Gottheiten zurück und die dritte Gruppe stammte von chinesischen oder koreanischen Einwanderern ab. Je nach Rang wurden den Adligen bestimmte Privilegien und Sondereinkünfte eingeräumt (wie die Anzahl der persönlichen Gefolgsleute, Steuerbefreiungen).

Außerhalb von Nara arbeiteten die Provinzverwaltungen, die von Gouverneuren geleitet wurden. Sie waren verantwortlich für die innere Sicherheit, zogen die Steuern ein und leiteten sie an die Zentralregierung weiter. Das Land wurde aufgrund der regelmäßig durchgeführten Landvermessungen und Volkszählungen nach einem bestimmten Schlüssel zugeteilt und besteuert. Das Recht auf Privatbesitz von urbar gemachtem Land führte zu einer immensen Ausweitung der Anbauflächen.

Der junge Staat begann sich auch in literarischer Form zu definieren. Nach dem Vorbild chinesischer Geschichtsschreibung wurden die *Rikkokushi* (»Sechs Reichsgeschichten«) verfaßt. Hauptquellen der japanischen Mythologie sind die auf Befehl des Tennō-Hofes in den ersten beiden Jahrzehnten des 8. Jhs. verfaßten Werke *Kojiki und Nihongi* (s. S. 12). 713 erließ Genmei-Tennō den Befehl, für alle japanischen Ortsnamen chinesische Schriftzeichen festzulegen und Berichte über die Provinzen (historische Geschichte und Legenden, Bodenbeschaffenheit, Produkte) einzureichen. Festgehalten wurden die Informationen im *Fudoki* (»Aufzeichnungen über Sitten und Land«), einer Sammlung von Beschreibungen der einzelnen Provinzen, die höchstwahrscheinlich von den Beamten vor Ort angefertigt wurden.

Die von Gautama Buddha im 6. Jh. v. Chr. gestiftete Religion, die sich von Indien aus über den größten Teil Asiens ausbreitete, erreichte offiziell im 6. Jh. nach Chr. in Form von Geschenken (Sutren, Statuen) einer koreanischen Gesandtschaft den japanischen Hof. In den folgenden Jahrhunderten erwies sich der Buddhismus als höchst förderlich für die Stärkung der politischen Zentralgewalt: Im Gegensatz zum Shintoismus, der regional voneinander abweichende Vorstellungen hervorgebracht hatte, nutzten die Regierenden die einheitsstiftende Wirkung der universalen, organisatorisch hoch entwickelten Religion vom Festland. Als gemeinsames Gedankengut verband der Buddhismus außerdem über Jahrhunderte hinweg Japan kulturell mit den Staaten des Festlands.

Die buddhistischen Mönche, die nach Japan kamen, bekämpften nicht die ursprünglichen Glaubensvorstellungen, sondern errichteten ihr Glaubensgebäude neben den religiösen Vorstellungen des Shintō; der über einige Jahrhunderte geförderte Synkretismus reinterpretierte gar die shintoistischen Gottheiten als Bestandteile des buddhistischen Pantheons.

Der Buddhismus unterscheidet zwei Seinsbereiche: einerseits das Leben in der Welt der Begierden, andererseits das Nirwana, frei von Begierden und damit von Leiden. Nach buddhistischer Vorstellung summieren sich im Leben die guten und schlechten Taten zu einem Karma, das sich auf das künftige Leben nach dem Tod auswirkt. Dem ewigen Kreislauf von Tod und Wiedergeburt kann man durch ein Leben entsprechend dem »edlen, achtfachen Pfad«, der rechtes Denken und Handeln vorschreibt, entgehen und geläutert ins Nirwana eintreten. Der Buddhismus bietet also Antworten auf Fragen nach dem Jenseits, die im Shintoismus nicht formuliert werden.

Fast alle japanischen Buddhisten sind Anhänger des Mahayana (»Großes Fahrzeug«), also von Schulen, die nicht nur einigen Aus-

Statue des Dainichi nyorai, Tempel Tō-ji, Kyōto (15. Jh.). Der umschlossene Zeigefinger symbolisiert die Erleuchtung des Sonnen-Buddha.

Tempel Sanjūsangendō, Kyōto, erbaut 1164 auf Geheiß des Exkaisers Goshirakawa. Auf Podesten stehen tausend lebensgroße Figuren der Kannon.

– Amida nyorai (Amitabha), der Gnadenvolle, der über das Reine Land im Westen herrscht;
– Dainichi nyorai (Mahavairocana), der große Sonnen-Buddha, der den Kosmos durchwaltet und die Inkarnation des buddhistischen Gesetzes darstellt;
– Yakushi nyorai (Bhaisajyaguru), der Kranke Heilende, der über das Paradies im Osten herrscht;
– Miroku nyorai (Maitreya), Verkünder der Liebe und Buddha der künftigen Weltperiode.

Unter den Buddhas walten die **bosatsu (Bodhisattvas)**, Erleuchtete auf dem Weg der Buddhawerdung, die

erwählten, sondern allen Menschen Heilswege anbieten. Die Anhänger der Amida- und Nichiren-Sekten glauben, die Erlösung nicht durch eigene Kraftanstrengung *(jiriki,* »eigene Kraft«), sondern vor allem durch die Gnade Buddhas erreichen zu können *(tariki,* »die Kraft des anderen«). Das der göttlichen Gnade zugeschriebene Heil versuchen die Gläubigen vor allem durch das wiederholte Sprechen bestimmter Gebetsformeln zu erlangen.

Fast das gesamte buddhistische Pantheon, das in Japan verehrt wird, stammt aus Indien.

Auf der obersten Stufe stehen die **Buddhas**, die Erleuchtung erlangt und sich vom Zyklus der Wiedergeburt befreit haben. Über allen anderen steht der historische Buddha Shaka nyorai (Shakyamuni). Ihm wurden im Laufe der Entwicklung der Religion weitere Buddhas zur Seite gestellt, von denen in Japan vor allem vier verehrt werden:

Senju Kannon, Kannon mit tausend Armen, Tempel Tōshōdaiji, Nara (8. Jh.). Neben den gefalteten Händen und den Hauptarmen, die Symbole tragen, strecken sich dem Gläubigen unzählige Arme zur Hilfe entgegen.

Einer der vier Himmelskönige, Zōchōten, Tempel Tōdaiji, Nara (8. Jh.), knapp 1,70 m hoch.

denn Jizō soll die Seelen verstorbener Kinder ins Paradies geleiten.

Von den fünf **Lichtkönigen** (myōō) ist Fudō myōō der bekannteste: Er unterstützt den Versuch der Menschen, durch Überwindung des Bösen aus eigener Kraft zur Wahrheit vorzudringen. Er symbolisiert unbeugsamen Willen und bekämpft die geistigen Trübungen: sein Schwert durchschneidet, seine Fallschlinge fesselt die Trübungen. Er wirkt furchteinflößend, denn er wird meist rot, von Flammen umlodert und mit zornigem Gesicht dargestellt.

Die vier **Himmelskönige** (shitennō) wachen über die vier Himmelsrichtungen – in Rüstungen gekleidet und mit Waffen versehen zertrampeln sie Dämonen – die beiden **Wächterfiguren** (niō) hüten die Tempeltore. Mit ihrem muskulösen Körper und furchterregenden Gesichtsausdruck verhindern sie das Eindringen von Dämonen.

Die zahlreichen heute existierenden Sekten entstanden über Jahrhunderte hinweg und unterscheiden sich nicht nur in der Form ihrer Gebete und Rituale, sondern auch in der Lehre und dem Gegenstand ihrer Verehrung. Die meisten Sektengründer verbrachten einige Jahre des Studiums in China. Dort lernten sie neue Schulen des Buddhismus kennen, die sie dann mit in die Heimat brachten. Die Lehren der Sekten spiegeln das gesellschaftliche Klima ihrer Entstehungszeit,

ihren Eintritt in das Nirwana hinausschieben, um Menschen bei der Erlösung vom Kreislauf der Wiedergeburt zu unterstützen. Die größte Verehrung gilt Kannon, dem *bosatsu* der Barmherzigkeit, der die Gnade Amidas verkörpert. Kannon bosatsu wird in unzähligen Variationen, meist weiblich, dargestellt: heiter und mit Juwelen geschmückt (Shō Kannon), mit tausend Armen (Senju Kannon) oder mit elf Köpfen (Jūichimen Kannon). Ein weiterer Begleiter Amidas ist Seishi bosatsu, der die Weisheit Amidas verkörpert.

Jizō bosatsu gilt als Beschützer der Reisenden, Schwangeren und Kinder, er ist außerdem Wegbegleiter der Toten. Statuen des Jizō tragen oft einen Kinderlatz oder kittel, und die Mönche der großen buddhistischen Klöster spielten meist eine bedeutende politische Rolle. Viele Tennō, die abgedankt hatten, siedelten in Tempel über, um sich aus der Politik zurückzuziehen oder aber aus dem Hintergrund die Staatsgeschäfte für einen minderjährigen Nachfolger zu lenken.

Seine erste Blütezeit erlebte der Buddhismus während der Nara-Zeit (710–784). Noch fand die Religion ihre Anhänger nur unter den Adligen, die Tempel gründeten und mit reichen Stiftungen versahen. Shōmu-Tennō ordnete den Guß des Großen Buddha von Nara an (752 eingeweiht) und ließ in allen Provinzen Klöster errichten. Die Sekten der Zeit lehrten mehrheitlich die buddhistische Richtung Hinayana (»Kleines Fahrzeug«), nach der die Erlösung nur wenigen Auserwählten vorbehalten bleibt.

Am Ende der Nara-Zeit hatten einige Mönche entscheidenden Einfluß auf die Regierung gewinnen können. Bei der Verlegung der kaiserlichen Residenz nach Kyōto (Heiankyō) wurde den bedeutenden Sekten deshalb der Umzug in die neue Hauptstadt verwehrt. Vom Hof wurden nun zwei neue Glaubensrichtungen favorisiert: die Tendai-Sekte, 805 von Saichō gegründet, und die 806 von Kūkai ins Leben gerufene Shingon-Sekte. Beide Mönche hatten in China studiert und brachten von dort die Lehre des **esoterischen Buddhismus** mit: Alle Lebewesen tragen Buddhaschaft in sich, zu der aber nur durch die Kenntnis geheimer Lehrinhalte und Rituale zu finden ist.

Die **Tendai**-Sekte (wörtlich »Himmelsterrasse«) sucht den Weg zur Erlösung über das Studium des Lotus-Sutra, über Meditation und Kult. Der Tempel Enryakuji auf dem Berg Hiei bei Kyōto wurde zum Hauptsitz der Sekte, aus der sich viele weitere Schulen entwickelten.

Die Gläubigen der **Shingon-Sekte** (wörtlich »wahres Wort«) sprechen bestimmte, vom Lehrer an ausgewählte Schüler mündlich überlieferte Verse nach fest vorgeschriebenen Ritualen. Zentrum der Sekte ist der Berg Kōya.

Beide Sekten förderten die Verschmelzung von Buddhismus und

Kleiner Ausschnitt aus einem Mandala, einer Anleitung für Meditationsübungen. Nach dem Glauben der Shingon-Sekte repräsentieren die beiden Mandala Diamant- und Mutterschoßwelt des gesamten buddhistischen Kosmos. Im Zentrum befindet sich Dainichi nyorai, um ihn gruppieren sich mehrere Hundert Buddhas, Bodhisattvas und andere Götter.

Shintō. Die wohlhabenden Klöster – Menschen aller sozialen Schichten traten damals ein – hatten auch in der Heian-Zeit einen großen Einfluß auf Kultur und Politik. In dieser Epoche verbreitete sich der Buddhismus zum ersten Mal auch unter dem einfachen Volk, weniger durch die komplizierten Lehren, mehr durch die magischen Elemente, die imposanten Bauwerke und die beeindruckenden Zeremonien.

Als zur Zeit der Bürgerkriege und politischen Wirren im 12. Jh. Recht und Ordnung zusammenbrachen, waren die traditionellen Klöster der Korruption verfallen und boten der leidenden Bevölkerung keinen spirituellen Halt. In tiefem Pessimismus verbreitete sich der Glaube an das

Zeitalter der Dunkelheit, den Niedergang des Buddhismus und das nahende Weltenende. Die Menschen suchten nach Erlösung und wandten sich dem Heilsweg zu, den die **Amida**-Sekten boten: dem Glauben an die erlösende Gnade des Amida-Buddha.

Die beiden wichtigsten Sekten, die Amida verehren, sind die von Hōnen 1175 gegründete **Jōdo**-Sekte (»Reines Land«) und die von seinem Schüler Shinran 1224 ins Leben gerufene **Jōdo shinshū** (»Wahre Schule des Reinen Landes«, kurz Shinshū, »Wahre Sekte«). Hōnen und Shinran lehnten die komplizierten Lehrgebilde des esoterischen Buddhismus ab, die Lehre sollte allgemeinverständlich und damit für alle zugänglich sein. Im Zentrum steht die Anrufung des Amida mittels der Gebetsformel »Namu Amida butsu« (»Gelobt sei Amida-Buddha«). Die Gläubigen hoffen, daß Amida ihrer Seele im Tod entgegenkommt und sie im Reinen Land wiedergeboren werden (Orientierung auf das Jenseits). Die Amida-Sekten verzichten auf Meditation und konzentrieren sich auf drei Sutren, unter denen das Lotus-Sutra die bedeutendste Rolle spielt.

Aufgrund der Popularität ihrer Sekten wurden Hōnen und Shinran von einflußreichen Mönchen alteingesessener Tempel angefeindet und mußten mehrere Jahre in die Verbannung. Trotzdem gewann der Amida-Buddhismus unter dem Volk

Erscheinen des von Glanz umstrahlten Amida über den Bergen, um die Seele eines Verstorbenen abzuholen *(raigō,* Amidas Erscheinung am Sterbelager), 13. Jh.

immer mehr Anhänger und damit auch politische Macht. Die Wahre Schule des Reinen Landes wurde schließlich so einflußreich, daß der Tokugawa-Shōgun Anfang des 17. Jhs. ihre Tempel (genannt Honganji nach *hongan*, dem Gelübde des Amida, alle Menschen zu retten) in West und Ost (Nishi-Honganji und Higashi-Honganji) teilen ließ. Die Amida-Sekten sind heute in verschiedene Zweige geteilt und stellen die größte Gruppe unter den buddhistischen Sekten.

Der Mönch Nichiren sah das Lotussutra als einzig heilige Schrift des Buddhismus. Die von ihm 1253 gründete **Nichiren**-Sekte (auch Hokkeshū, »Lotus-Sekte«) lehrt, daß jeder Mensch die Einheit mit Buddha durch das Rezitieren der Gebetsformel »Namu Myōhō rengekyō« (»Gelobt sei das Sutra vom Lotus des wunderbaren Gesetzes«) erreichen kann. Nichiren reiste durch das Land und predigte auf der Straße, denn aufgrund seines aggressiven Auftretens gegenüber anderen Lehren wurde ihm der Zutritt zu Klöstern verwehrt. In einer Schrift von 1260 prophezeite er, daß Japan von weiteren Katastrophen heimgesucht werde, solange die Militärregierung nicht an seine Sekte glaube. Ins Exil geschickt, verbrachte Nichiren einige Jahre auf der Insel Sado, doch der zweimalige versuchte Einfall der Mongolen 1274 und 1281 forcierte die immense Verbreitung seiner Sekte.

Idealisierte Statue des Mönches Kūya, geschaffen von Kōshō (13. Jh.), knapp 1,20 Meter hoch, Tempel Rokuharamitsuji, Kyōto. Der Wandermönch ist abgemagert, trägt ein einfaches Gewand und einen Stock mit einem Hirschgeweih. Sein Gesichtsausdruck ist entrückt. Die sechs Buddha-Figuren, die aus seinem Mund hervorkommen, stehen für die sechs Schriftzeichen der Gebetsformel »Na-mu A-mi-da butsu«.

Neben den Amida-Sekten gehört die Nichiren-Sekte heute zu den führenden buddhistischen Schulen in Japan. 1937 ging aus der Sekte die Laienbewegung Sōka gakkai (»Studiengesellschaft zur Schaffung von Werten«) hervor, die sich auch politisch engagiert (Kōmeitō, »Partei für eine saubere Regierung«).

Zen (wörtlich »Versenkung«) ist keine Lehre oder Theorie, sondern die religiöse Praxis der asketischen Konzentrations- bzw. Meditationsübung (im Sitzen: *zazen*). Zen existiert außerhalb der traditionellen Lehren und heiligen Schriften des Buddhismus: Da nach der Auffassung von Anhängern des Zen wahres Wissen nicht gelernt werden kann, hat das Studium der Schriften geringe Bedeutung. Der Zen-Meister zielt mittels paradoxer Fragen *(kōan)* unmittelbar auf den Geist des Schülers. Die Fragen sollen das logische Denken der Schüler erschüttern und sie dazu befähigen, ihr eigenes Wesen zu erfassen. Statt in Worte gefasster Antworten erfolgt oft eine spontane, auch bizarre Handlung, denn das Ziel der Übung ist die plötzliche Erleuchtung *(satori)*. *Satori* ist logisch-rational nicht zu erklären, keine Erkenntnis, sondern eine existenzielle Verwandlung, die »unmittelbare Erfahrung der letzten Wahrheit; der Bewußtseinszustand, in dem die Dualität der Welt aufgehört hat zu bestehen« (Hugo Munsterberg) – eine Erfahrung, die ein Zen-Schüler zu jeder Zeit, an jedem Ort und bei jeder Handlung erfahren kann.

Die beiden wichtigsten Zen-Sekten wurden 1191 von Eisai (**Rinzai**-Sekte) und 1227 von seinem Schüler Dōgen (**Sōtō**-Sekte) ins Leben gerufen. Eisai gründete nach seiner Rückkehr aus China mehrere Klöster und ließ sich schließlich in

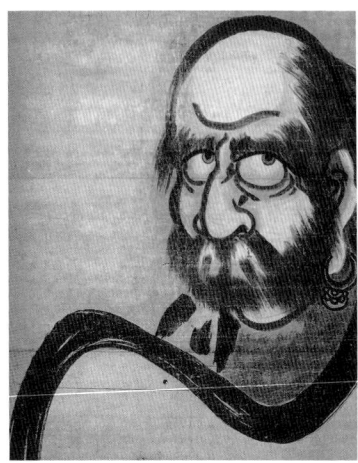

Portrait des Bodhidharma von Hakuin (18. Jh). Der Legende nach soll der indische Mönch Bodhidharma, japanischer Name Daruma, 527 n. Chr. in China eingetroffen sein. Nach seinem enttäuschenden Zusammentreffen mit dem chinesischen Kaiser soll sich Daruma in einen kleinen Tempel im Norden Chinas zurückzogen und dort über viele Jahre hinweg versunken in der Betrachtung einer Wand meditiert haben.

Kamakura nieder. Bei den herrschenden Shōgunen stieß seine Lehre auf großen Widerhall, und gleichzeitig konnte er sich so der feindseligen Atmosphäre der alteingesessenen, einflußreichen buddhistischen Sekten in Nara und Kyōto entziehen.

Vor allem unter den Angehörigen der Samurai-Familien fand Zen großen Anklang: Sie fühlten sich von der vom Zen favorisierten einfachen, asketischen Lebensweise angezogen, die in scharfem Kontrast zu dem prunkvollen Leben am kaiserlichen Hof in Kyōto stand. Mittels der vom Zen geforderten Konzentration und jahrelangen Schulung des Geistes sowie der strengen Disziplin wurden täglich trainierte Bewegungsabläufe (z. B. beim Bogenschießen, bei der Kalligraphie) verinnerlicht, aus denen heraus in scheinbar leichter Spontaneität große Kunstwerke entstanden. So kann der Einfluß des Zen auf verschiedene Bereiche der japanischen Kultur (Tuschmalerei und Kalligraphie, Teezeremonie, Architektur und Gartenkunst) gar nicht überschätzt werden. Im Mittelalter schufen die Mönche der bedeutenden Zen-Klöster in Kamakura und

Die mehrstöckige Pagode ist kein Glockenturm, sondern bezeichnet einen heiligen Ort oder beherbergt Reliquien. Die Pagode hat sich aus den indischen Stupas entwickelt und ist nach kosmischen Symbolen aufgebaut.

Kyōto Zentren literarischer Bildung (»*gozan*-Literatur« und »*gozan*-Drucke«, *gozan:* »fünf Berge« nach der Lage der bedeutendsten Zen-Klöster auf Bergen).

Die großen Klöster aller einflußreichen Sekten übten politische Macht aus. Einige von ihnen unterhielten eigene Armeen von Mönchssoldaten, die im Mittelalter plündernd durch das Land zogen, andere Sekten unterdrückten und, wie die Tendai-Sekte, selbst die Hauptstadt Kyōto terrorisierten. Andere, wie die Amida-Sekte Jōdō shinshū, unterstützen und organisierten Bauernaufstände. Die Feldherren, die Japan Ende des 16. Jahrhunderts nach jahrzehntelangen Bürgerkriegen einigten, bekämpften die buddhistischen Tempel rigoros und schränkten sie in ihren Privilegien stark ein.

In der Edo-Zeit (1600–1868) mußten alle Familien zu Überwachungszwecken in einem buddhistischen Tempel registriert sein. Zu Zeiten des Staats-Shintō (bis 1945) wurden buddhistische Mönche verfolgt, viele Klöster zerstört. Mit der Bodenreform nach 1945 verloren die Tempel ihren Grundbesitz und damit ihre materielle Grundlage. Heute leben die berühmten Tempel von Eintrittsgeldern, andere von Spenden der Gläubigen. Die meisten Japaner besuchen an Feiertagen die Tempel und lassen Beerdigungen nach buddhistischem Brauch ausrichten.

Tōdaiji: Die Halle des Großen Buddha (Daibutsuden) wurde 747 fertiggestellt, im Laufe der Jahrhunderte mehrmals zerstört und wieder aufgebaut. Der heutige Bau gilt als das größte Holzbauwerk der Welt, obwohl die Halle nach einem Brand im 18. Jh. um ein Drittel der ursprünglichen Konstruktion verkleinert wiederaufgebaut wurde (Grundriß 57 m x 50,5 m, Höhe knapp 49 m).

Die Hauptstadt Nara entfaltete sich zu einem glänzenden Kulturzentrum. Shōmu-Tennō (reg. 724–749) förderte einheimische Kunsthandwerker und Künstler und den Handel mit exotischen Kostbarkeiten aus China, Indien und Persien, die über die Seidenstraße Japan erreichten. In den buddhistischen Tempeln und Klöstern, deren Bau er unterstützte, sah er Institutionen zum Schutz des Staates. 741 erging sein Erlaß, daß in jeder Provinz ein Tempel für 20 Mönche *(kokubunji)* und einer für 10 Nonnen *(kokubunniji)* zu errichten sei. Die Tempel erhielten reiche Schenkungen, und die Mönche und Nonnen hatten die Aufgabe, zu festgelegten Zeiten Schutz gewährende Sutren zu verlesen. Im Bau des weltberühmten buddhistischen Tempels Tōdaiji (Großer Osttempel, Nara) fand die Prachtentfaltung ihren Höhepunkt. Der Tōdaiji, Haupttempel aller Provinzklöster, war als Haustempel der Kaiserfamilie höchster Staatstempel.

745 bestimmte Shōmu-Tennō den Tōdaiji zum Aufstellungsort für eine bronzene Kolossalstatue des Buddha Vairocana. Nach mehreren fehlgeschlagenen Versuchen gelang der Guß 749, weitere 18 Monate brauchte das Gießen der knapp 1.000 Locken für das Haupt der Figur. Die Herstellung der größten Bronzeplastik der Welt belastete den Staatshaushalt und fraß die nationalen Vorräte an Kupfer, Zinn, Blei und Gold auf, doch 752 konnte die Figur eingeweiht werden: In einer feierlichen Prozession zog Shōmu-Tennō zum Tempel, wo sich Tausende buddhistischer Mönche, auch aus dem fernen Ausland, versammelt hatten. Auf einem Gerüst stieg man zum Haupt hinauf und malte die schwarzen Augen des Buddha auf.

Da Shōmu-Tennō fürchtete, durch die maßlose Förderung des Buddhismus den Zorn der einheimischen Gottheiten auf sich zu ziehen, ließ er durch den Mönch Gyōki (668–749) eine Buddha-Reliquie nach

Ise zum Schrein der Sonnengöttin Amaterasu bringen. Gyōki übermittelte Shōmu-Tennō die im Orakel gewonnene Botschaft von Amaterasu, sie sei nicht erzürnt, denn sie selbst sei eine Erscheinung des Buddha Vairocana, durch die große Buddhastatue werde also sie selbst verherrlicht. Damit schuf Gyōki die Grundlage für die Verschmelzung des vom Festland übermittelten Buddhismus mit dem Shintō-Glauben.

Der Große Buddha des Tōdaiji, gegossen aus Bronze. Die Figur ist 15 m hoch und über 450 Tonnen schwer, das Gesicht allein mißt über 5 m. Über die Jahrhunderte wurde die Figur mehrmals restauriert, nur ein Teil der Lotusblüte stammt noch aus dem 8. Jh.

Im dem Jahr, in dem die Buddha-Statue fertiggestellt wurde, entschied sich Kaiser Shōmu zu einem Leben als Mönch. Als er 756 starb, stiftete die Witwe Kōmyō dem kaiserlichen Schatzhaus Shōsōin (auf dem Gelände des Tempels Tōdaiji) die wertvollsten Besitztümer ihres verstorbenen Mannes. Die Kunstwerke, mehrere tausend Objekte von unschätzbarem Wert, erhielten sich erstaunlich gut und veranschaulichen den Lebensstil des Hochadels: Waffen, Rüstungen, Kleidungsstücke; Gefäße, Möbel, Musikinstrumente und Spielbretter aus Sandel- und Maulbeerholz mit Intarsien aus Perlmutt, Schildpatt und Elfenbein. Unter den Gegenständen aus dem Besitz des Tōdaiji, die das Schatzhaus beherbergt, befinden sich Geräte und Gewänder von der Augenöffnungszeremonie des Großen Buddha, Landkarten und schriftliche Aufzeichnungen über Schenkungen und zur Besteuerung von im Tempelbesitz befindlichen Ländereien.

Der Bau und später der Unterhalt der Tempel belasteten den Staatshaushalt immens. Der Buddhismus war zu einer mächtigen Institution mit bedeutendem sozialem Gewicht geworden, wirtschaftlich stark und politisch einflußreich, so daß zwischen dem Hofadel und den Mönchen Konflikte um die politische Vorherr-

Das auf Pfählen errichtete Speicherhaus wurde über Jahrhunderte hinweg mit dem Siegel des jeweiligen Tennō verschlossen.

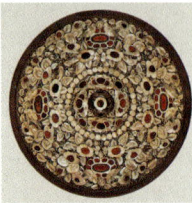

Schätze aus dem Shōsōin: ein Spiegel mit Perlmutteinlagen und eine Kiste mit Gold- und Silberdekor

schaft ausbrachen. Vor allem mit dem Ziel, den Einfluß der buddhistischen Priester abzuschütteln, verlegte Kammu-Tennō (reg. 781–806) die Hauptstadt 784 zunächst nach Nagaoka, 794 dann nach Heiankyō (Kyōto). Um die Tempel vom politischen Geschehen fernzuhalten, wurde ihnen verboten, ihre Hauptsitze in die neue Hauptstadt zu verlegen. Kanmu-Tennō führte außerdem einige Neuerungen ein, die für kurze Zeit die Macht des Tennō-Hofes stärkten. So versuchte er, durch Inspektoren, die das Land bereisten, die Verwaltung der Provinzen und damit die Steuereintreibung effizienter zu gestalten. In Feldzügen drängte er die Ainu weiter nach Nordosten zurück.

Heian – Kulturelle Blüte, Machtverlust des Hofadels

Die Heian-Zeit (794–1192) ist geprägt von dem Gegensatz zwischen der blühenden aristokratischen Kultur in Kyōto (damals Heiankyō) und dem zunehmenden politischen Chaos, das zunächst in den Provinzen, dann auch in der Hauptstadt herrschte. Die Angehörigen vor allem des mittleren und niedrigen Adels führten in ihren Palästen ein abgeschiedenes Leben, versunken in Gedichten und Geschichten, bedacht auf Eleganz und Etikette. Die Epoche gilt als die japanische Klassik: Da der Kontakt zu China unterbrochen wurde, lösten sich

Ainu

Wahrscheinlich Ureinwohner der japanischen Inselkette, waren die Ainu ein von den Japanern isoliertes Volk. Sie siedelten in Zentraljapan, auf der nördlichen Insel Hokkaidō und auf den Kurilen. Ihre Herkunft ist unklar, die früheren japanischen Chroniken nennen sie »Ezo«, »Emishi« oder »Ebisu«. Sie lebten als Jäger, die ihre Jagd- und Fischgründe als Gemeinschaftsbesitz ansahen. Im Süden fischten die Ainu mit Netzen, im Norden mit Angeln und Speeren. Sie betrieben Tauschhandel und bewegten sich mit Hundeschlitten. Der Bär galt als ihre höchste Gottheit. Im Laufe der Jahrhunderte wurden die Ainu von den Japanern in vielen Feldzügen nach Hokkaidō zurückgedrängt. Heute sind die Ainu eine ethnische Minderheit in der japanischen Gesellschaft, fast vollständig in die japanische Bevölkerung eingegliedert.

Baumwollgewand bestickt mit einem Muster von Wasserstrudeln, einem Motiv, das viele Gegenstände der Ainu-Kultur ziert, 19. Jh.

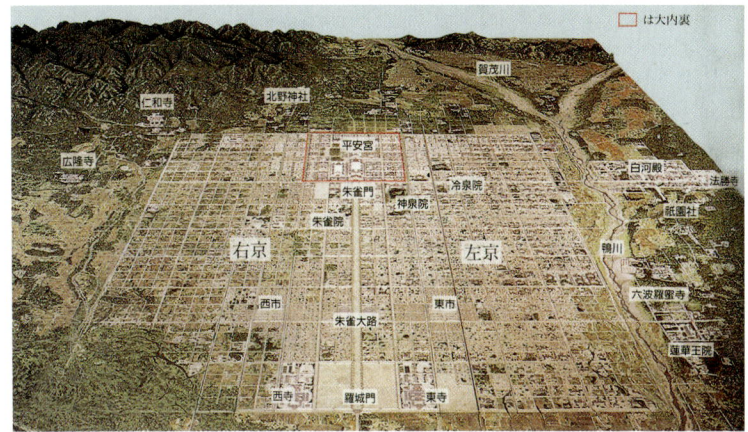

は大内裏

賀茂川
仁和寺
北野神社
広隆寺
平安宮
朱雀門
白河殿
冷泉院
法勝寺
神泉院
祇園社
朱雀院
右京
左京
鴨川
六波羅蜜寺
西市
東市
朱雀大路
蓮華王院
西寺
羅城門
東寺

Literatur und Malerei vom chinesischen Vorbild und fanden zu eigenen Formen. Während die Angehörigen des Hochadels um einflußreiche Ämter intrigierten, erlitt die Tennō-Familie einen politischen Machtverlust, von dem sie sich nicht mehr erholte. Die Großfamilie Fujiwara sicherte sich durch eine geschickte Heiratspolitik eine einzigartige Machtposition am Hof und regelte über das Amt des kaiserlichen Regenten die Staatsgeschäfte. Zeitgleich formierten sich in den Provinzen neue Kräfte, die nach politischer Partizipation strebten. Die Heian-Zeit endete 1192 mit der Etablierung einer neuen Regierungsform, der Militärregierung in Kamakura.

Die Ebene, auf der die neue Hauptstadt Heiankyō entstand, entsprach den geomantischen Vorgaben optimal: Sie ist im Westen, Osten und Norden von Bergen umgeben und wird von Norden nach Süden von Flüssen durchzogen. Heiankyō wurde auf einer Fläche von ca. 4.800 mal 5.300 Metern in rechteckigem Straßenmuster angelegt. Wie in Nara lag der kaiserliche Palast im Norden, und eine breite Allee teilte die Stadt der Länge nach in zwei Hälften. Die Allee endete am südlichen Zugang zur Stadt, dem Stadttor Rashōmon. Wegen seiner Tempel und Schreine, Paläste und wunderbaren Gärten ist Kyōto heute der größte touristische Anziehungspunkt Japans.

Aufsicht auf Heiankyō. Auch heute noch ist am Stadtplan von Kyōto der ehemalige Grundriß zu erkennen.

Im künstlerischen Arrangement ursprünglich natürlicher Elemente kommt ein Ideal der japanischen Ästhetik, die Asymmetrie, besonders deutlich zum Ausdruck: eine Form des Ungleichgewichts, die Dynamik schafft und den Eindruck des noch nicht Vollendeten erweckt. Durch die Kombination der Elemente und das Entfernen von Überflüssigem entsteht ein mit Spannung erfüllter, leerer Raum, vergleichbar mit den weißen Flächen einer Tuschzeichnung.

Ikebana

Unter *ikebana* (Schriftzeichen für »Leben« und Blumen«) versteht man das Arrangement von Blüten, manchmal auch Wurzeln und Früchten, zu einem bestimmten

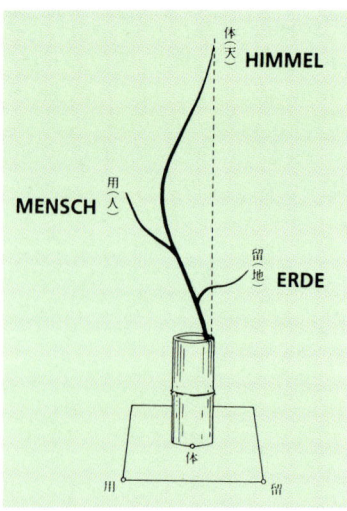

Die Zweige bilden drei Hauptlinien, die die Harmonie von Himmel *(ten)*, Erde *(chi)* und Mensch *(jin)* symbolisieren.

Thema, einer Landschaft oder einer Jahreszeit. Die Zweige werden ausgelichtet und beschnitten, um typische Wuchsformen zu betonen und damit das Charakteristische der Pflanzen hervorzuheben. In Gestecken verschiedener Grundformen (aufrecht, geneigt, hängend, flach) werden die Zweige entlang einer bestimmten Linienführung und Stellung, in vorgegebenen Längenverhältnissen und Neigungswinkeln arrangiert.

Schon der Hofadel der Heian-Zeit fertigte Arrangements aus Zweigen, Gräsern und Blumen. Die erste fest umrissene Stilform des Blumenarrangements schufen die Meister der Ikenobō-Schule um die Mitte des 15. Jahrhunderts: Pflanzen wurden nach strengen Regeln zu aufwendigen Arrangements, zu »stehenden Blumen« gesteckt *(tatebana,* später *rikka* genannt). Parallel dazu entwickelt sich der in größtem Gegensatz zum *rikka* stehende, zweite klassische Stil, *nageire* (»Hineinwerfen«): freie Arrangements, in der einfachsten Form verwirklicht von dem Teemeister Sen no Rikyū als *chabana* (»Teeblume«), als eine einfache Blüte in einer kleinen Vase im Inneren eines Teehauses.

Eine Stilrichtung namens *shōka* (auch *seika*) vereinte im 19. Jh. Elemente aus beiden Richtungen und wird seit ihrer Entstehung von immer neuen Schulen in immer neuen Variationen praktiziert. Die Grundlage des Arrangements ist ein ungleichschenkliges Dreieck, Charakteristikum des modernen *ikebana*. Große Bedeutung gewann außerdem das *moribana* (»gehäufte Blumen«), das Schaffen eines Wald- oder Landschaftsausschnitts durch die Anordnung von Pflanzen in einer flachen Schale. In der Gegenwart entstanden neue, zum Teil abstrakte Stilarten, die neben Materialien wie Holz, Stein und Metallen auch in Japan nicht heimische Pflanzen verwenden und in ihrem avantgardistischen Stil nicht mehr von Werken der Bildhauerei und Plastik zu unterscheiden sind.

Eine 500 Jahre alte japanische Weißkiefer, knapp 75 cm hoch.

Bonsai

Ein *bonsai* (wörtlich: »auf einem Tablett gepflanzt«) ist ein kleiner, in ein Gefäß gepflanzter Baum, der in seinem kleinen Wuchs in Proportion und Form die Vollkommenheit eines Baumes der natürlichen Umwelt zeigt. Die Miniaturbäume werden auch in Ensembles zu kleinen Wäldern oder auf Steinen arrangiert.

Man erreicht das verringerte Wachstum der gesunden und zum Teil sehr alten Bäume durch Beschneiden und Ausputzen der Äste und Wurzeln. Das Umwinden mit einem Draht bringt das Bäumchen in die gewünschte Form (von streng aufrecht bis windgepeitscht).

Gärten

Nach dem jeweiligen philosophischen Grundgedanken wurden in Japan über die Jahrhunderte hinweg sehr unterschiedliche Gärten mit verschiedenen Zielvorstellungen angelegt: vom Formen von Jenseitsvorstellungen über naturalistische Imitationen berühmter Landschaften bis hin zur Schaffung rein abstrakter Gärten. Oftmals nutzten Gartenarchitekten das sogenannte Prinzip

Modell eines rekonstruierten Adelspalastes der Heian-Zeit

Mit Blumen, Bäumen, Gärten die Natur übertreffen

der »geborgten Landschaft« (shak-kei), indem sie umliegende Berge und Wälder in die Gestaltung des Gartens mit einbezogen.

Die Aristokraten der Heian-Zeit lebten in einzeln stehenden, nach chinesischem Vorbild symmetrisch angeordneten Palästen, auf niedrigen Pfählen errichteten Holzbauten, die durch überdachte Korridore miteinander verbunden waren (shinden zukuri).

Zur Gartenseite hin schlossen die Paläste mit Holztüren und Gitterläden ab, die bei schönem Wetter aufgezogen wurden, um den Blick auf die Holzveranda und den Garten freizugeben.

Die Teiche und künstlichen Kanäle des Gartens luden zu Bootspartien ein, denn die schönsten Eindrücke eines solchen Gartens erschlossen sich vom Wasser aus. Im Teich befand sich eine nicht betretbare Insel, die den Berg Hōrai symbolisierte, Insel der Seligen und Paradies ewi-

Zum Vergleich: Ausschnitt aus einer Tuschzeichnung von Sesshū (1420–1506), Zen-Mönch, Maler und Gartenkünstler.

ger Jugend. Der Garten war Ort von Festivitäten, Dichterwettbewerben und Banketten.

Die Gärten, die im Mittelalter angelegt wurden, standen unter starkem Einfluß des Zen. Die Anlagen sind nicht als begehbare Gärten, sondern quasi als Landschaftsbild konzipiert, das man meditierend von einem vorgegebenen Punkt aus betrachtet (kanshō). Zen-Mönche legten vor allem im Umfeld der Tempelgebäude in und um Kyōto herum wunderschöne Gärten an. Viele Gartenarchitekten waren Landschaftsmaler, und so wirken die Trockengärten (karesansui, »trockene Landschaft«) wie in ein anderes Medium, nämlich in die Tuschmalerei, übertragene Kunstwerke, wobei der weiße Sand dem Papier, die Felsen den aufgetragenen Farbflächen entsprechen. Die Trockengärten sind betont schlicht, die Natur wird hier mit Symbolen neu geschaffen: Der Sand oder Kies mit dem eingeharkten Wellenmuster symbolisiert das Meer, Felsen bilden Inseln, Klippen und Wasser-

Kieselsteine symbolisieren einen Wasserlauf. Steinsetzung im Garten des Daitokuji, eines Untertempels des Zen-Tempels Daisen-in (Kyōto)

Pfad eines Teehausgartens

fälle, flache horizontale Steine stehen für Brücken und Boote, Buschwerk für einen Gebirgswald.

Ende des 16. Jahrhunderts entwickelte sich der Teehausgarten, eigentlich ein Pfad *(roji)*, der den Besucher nur wenige Meter von einem Eingangstor zur Teehütte führt. Die ruhige Atmosphäre, die die unregelmäßig angeordneten Trittsteine, die Pflanzen und Steinlaternen *(ishidōrō)* verbreiten, soll dabei helfen, die Alltagsgedanken abzuschütteln und sich innerlich zu sammeln. An einem von Moos und Flechten überzogenen Wasserbecken reinigt man sich, bevor man das schlichte Teehaus betritt.

In den Wandelgärten der Edo-Zeit spazieren Besucher entlang einem vorgegebenen Rundgang durch den Garten und erleben eine Reihe berühmter Landschaften *(meishō)* in Anspielungen oder als verkleinerte Nachbildungen.

Gärten des gemischten Stils *(kaiyu)* vereinen die Elemente der beschriebenen Gartentypen, sie umfassen mehrere Gärten zum Betrachten und Spazierengehen.

Miniatur des Berges Fuji im Garten des Tempels Suizenji, Kumamoto.

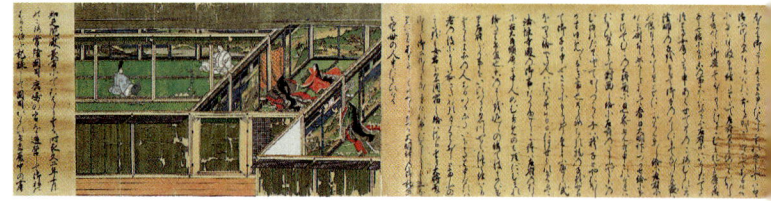

30–50 cm hohe und viele Meter lange Rollbilder *(emakimono)* der Zeit sind nicht auf einen Blickpunkt fixiert. Von rechts nach links aufgerollt, entfalten sich Landschaften und Erzählungen. Die Linien verlaufen parallel nach hinten, die Dächer von Gebäuden, in die man hineinsehen soll, sind abgedeckt. Hier ein Ausschnitt aus dem *Kasuga gongen kenki emaki*, 1309.

Abgeschieden vom übrigen Land führte der Adel ein Leben im Überfluß, als Ideal galt ein elitärer Lebensstil von raffinierter, zurückhaltender Eleganz *(miyabi)*. Die Aristokratie umgab sich mit kunsthandwerklichen Kostbarkeiten und verbrachte ihre Tage mit Ausflügen, Wettbewerben und Spielen: Erraten von Düften *(kōdō)*, Betrachtung von Blüten *(hanami)* oder des Mondes *(tsukimi)*. Sie erfreute sich an der Natur, der Kunst und der Liebe.

Die Dichtkunst war keine Freizeitbeschäftigung – in der literarischen Atmosphäre der Hofgemächer und Paläste wurden alle Adligen zu Poeten. Jedes Ereignis wurde in Gedichtform festgehalten, Verliebte korrespondierten in Versen, und ein Verehrer mußte der Dame, mit der er die Nacht verbracht hatte, am folgenden Morgen einen Brief mit einem Gedicht zusenden. Manch einer wurde so zum Gespött der Hofdamen: Ungeschickte Ausdrucksweise, die Auswahl eines falschen Papiers oder eine ungelenke Handschrift galten als Blamage. Der Lebensstil verwischte die Grenze zwischen Leben und Literatur, ein jeder stilisierte sich selbst zum höfischen Ideal und führte ein Leben voller Anspielungen und Zitate.

Auf den Bergen außerhalb der Stadt wurde zwei esoterischen Sekten erlaubt, ihre Hauptsitze zu errichten (s. S. 42ff, Buddhismus). Kūkai (774–835, Ehrenname Kōbō daishi), der Gründer der Shingon-Sekte, reiste mit 31 Jahren zum Studium des Buddhismus nach Tang-China. Zurück in Japan gewann er das Vertrauen des Tennō und wurde zum Abt des Tempels Tōdaiji ernannt. Zu seinen Aufgaben gehörten Andachten für den Frieden der Nation und Zeremonien, die Regen bringen sollten. Kūkai setzte sich entscheidend für die

Verschmelzung von Shintō und Buddhismus ein.
816 eröffnete er auf dem Berg Kōya ein buddhistisches
Seminar für seine Sekte. Außerdem wurde ihm der
Tempel Tōji in Kyōto unterstellt, der zum Zentrum des
esoterischen Buddhismus in der Hauptstadt wurde.
Seine Lehren fanden am Kaiserhof großen Anklang.
Kūkai war ein hervorragender Kalligraph und ein weit-
blickender Gelehrter: 829 gründete er die erste Privat-
schule Japans als Ausbildungsstätte für diejenigen, die
nicht an einer staatlichen Hochschule zugelassen wurden. Mit seiner Auffassung, Wissen solle allen zugänglich sein, durchbrach er das Bildungsmonopol des
Adels. Während seiner Reisen durch Japan, auf denen
er seine Lehre verbreitete, widmete er sich auch Prakti-
schem. Viele Legenden ranken sich um seine heilbrin-
genden Taten. Der Überlieferung nach wanderte er als
unscheinbare Gestalt unerkannt umher, half den Hilfs-
bereiten und strafte die Geizigen, vermochte Brunnen
zum Sprudeln zu bringen oder aber versiegen zu lassen.

Derweil wurde Kyōto zur Stadt der Intrigen und
Palastrevolten. Einflußreiche Rivalen wurden aus dem
Weg geräumt, indem man sie der Verschwörung be-
zichtigte oder ihnen Umsturzversuche vorwarf. Promi-
nentestes Beispiel war der Gelehrte Sugawara Michizane (845–903), der mit 54 Jahren Minister zur Rechten
(*udaijin*) wurde. Von seinen politischen Gegnern, den
Fujiwara, verleumdet, wurde Sugawara Michizane
901 nach Kyūshū versetzt und zu einem unwichtigen

> **Sprichwort**
> *Kōbō nimo fude no ayamari* – selbst Kōbō unterliefen Fehler mit dem Pinsel, mit anderen Worten: Niemand ist unfehlbar.

Ausschnitte aus der
illustrierten Geschichte
des Prinzen Genji
(17. Jh.) zeigen den
Lebensstil des Adels
während der Heian-Zeit.

Lokalbeamten weit ab von der Hauptstadt degradiert. Sein Heimweh und seinen Schmerz hielt er in vielen Gedichten fest, wie dem folgenden, das den Titel »Herbstabend« trägt:

Der Mond scheint wie ein Spiegel, ohne das Verbrechen aufzuklären. / Der Wind ist wie ein Schwert, ohne meine Trübsal zu zerschneiden. / Was ich höre, was ich sehe, macht mich schaudern. / Dieser Herbst ist der Herbst meiner selbst.

Es war die Familie Fujiwara, die siegreich aus den Intrigen und Komplotten hervorging. Bis zur Mitte des 12. Jahrhunderts formten die Fujiwara als Staatsmänner, Gelehrte, Priester, Künstler und Dichter das politische und kulturelle Leben Japans. Ihre Machtkonzentration erreichten sie als Regenten zunächst für minderjährige *(sesshō)*, dann auch für erwachsene Tennō *(kanpaku)*: 858 übernahm der aus der Fujiwara-Familie stammende, mütterliche Großvater für den minderjährigen Seiwa-Tennō die Regierungsgeschäfte – als Regent abseits der schon existierenden Regierungsämter. 884 gelang es den Fujiwara dann, einen Kindkaiser abzusetzen und einen ihnen günstig gesonnenen erwachsenen Tennō auf den Thron zu setzen. Sie setzten die Erblichkeit des Regentenamtes durch und berücksichtigten generell bei der Besetzung vakanter Posten nur Familienangehörige. Einige Regenten setzten die Fujiwara sogar gegen den Willen des Tennō durch. Den Höhepunkt ihrer Macht erreichten sie unter Fujiwara Michinaga (966–1027). Er regierte drei Jahrzehnte lang für Kaiser, die er mit seinen Töchtern verheiratete. Nach seinen Schwiegersöhnen bestiegen seine Enkelsöhne den Thron. Auch einem von ihnen, Kaiser Go-Ichijō, gab er eine seiner Töchter zur Frau. Während seiner Amtszeit steigerte er den Wohlstand und Luxus der Fujiwara-Familie ins Unvorstellbare, gleichzeitig erreichte die Heian-Zeit ihre kulturelle Blüte. Mit folgendem Kurzgedicht *(tanka)* umschrieb Michinaga seine uneingeschränkte Herrschergewalt:

»Diese Welt / ist meine Welt. / (Mein Leben ist) / wie der volle Mond, / dem es an nichts mangelt.«

Eines der schönsten Beispiele für die Architektur der Heian-Zeit: Die Phönixhalle (Hōōdō) des Tempels Byōdōin (in Uji, südlich von Kyōto). Mit ihren geschwungenen Dächern, die an die ausgebreiteten Flügel eines Vogels erinnern, scheint die Halle über dem Wasser zu schweben. Ursprünglich Landsitz des Fujiwara Michinaga, stiftete sein Sohn den Besitz einem Tempel.

Gebrochen wurde die Macht der Fujiwara erst in der zweiten Hälfte des 11. Jhs., als es Shirakawa-Tennō (reg. 1072–1086) als erstem Kaiser gelang, nach seiner Abdankung die Regierungsgeschäfte als Exkaiser in die Hand zu bekommen. Fortan wurde die Macht nicht mehr vom nominellen Tennō bzw. von dessen Regenten ausgeübt, sondern von Kaisern, die zurückgetreten waren (insei). Mit der vollkommenen Bedeutungslosigkeit des offiziellen Tennō verloren auch die an seinem Hof agierenden Regenten ihren Einfluß. Neben den Institutionen des nominellen Tennō unterhielten die abgedankten Kaiser – manchmal mehrere gleichzeitig – ihre eigenen Höfe und Verwaltungen, eine immense finanzielle Belastung für den Staat.

Dem Leben jenseits der Palasttore oder gar in den Provinzen schenkte der Adel keine Aufmerksamkeit, doch gerade in den Vorgängen auf dem Land sind die Ursachen für den totalen Machtverlust der Zentralgewalt, für das Ende der kaiserlichen Macht zu suchen: im Zusammenbruch ihrer wirtschaftlichen Grundlage und im politischen Erstarken von Kriegerfamilien.

Während der Heian-Zeit hatte der steuerfreie Grundbesitz, also die Ländereien in Privateigentum (shōen), immer mehr zugenommen. Neben Tempeln und Schreinen, die den vom Kaiserhaus als Unterhaltsbasis gestifteten Boden bewirtschafteten, schafften es Adlige, die Ländereien aufgrund von Privilegien und Steuerbe-

Chōjū giga (»Karikatur der Vögel und Vierfüßler«), Mitte des 12. Jh.s, dem Priester Toba Sōjō zugeschrieben. Die feinen Tuschezeichnungen zeigen Tiere in verschiedenen sozialen Funktionen, die das Zusammenleben der Menschen parodieren.

freiungen erhalten hatten, diese Ländereien in unkündbaren, also erblichen Privatbesitz umzuwandeln. Beide, sowohl die religiösen Institutionen als auch die Adligen, verstanden es, ihren Besitz durch die Urbarmachung von Neuland, die dem Bebauer den neu gewonnenen Landbesitz garantierte, immer weiter auszudehnen.

Mitte des 12. Jahrhunderts stand nur noch ein verschwindend geringer Anteil des bewirtschafteten Bodens unter der Verwaltung der Provinzgouverneure, also in kaiserlichem Besitz. Die Steuerlast konzentrierte sich auf wenige, am Existenzminimum ums Überleben kämpfende Bauern, die die staatlichen Felder bewirtschafteten. Die erdrückenden Abgaben zwangen viele von ihnen, ihre Felder aufzugeben und Lohnarbeiten anzunehmen oder aber ihr Land an die Geistlichkeit oder den Adel zu übergeben, und es so – der staatlichen Besteuerung entzogen – gegen eine geringere Pachtzahlung weiter zu bewirtschaften. Da sich die Zahl der Steuerpflichtigen auf diese Weise stetig verkleinerte, gab es schon ab Anfang des 10. Jh.s Versuche, dagegen vorzugehen. Ohne Erfolg, denn im 13. Jh. existierten mehrere tausend Besitzungen mit eigener Verwaltung und Gerichtsbarkeit, die dem Zugriff der Behörden entzogen waren: Beamte durften privaten Landbesitz nicht betreten.

Ein weiteres Problem lag in der inneren Sicherheit des Landes. Die Tennō-Familie verfügte über keine militärische Instanz, die die öffentliche Ordnung in den Provinzen effektiv hätte aufrechterhalten können. Um ihren Kontrollaufgaben besser gerecht werden zu können, hatten Provinzgouverneure, Angehörige des niederen Adels, schon im 9. Jh. um Bewaffnung gebeten. Sie erhielten vom Tennō-Haus militärische Titel, die zur Bekämpfung lokaler Unruhen autorisierten.

Hielten die Kämpfe länger an, wurden diese Titel, die
zunächst nur auf Zeit vergeben worden waren, erblich.
Auch die Großgrundbesitzer hoben zum Schutz ihrer
Ländereien eigene Privatarmeen aus. Aus den Provinz-
beamten und Gutsbesitzern, die mit bewaffneten Wachen und Grenzposten ihre Ländereien sicherten, formierte sich die Militärelite des Mittelalters. Die Kriegerfamilien verteidigten nicht nur ihren Landbesitz
gegen Beutezüge durch Eigentümer benachbarter Güter, sondern verhinderten auch den militärischen Aufstieg einzelner Befehlshaber, die versuchten, sich an
die Spitze des Reiches zu stellen, wie Taira Masakado,
der 940 gegen den Tennō-Hof rebellierte. Gleichzeitig
kämpften sie gegen Piraten, meist Angehörige des niederen Provinzadels mit Besitzungen entlang der Küste,
die mit riesigen Flotten Schiffe und Küstengebiete entlang der Inlandsee (zwischen den Inseln Honshū und
Shikoku) plünderten.

Doch die militärische Unterstützung der Kriegerfamilien war nicht nur in Krisengebieten fernab der
Hauptstadt nötig, auch die Straßen Kyōtos waren un-
sicher geworden. Die Soldatenmönche der verschiedenen buddhistischen Sekten terrorisierten sich gegenseitig, und im 11. Jh. bedrohten einige tausend Bewaffnete der Tendai-Sekte vom Berg Hiei mehrmals den
Tennō-Hof. Um mit militärischer Präsenz den chaotischen Zuständen ein Ende zu setzen, beorderte die
Zentralregierung Kriegerfamilien in die Stadt. Da sie

Darstellung aus der
Hölle *(Jigoku zōshi
emaki)*, Ende des
12. Jhs.

Krieger

Die Kriegerfamilien Taira (auch Heike genannt) und Minamoto (auch Genji genannt) entstammten ursprünglich selbst dem Kaiserhaus. Sie waren aus der Tennō-Familie ausgeschlossen worden, da das Kaiserhaus sich außer Stande sah, alle Nachkommen finanziell standesgemäß zu unterhalten. Nachdem ihnen alle Erbrechte aberkannt worden waren, siedelten sie an den Grenzen der kaiserlichen Besitzungen, um sich auf noch unwegsamem Gebiet Ländereien zu erschließen. In ständigen Kämpfen gegen rivalisierende Nachbarn und mit Einheimischen, die sie unterwarfen, entwickelten sie sich zu Kriegern.

letztlich für den militärischen Schutz der kaiserlichen Paläste sorgten, wurden die ehemals unbedeutenden Kriegerfamilien *(buke)* für die Zentralmacht unentbehrlich, während der Hofadel *(kuge)* beständig an Einfluß verlor.

Zu den Spannungen innerhalb des Kaiserhauses um die Nachfolge auf dem Thron kam nun also das Machtgerangel um die politische Vorherrschaft im Lande, in das nicht nur Hofadlige wie die Fujiwara, sondern auch die neuen einflußreichen Familien aus der Provinz, wie die Minamoto und die Taira, verwickelt waren. Aufstände folgten Aufständen, und die Fronten verliefen quer durch die Familien. Eine Niederlage bedeutete für die militärischen Anführer unweigerlich die Todesstrafe, für die Kaiser/Exkaiser, die sie unterstützen, die Verbannung. Nach den Kämpfen zogen Plünderer durch die Straßen und legten Brände, das Volk litt Hunger. Die Anarchie machte das Leben zur Hölle, und die Menschen hatten den von buddhistischen Priestern prophezeiten Niedergang der Welt *(mappō,* »Zeit der Niedergangs der Lehre des Buddha«) unmittelbar vor Augen.

Aufstieg und Fall der Familie Taira markieren das Ende der Heian-Zeit. Taira Tadamori (1096–1153), Vertrauter des Exkaisers Shirakawa, gelang es, die Piraten der Inlandsee zu unterwerfen. Nachdem er die Seeherrschaft erlangt hatte, erzielte er große Gewinne aus dem Handel mit China, die er als Mäzen einsetzte, um seine Herkunft aus einer Kriegerfamilie wettzumachen. Nach seinem Tod wurde sein Sohn Taira Kiyomori (1118–1181) Familienoberhaupt. Er sicherte der Familie das Monopol für den Handel mit den chinesischen Kaufleuten und baute den Hafen Fukuhara (heute ein Stadtteil von Kōbe) aus.

1159 überfielen Fujiwara Nobuyori und Minamoto Yoshitomo während der Abwesenheit der Familie Taira den Tennō-Palast und nahmen Exkaiser Go-Shirakawa und dessen Sohn gefangen (Heiji-Aufstand). Taira Kiyomori – auf der Seite der Aristokraten – schlug die Rebellen im Februar 1160, ließ die Aufständischen

töten und die beiden Söhne des Rebellen Minamoto, Minamoto Yoritomo und Yoshitsune, in Klöster verbannen. Nach der Niederschlagung des Aufstandes schien die Vormachtstellung der Familie Taira unanfechtbar: Kiyomori wurde 1167 Großkanzler, seine Tochter heiratete den Lieblingssohn des Exkaisers, seine Familienangehörigen bekleideten alle wichtigen Posten, und er selbst erlebte noch seinen Enkelsohn als Tennō Antoku (offiz. reg. 1180–1185) auf dem Thron. Die Residenzen und Paläste in Kyōto lassen vermuten, daß die Taira das Tennō-Haus an Reichtum und Luxus weit übertrafen, am Ende der Heian-Zeit war demnach eine Kriegerfamilie aus der Provinz zur führenden Macht im Staat geworden.

Doch schon vor Kiyomoris Tod deutete sich der Niedergang der Familie an. Auf seinem Weg zu Macht und Reichtum hatte sich Kiyomori viele Gegner gemacht. Seine Geheimdienste hatten mehrmals Verschwörungen und geplante Staatsstreiche aufgedeckt, Kiyomori selbst zerstritt sich mit Exkaiser Go-Shirakawa, den er schließlich sogar unter Arrest stellte. Als Kiyomori 1181 starb, war das Land von Naturkatastrophen, Hunger und Seuchen gezeichnet, die von der Bevölkerung als Strafe für die Taten der skrupellosen und herrschsüchtigen Taira gesehen wurden.

Darstellung von Hungergeistern *(Gaki zōshi emaki)*, Ende des 12. Jhs.

Sprichwort
Ogoru Heike wa hisashikarazu – wörtlich: Nicht lange lebt die Familie Heike (= Taira) im Luxus, also: Hochmut kommt vor dem Fall.

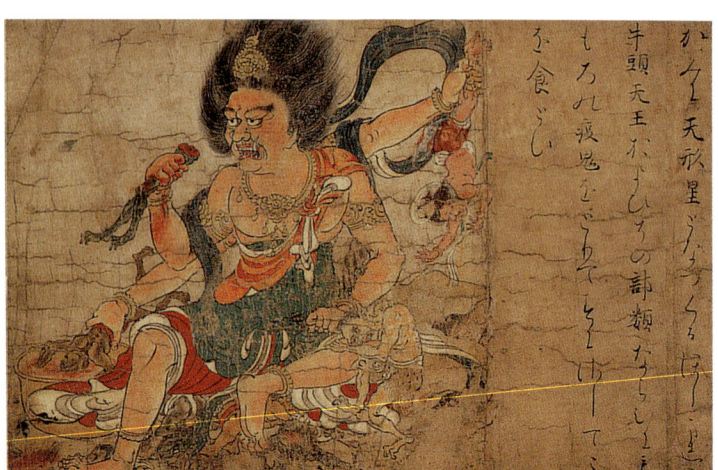

Darstellung von Gottheiten, die das Übel auslöschen *(Hekija)*, Ende der Heian-Zeit. Hier die Gottheit Tenkeisei, der die bösen Geister bestraft, die Pest und andere Krankheiten verbreiten. Mit mehreren Armen greift er sich die Dämonen, taucht sie in eine Sauce und beißt ihnen die Köpfe ab.

1180 hatte Minamoto Yoritomo (1147–1199), der ältere der beiden Halbbrüder aus der verfeindeten Familie Minamoto, Truppen ausgehoben, die er gegen Versprechen bzw. Landzuweisungen feudalistisch organisierte. Er sicherte sich die Gefolgschaft mächtiger Familien und baute sein Hauptquartier Kamakura aus. In mehreren Schlachten zwangen die Verbündeten des Yoritomo – allen voran sein jüngerer Halbbruder Yoshitsune (1159–1189) – die Erben Taira Kiyomoris, aus Kyōto zu fliehen und sich nach Westen zurückzuziehen. Ihren Kindkaiser Antoku brachten die Taira in eine Festung auf der Insel Shikoku. Sofort nach dem Abzug der Taira aus Kyōto inthronisierte Exkaiser Go-Shirakawa seinen Enkel Go-Toba als rechtmäßigen Tennō.

Am 25. April 1185 kam es zur entscheidenden Seeschlacht von Dan no ura (Meerenge bei Shimonoseki zwischen den beiden Hauptinseln Honshū und Kyūshū), die den Genpei-Krieg beendete (Name zusammengesetzt aus den ersten Schriftzeichen beider Familiennamen *Genji* = Minamoto und *Heike* = Taira). Die Taira wurden vernichtend geschlagen, und der achtjährige Antoku ertrank, als seine Mutter sich mit ihm ins Wasser stürzte.

In Kyōto wurden Yoshitsunes große kriegerischen Leistungen gefeiert, und er nahm vom Exkaiser Aus-

Die berühmteste Kriegererzählung des Mittelalters

Die Jahrzehnte des steilen Aufstiegs, der Prunksucht und der anschließenden Vernichtung der Familie Taira (= Heike) liefern den Stoff für die berühmteste Kriegererzählung des Mittelalters, für das *Heike monogatari* (»Erzählung der Familie Heike«, entstanden zwischen 1190 und 1220). Die Episoden wurden zunächst von blinden Sängern vorgetragen, später von Gelehrten gesammelt und in Form einer langen Erzählung niedergeschrieben, ein Panorama schillernder Figuren. In späteren Jahrhunderten erlebte der Stoff vielfältige Dramatisierungen.

Die Sympathie des Volkes galt weder dem despotischen Taira Kiyomori, noch Minamoto Yoritomo, der letztlich aus allen Auseinandersetzungen als Sieger hervorging. Die Verehrung gilt Yoritomos jüngerem Halbbruder, dem tragischen Helden Yoshitsune und seinem treuen Gefolgsmann Benkei. Zahlreiche Erzählungen und später auch Bühnenstücke schildern ihr Schicksal. Nach dem erfolglosen Aufstand seines Vaters wächst Yoshitsune in einem Kloster außerhalb Kyōtos auf, schleicht sich aber nachts davon, um sich im Wald heimlich in der Schwertkunst zu üben. Eines Nachts kommt ein riesiger Vogelmensch, ein *tengu* (s. S. 111f.), zu ihm herab geflogen. Amüsiert ob der Furchtlosigkeit des Yoshitsune, unterweist er ihn im Kampf, um ihn zum besten aller Schwertkämpfer zu machen. Yoshitsune verläßt das Kloster, ohne das Mönchsgelübde abgelegt zu haben. Auf seiner Wanderschaft trifft er auf den wilden Kriegermönch Benkei. Um die erforderlichen Gelder für den Bau eines buddhistischen Tempels zusammenzubekommen, hat Benkei an einer Brücke in Kyōto Stellung bezogen, fordert die vorbeiziehenden Krieger zum Kampf und nimmt ihnen die Schwerter ab. Yoshitsune ist der erste, der Benkei besiegen kann. Als dieser erfährt, daß er gegen einen Sohn der Minamoto verloren hat, bittet er ehrfurchtsvoll darum, Yoshitsune begleiten zu dürfen – der Beginn einer der gerühmtesten Beziehungen in der japanischen Literatur.

Den Siegen des Yoshitsune gegen die Familie Taira folgen Argwohn und Neid des älteren Halbbruders Yoritomo angesichts der steigenden Beliebtheit von Yoshitsune. Die Flucht von Yoshitsune und Benkei endet – umzingelt von den Truppen des Yoritomo – schließlich im Selbstmord.

zeichnungen entgegen, ohne vorher die Erlaubnis seines älteren Bruders eingeholt zu haben. Yoritomo sah in Yoshitsunes Erfolg seine eigene Vormachtstellung bedroht und ordnete an, Yoshitsune verfolgen zu lassen. Auf der Flucht vor den Truppen seines älteren Bruders durchstreifte Yoshitsune das Land und versteckte sich mit seinen Gefolgsleuten in den Bergen, bis er wahrscheinlich durch Selbstmord im Nordosten Japans starb.

Über den Ort, an dem **Minamoto no Yoshitsune** Selbstmord begangen haben soll, schrieb der Dichter Matsuo Basho im 17. Jh.:

Sommergras – alles, was von den Träumen großer Krieger bleibt.

Frauen der Aristokratie schufen die hervorragendsten literarischen Werke des späten 10. und frühen 11. Jahrhunderts. Viele der Autorinnen standen als Hofdamen im Dienst einer der mehreren Frauen des Tennō, die talentierte Frauen engagierten, um in ihren Gemächern eine anspruchsvolle, künstlerische Atmosphäre zu schaffen.

Im Rahmen ihres Palastlebens bestimmte die streng überwachte Hofetikette den Umgang miteinander. Hinter dem offiziellen Anstrich verbargen sich allerdings auch in den Damengemächern List und Intrigen, Liebesaffären und Eifersucht. In ihren Schriften schildern die Frauen ihre nach außen hin abgeschirmte Alltagswelt – was außerhalb der Gemächer und Gärten vorging, lag jenseits ihrer Vorstellungskraft. Die Texte schrieben sie füreinander, das heißt, Autorinnen und Leserinnen gehörten einem kleinen Zirkel an.

Die Dichterin Ono no Komachi lebte im 9. Jh. Ausschnitt aus der Serie *Sechs unsterbliche Poeten* von Tosa Mitsuoki (17. Jh.). – Die Hofdamen trugen mehrere Lagen von Seidenkimonos verschiedener Farbnuancen übereinander. Sie schwärzten ihre Zähne und puderten ihr Gesicht weiß. Die Augenbrauen wurden rasiert und weiter oben an der Stirn neu aufgemalt.

Die *hiragana*-Silbenschrift

Die *hiragana*-Silbenschrift wurde auch *onnade*, »Frauenhand« genannt, da sie nur von Frauen benutzt wurde. Das erste noch erhaltene japanische Reisetagebuch, das *Tosa nikki* (»Tagebuch aus der Provinz Tosa«, 935) wurde zwar von einem Mann, dem Beamten und Poeten Ki no Tsurayuki, verfaßt, er gab es aber unter weiblichem Pseudonym heraus, da er die Ereignisse und die mit ihnen verbundenen Empfindungen nicht in dem für Männer üblichen Chinesisch, sondern in Japanisch verfassen wollte: Ki no Tsurayuki wählte die Perspektive einer Frau und verfaßte das Tagebuch in *hiragana*.

Zunehmend unabhängig vom chinesischen Einfluß, verschliffen sich ursprünglich chinesische Schriftzeichen zu der *hiragana*-Silbenschrift, mit der die Frauen lebendige Texte in Japanisch niederschrieben und so neue literarische Formen schufen: Tagebücher, vermischte Notizen und groß angelegte Erzählungen. Sie notierten ihre Texte mit Tusche auf lange Rollen japanischen Papiers *(makimono)*.

Die Tagebücher *(nikki)* enthalten realitätsgetreue Schilderungen des Alltags. Besonders eindrucksvoll ist das *Kagerō nikki* (»Altweibersommer-Tagebuch«, 974–978), in dem die Autorin, eine Frau aus der Familie der Fujiwara, ihr Gefühlsleben, vor allem hinsichtlich der Untreue ihres Mannes, genau darstellt. Den Tagebüchern nahe stehen die vermischten frei-assoziativen Notizen momentaner Eingebung *(zuihitsu,* »dem Pinsel folgend«). Die berühmteste Notizensammlung ist das *Makura no sōshi* (»Kopfkissenbuch«) der Hofdame Sei Shōnagon (966–1025), eine lebendige, erfrischende, zuweilen rücksichtslose Beschreibung des Alltagslebens im Palast.

Die Hofdame Murasaki Shikibu (980–1014) schuf die Erzählung *Genji monogatari* (»Die Geschichte des Prinzen Genji«, um 1010), eines der größten Werke der japanischen Literatur, das als erster psychologischer Roman der Weltliteratur gilt. Die Erzählung beschreibt das Leben des fiktiven Prinzen Hikaru Genji vor der realistischen Kulisse der damaligen Hofgesellschaft. In der Atmosphäre der Erzählung wird die Traurigkeit im Bewußtsein um die

> **Genji monogatari**
> Hikaru Genji entstammt der Ehe des Tennō mit einer Frau aus dem niederem Adel. Er wächst zu einem perfekten Mann heran, ist talentiert, einfühlsam und gutaussehend. Seine große Liebe gilt Kiritsubo, einer weiteren Frau seines Vaters, also einer seiner Stiefmütter. Im Laufe seines Lebens hat Genji unzählige Affären, da er aber Kiritsubo nie vergessen kann, enden alle Liebesbeziehungen unglücklich. Trotz seiner Beförderung und seines Lebens im Luxus wird er im Alter nicht wirklich glücklich. Eine seiner Frauen hat eine Affäre mit einem jungen Mann und bekommt von ihm einen Sohn, Kaoru. Genji, der weiß, daß Kaoru nicht von ihm stammt, entscheidet sich schließlich zu einem Leben als Priester.

Vergänglichkeit der Welt, um die Flüchtigkeit aller Dinge *(mono no aware,* ein Kernbegriff der japanischen Ästhetik) greifbar.

Erzählungen *(monogatari)* sind mit lyrischen Momenten durchsetzte Prosatexte, die in ihrer Entstehungszeit mündlich weitergegeben, später dann schriftlich festgehalten wurden. Die berühmtesten frühen *monogatari* sind das Märchen vom Bambussammler *(Taketori monogatari,* um 900) und das *Ise monogatari,* das die Abenteuer des Frauenhelden Ariwara Narihira schildert. Nach den realistischen Schilderungen der Heian-Zeit erfreuten sich im Mittelalter vor allem Kriegsepen *(gunki monogatari,* allen voran das *Heike monogatari,* S. 69) großer Beliebtheit. Sie schildern Mut und Treue, Ehre und tragischen Untergang der Kriegshelden. Heute finden historische Erzählungen *(rekishi monogatari)* eine große Leserschaft.

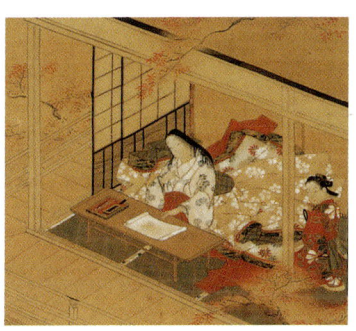

Die Hofdame Murasaki Shikibu schreibt an der Geschichte des Prinzen Genji, von Miyagawa Chōshun, Mitte des 18. Jhs. (Ausschnitt)

Seit jeher hatte die Dichtkunst in Japan einen sehr hohen Stellenwert. Bis ins 20. Jh. hinein dichteten Japaner entweder in chinesischer oder in japanischer Sprache. Mit der Sprache entschieden sie sich für eine Ausdrucksform nach bestimmten Regeln und damit für einen ihren Gedanken gemäßen Stil.

Bei den japanischen Gedichten (*waka*, auch *uta*, »Lied« genannt) unterscheidet man Lang- (*chōka*) und Kurzgedichte (*tanka*), wobei die Form der *tanka* die viel bedeutendere und zahlenmäßig weitaus überlegene ist. Ein *tanka* ist ein reimloser Fünfzeiler mit insgesamt 31 Silben (richtiger: Moren), bestehend aus einer Oberstrophe mit 5–7–5 und einer Unterstrophe mit 7–7 Silben.

Mittels Klang und Rhythmus, durch subtile Wortspiele, Doppeldeutigkeiten und Anspielungen auf berühmte literarische Werke halten *tanka* Gedanken und Gefühle, das emotionale Erleben eines Augenblicks, fest. Hier zeigt sich ein grundlegendes Charakteristikum der japanischen Literatur: die Konzentration auf einen kurzen Moment, einen kleinen Ausschnitt des Ganzen. Selbst groß angelegte Prosawerke lassen oft einen durchstrukturierten Gesamtrahmen vermissen, ihre Stärke liegt in der Beschreibung einzelner Episoden. Ähnlich in der Welt des Theaters, wo oft nur Auszüge von traditionellen Stücken aufgeführt werden.

Zu den größten Schätzen der japanischen Literatur zählt das *Man'yōshū* (»Zehntausend-Blätter-Sammlung«), eine Gedichtsammlung aus der Nara-Zeit, die in der zweiten Hälfte des 8. Jh.s entstand. Die Anthologie enthält knapp 4.500 Gedichte, davon 4.200 *tanka*, deren Entstehungszeit bis ins 5. Jh. zurückreicht. Zentrale Themen sind die Liebe und die Trauer um den Tod eines Verwandten oder Freundes. Die Verfasser gehörten allen Bevölkerungsschichten an: Bauern, Soldaten, Einsiedler, Adlige, und

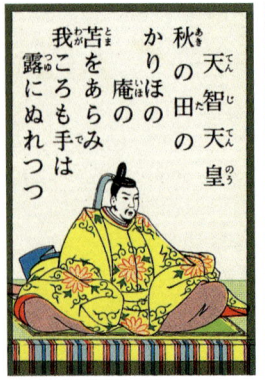 

Der Dichter Fujiwara Teika wählte von hundert Poeten je ein Gedicht als Muster hoher künstlerischer Vollendung (*Hyakunin isshu*, um 1235). Zwei Karten aus dem gleichnamigen Kartenspiel: rechts der Name des Poeten/der Poetin, links daneben ein von ihm/ihr verfaßtes *tanka*.

unter den Dichtern finden sich auch viele Frauen, die in der Heian-Zeit große literarische Werke schufen.

Auch in den folgenden Jahrhunderten wurden die besten Gedichte in insgesamt 21 offiziellen Anthologien *(chokusen waka shū,* »auf kaiserlichen Befehl ausgewählte Sammlungen«) festgehalten. Die Sammlungen enthalten in der Mehrzahl *tanka* und geben einen Querschnitt der japanischen Dichtung von den Anfängen bis ins 15. Jh. Vor allem das *Kokinwakashū (Sammlung japanischer Gedichte aus alter und neuer Zeit,* 905, Hauptkompilator Ki no Tsurayuki) setzte poetische Standards für die *waka-*Dichtung der folgenden Jahrhunderte.

Während der Heian-Zeit standen sich die Angehörigen der Adelsgesellschaft in Gedichtwettstreiten *(uta awase)* gegenüber. In zwei Gruppen geteilt, mußte jede Gruppe ein *tanka* zu einem bestimmten Thema präsentieren, ein Schiedsrichter bestimmte die Siegergruppe.

Im Mittelalter wurde das gesellige Dichten fortgesetzt: Poeten trafen sich zur Improvisation sogenannter »Kettendichtung« *(renga).* Ein Teilnehmer eröffnete mit einer dreizeiligen Oberstrophe (5–7–5 Silben), ein anderer antwortete mit einer zweizeiligen Unterstrophe (7–7 Silben), an die wiederum eine neue Oberstrophe angefügt wurde. Interessant ist dabei vor allem die Umdeutung der vorangegangenen Zeilen. Die berühmteste Sammlung

> **Regelwerke**
> Über die Jahrhunderte formulierten Literaten poetische Regelwerke, die als Anleitungen dienten und innerhalb von Dichterfamilien von Generation zu Generation weitergegeben wurden. Die Beschränkung auf nur wenige Silben verlangt beim Dichten den Einsatz von Techniken, die bestimmte Bilder und Assoziationen auslösen. So existierten neben vielen anderen Konventionen »Kopfkissenwörter« *(makurakotoba,* Begriffe, die einen festgelegten Inhalt assoziieren) oder »Jahreszeitenwörter« *(kigo,* Begriffe, die eine bestimmte Jahreszeit und damit einen Gemütszustand symbolisieren). Durch das »Aufgreifen eines Urgedichts« *(honkadori),* ein Zitat aus einem älteren Gedicht, übernahm man dessen Aussage und deutete sie um.

enthält mehr als 2.000 Ober- und Unterstrophen *(Tsukubashū,* »Tsukuba-Sammlung«, 1356–57). Eine humoristische und umgangssprachliche Variante des *renga* ist das *haikai renga* (»Scherz-Kettendichtung«) mit Parodien und Wortspielen.

Mit der Zeit verselbständigte sich die Oberstrophe, aus ihr entstand das in der Edo-Zeit blühende Kurzgedicht *haiku* (von insgesamt nur 5–7–5, also 17 Silben!). Der *haiku-*Meister Matsuo Bashō (1644–1694), einer der größten Literaten des Landes, erhob das Kurzgedicht von einer reinen Unterhaltung für Städter zu einer Kunst, indem er die *haiku* sprachlich verfeinerte und ihre Aussage auf das Wesentliche eines Gemütszustandes reduzierte. In seinen späten Lebensjahren unternahm er mehrere Reisen durch das Land.

Kamakura – Militärregierung der Shōgune

Mit der Kamakura-Zeit (1192–1333) begann ein neues System der politischen Herrschaft in Japan: Die Kriegerfamilie Minamoto versuchte nicht, ein einflußreiches Amt im bestehenden System, das heißt am kaiserlichen Hofe, zu erlangen, sondern baute fernab von Kyōto in Kamakura ihr eigenes Machtzentrum auf, um sich dann die neu geschaffenen Ämter vom Hof legitimieren zu lassen. Tennō und Hofadel residieren weiterhin in Kyōto, zwar unangetastet und geachtet, allerdings finanziell geschwächt und ohne jegliche politische Macht. Um sich gegenüber konkurrierenden Kriegern Autorität zu verschaffen, ließ sich Minamoto Yoritomo vom Tennō den erblichen Rang des Shōgun verleihen und stand damit formal in einem Vasallenverhältnis zu ihm.

Angehörige des Kaiserhofes hegten lange die Hoffnung, die politische Macht wieder übernehmen zu können. Mehrmals versuchten Exkaiser vergeblich, die Militärregierung mit Hilfe von den Minamoto feindlich gesinnten Kriegern zu stürzen. Tatsächlich wurde 1333 das Ende der Kamakura-Herrschaft durch einen kaiserlichen Umsturzversuch eingeleitet. Doch der an der Spitze stehende Kaiser Go-Daigo blieb selbst nicht lange an der Macht, sondern mußte einem anderen Krieger, Ashikaga Takauji, weichen.

Noch während des Genpei-Krieges schuf Minamoto Yoritomo (1147–1199) in Kamakura eine Militärregierung mit nur drei, im Gegensatz zum aufgeblähten, korrupten Beamtenapparat des Tennō-Hofes effizient arbeitenden Instanzen: 1180 gründete er als erstes Amt die Samuraibehörde *(samuraidokoro)* für die Militärstrategie und zur Regelung der Angelegenheiten seiner direkten Vasallen *(gokenin)*. 1184 nahmen die Verwaltungsbehörde *(kumonjo*, später *mandokoro)* und der Gerichtshof *(monchūjo)* ihre Arbeit auf. Mit dem 1185 vom Exkaiser erlassenen Recht, in allen Provinzen Militärgouverneure *(shugo)* und militärische Landverwalter *(jitō)* einsetzen zu dürfen, brachte Minamoto Yoritomo das gesamte Land, das heißt sowohl den kaiser-

Shōgun – vom Feldherrrn zum Herrscher
Shōgun war ursprünglich ein hoher Militärtitel, der ab 720 als *seii taishōgun*, als »Großer Feldherr zur Unterwerfung der Barbaren«, an die Heerführer der Feldzüge gegen die Ainu verliehen wurde. Als die Ainu kolonialisiert bzw. nach Hokkaidō abgedrängt worden waren, geriet der Titel zunächst außer Gebrauch und wurde erst 1184 als Ehrentitel wieder eingesetzt: Minamoto Yoshinaka erhielt ihn beim Einmarsch in Kyōto als Oberkommandierender der Minamoto-Truppen. 1192 verlieh der Kaiser den Titel an Minamoto Yoritomo. Von da an trugen die Herrschenden der Familien Minamoto, Ashikaga und Tokugawa den Titel bis zum Zusammenbruch der Shōgunatsregierung am Ende der Edo-Zeit 1867.

Machtverschiebung in den Provinzen

Shugo, die höchsten Aufsichtsbeamten, repräsentierten die Militär- und Polizeigewalt der Militärregierung in den einzelnen Provinzen. In ihrer Funktion ersetzten sie die Provinzgouverneure. Im Laufe der Jahrzehnte gelang es ihnen, ihre Macht stetig auszubauen: Sie bemächtigten sich ausgedehnter Ländereien und setzten ihr Amt als erblich durch, wurden de facto zu Großgrundbesitzern. Da sie auch mit der Aufgabe betraut wurden, Truppen auszuheben, entwickelten sie sich zeitgleich zu militärischen Führern.

Auch die *jitō*, der Militärregierung treu ergebene Verwaltungsbeamte, die Yoritomo in den Ländereien seiner Gegner zur Ausübung der Verwaltung, der richterlichen Gewalt und zum Einzug der Steuern einsetzte, wurden später zu Grundbesitzern.

Aus den *jitō*, den *shugo* und lokalen Herrschern gingen nach langen und verwickelten Machtkämpfen, die damals als »unten verdrängt oben« (*gekokujō*) bezeichnet wurden, die *daimyō* hervor. *Daimyō* (wörtlich »Großer Name«) sind Anführer mächtiger Kriegerfamilien mit großem Landbesitz und eigenen Truppen. Sie lieferten sich im 16. Jh. jahrzehntelange Kämpfe um die Vorherrschaft im Land.

Portrait des Minamoto Yoritomo. Der neue Realismus in der Malerei und Bildhauerei läßt zum ersten Mal individuelle Züge des Dargestellten erkennen.

lichen wie auch den privaten Besitz, unter seine Kontrolle und konnte seine Regierung feudalistisch aufbauen. Viele Grundbesitzer ließen sich als Vasallen des Shōgun ihre Besitzrechte garantieren und übernahmen militärische, verwaltungstechnische oder finanzpolitische Aufgaben.

Nachdem sein Bruder Yoshitsune 1189 gestorben war, schien die politische Vorherrschaft der Nachfolger von Minamoto Yoritomo gesichert, doch auch die Jahre nach seinem Tod waren von Kämpfen um die Macht geprägt. Seine beiden Söhne Yoriie und Sanetomo wurden von Familienangehörigen ermordet. Damit starb 1219 die direkte Linie der Minamoto mit dem dritten Shōgun aus.

Hōjō Masako, Witwe des Minamoto Yoritomo und sicherlich die politisch einflußreichste Frau im mittelalterlichen Japan, hatte 1203 einen Regenten aus ihrer eigenen Familie bestellt, Hōjō Tokimasa. Wieder leitete also ein Regent für einen nominellen, politisch aber bedeutungslos gewordenen Herrscher die Regierungsgeschäfte, und wie zuvor die Fujiwara verstand es eine Familie, dieses Mal die Hōjō, das Amt als erblich durchzusetzen. So wirkten Familienangehörige der

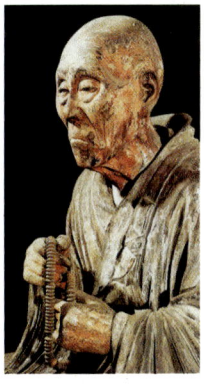

Statue des Priesters Chōgen, Tempel Tōdaiji (Nara), 13. Jh.

Statuen von Wind-
und Donnergott
(beide ca. 1 m hoch),
Tempel Sanjūsangendō,
Kyōto (13. Jh.).

Hōjō bis zum Untergang der Familie 1333 an Stelle der
offiziell ernannten Shōgune als Politiker und Kriegs-
herren.

Um ihrer Macht mehr Stabilität zu verleihen, berie-
fen die Hōjō ab 1226 Vertreter von elf mächtigen Familien in einen Regentschaftsrat. 1232 fixierten sie
das Feudalrecht im nach der damaligen Jahresdevise
benannten Jōei-Kodex, einer Sammlung von Verwal-
tungsvorschriften und Empfehlungen zur Rechtsprechung. Die darin enthaltenen Richtlinien sollten für
die folgenden Jahrhunderte maßgeblich sein.

Indem die Hōjō den Wiederaufbau der in den Krie-
gen zerstörten Tempel anordneten, verbesserten sie
die Beziehung zu den alten buddhistischen Sekten
und förderten Künstler und Kunsthandwerker. Auf
dem Gebiet der Plastik entstanden große Kunstwerke,
berühmt wurde vor allem die im 12. und 13. Jahrhundert aktive Schule der »-kei«: die buddhistischen Holz-
bildhauer Kōkei, Unkei, Kaikei, Jōkei und Tankei. Zu
dieser Zeit wurde die Methode vervollkommnet, eine
Statue aus einzelnen, zuvor bearbeiteten Blöcken zu-
sammenzusetzen *(yosegi zukuri)*. Die Bearbeitung von
feuchtem Holz ermöglichte das Modellieren zu natur-
getreuen, detailreichen, individuellen Plastiken; für
die Augen setzte man den Figuren Kristalle ein.

Obwohl die offiziellen Beziehungen zu China 894 abgebrochen worden waren, spielte der Handel mit dem Reich der Mitte weiterhin eine beachtliche Rolle. Viele Mönche, Wissenschaftler und Künstler reisten zum Studium nach China und lernten dort neue buddhistische Schulen kennen. In den weniger als hundert Jahren zwischen 1175 und 1253 gründeten Mönche fünf einflußreiche buddhistische Sekten, bauten z. T. mit Unterstützung der Regierung Tempel und legten ihre Ansichten in buddhistischen Schriften nieder (s. S. 42ff., Buddhismus). Die Predigten und Erzählungen der Zeit erreichten zum ersten Mal auch das einfache Volk, in dem vor allem die Amida- und Nichiren-Sekten ihre Anhängerschaft fanden. Die Herrschenden in Kamakura fühlten sich dagegen besonders von der Schule des Zen angesprochen. Sie vermieden jeden überflüssigen Luxus und pflegten einen grundsätzlich gegensätzlichen Lebensstil zu dem des Hochadels in Kyōto, der weiterhin seiner Kultur anhing.

Ab 1268 versuchte Khubilai Khan, der 1260 Korea unter seine Herrschaft gebracht hatte, Japan diplomatisch zur Unterwerfung zu bewegen und tributpflichtig

Um 1252 wurde die Große Statue des Amida-Buddha von Kamakura vollendet (11,5 Meter hoch). Nachdem die sie umgebende Halle von einer Flutwelle zerstört wurde, steht die Figur des Buddha jetzt im Freien. Die Handhaltung symbolisiert tiefe Meditation, vollkommene Konzentration.

Zen in der Architektur
Die Ideen des Zen durchdrangen alle Bereiche des Lebens, auch die Architektur. So gelten die Residenzen der zu Ansehen gelangten Äbte und der unter Rikyū zur Vollendung gebrachte Typ des Teehauses (s. S. 92f., Teezeremonie) als Vorläufer der japanischen Wohnhausarchitektur.
Der neue Haustyp, der an die Stelle der Architektur der alten Adelspaläste trat (shinden zukuri), wurde nach den Studierzimmern in den Tempeln und Palästen benannt (shoin zukuri). Das Studierzimmer (shoin) hatte in die Wand eingelassene Regale und einen in einer Fensternische eingebauten, niedrigen Holztisch zum Lesen und Schreiben. Zu den weiteren Charakteristiken des Baustils zählt eine Ziernische (tokonoma), die mit einer zur Jahreszeit passenden Bildrolle, einem Blumenarrangement oder einem Kunstgegenstand geschmückt wird. Undurchsichtige Schiebetüren (fusuma) dienen als Trennwände und halten die Größe der einzelnen Innenräume variabel, während die Schiebewände mit dünner Papierbespannung (shōji) das Licht von außen hereinlassen. Nach den Bodenmatten (tatami mit dem Grundmaß von ca. 0,90 m auf 1,80 m) wird noch heute die Größe eines Zimmers angegeben.

zu machen. Während der Kaiserhof eine zaghafte Zustimmung formulieren wollte, verweigerten die Hōjō eine Antwort und bewaffneten statt dessen die Nordküste der Insel Kyūshū. Mit einer Flotte von 800 Schiffen mit nach einigen Angaben 15.000, anderen Angaben über 40.000 Mann brachen die Mongolen 1274 auf, verwüsteten kleinere Inseln vor Kyūshū und landeten in der Nähe von Hakata (Fukuoka). Der entschlossene Widerstand der Japaner hinderte sie am Eindringen in das Landesinnere, ein Sturm dezimierte ihre Flotte und zwang sie zum Rückzug. Nach einer weiteren erfolglosen Verhandlungsrunde – die Japaner ließen die mongolischen Gesandten enthaupten – schickte Khubilai Khan eine Strafexpedition von schätzungsweise an die 150.000 Mann gen Japan. Sie erreichte 1281 mit über 4.000 Schiffen die Küste Nord-Kyūshūs. Die Militärregierung hatte die Zeit zur Befestigung der Küste genutzt. Sieben Wochen lang versuchten die Angreifer, die japanische Verteidigungsmauer zu durchbrechen. Schließlich zog ein Taifun auf, und ein Teil der mongolischen Flotte zerschellte an der Küste, ein anderer sank auf hoher See. Nur schätzungsweise ein Fünftel der Truppen konnte sich retten. Die ihnen günstige Witterung nannten die Japaner »göttlichen Wind«, *kamikaze*. Obwohl Khubilai Khan das Vorhaben zur Unterwerfung Japans zunächst nicht aufgab, kam es zu

Ausschnitt aus der Bildrolle, die das Leben des Mönchs Ippen schildert *(Ippen hijiri e)*, 1299 von Priester Hōgan En'i angefertigt. Die einzelnen Szenen liefern ein lebendiges Sittengemälde der Zeit.

keinem weiteren Invasionsversuch mehr.

So konnten die Übergriffe der Mongolen zwar abgewehrt werden, trotzdem aber läuteten sie das Ende der Kamakura-Herrschaft ein. Der Krieg hatte die Staatskassen schwer belastet, und nach dem

Ausschnitt aus einer Bildrolle, die ein Krieger-epos, die *Geschichte des Heiji-Krieges (Heiji monogatari)* illustriert, 13. Jh. In der Szene wird die Tennō-Familie nach Rokuhara gebracht.

Sieg über die Invasoren gab es kein Land, das hätte aufgeteilt werden können, also keine Möglichkeit, die Vasallen für ihre Unterstützung zu entlohnen. Zur Schwächung der Militärregierung trug bei, daß sich die Militärgouverneure in den Provinzen inzwischen zu lokalen Führern mit allen Befugnissen autonomer Herrscher (auch der eigenständigen Verteilung von Lehen) entwickelt hatten. Go-Daigo-Tennō, der die Schwächung der Hōjō erkannte, versuchte 1331, die kaiserliche Macht wiederherzustellen, seine Truppen wurden aber besiegt. Er selbst wurde von der Familie Hōjō auf die Insel Oki (vor der Präfektur Shimane) verbannt, ein unerhörter Akt. Die unzufriedenen Krieger stellten sich auf die Seite des Kaiserhofes, und Ashikaga Takauji (1305–1358), ein militärischer Befehlshaber, der eigentlich von der Militärregierung zur Bekämpfung der Kaisertreuen entsandt worden war, entschloß sich – wahrscheinlich aufgrund seiner Einschätzung, daß sich die Vasallen von der Hōjō-Familie inzwischen vollkommen entfremdet fühlten – während seines Marsches von Kamakura nach Kyōto, die Seiten zu wechseln. Mit rebellierenden Militärs kehrte er um und marschierte nach Kamakura. Die Familie Hōjō steckte Kamakura in Brand und zog sich mit ihren Gefolgsleuten in einen Tempel zurück, um sich selbst zu töten. Dem Tennō-Hof eröffnete sich so die Möglichkeit, seine Macht zumindest für kurze Zeit wiederherzustellen.

Neben Malern und Dichtern fanden auch Schauspielergruppen Förderung durch Yoshimitsu und die Herrschenden in den Provinzen. Im 14. Jahrhundert war aus alten Hof-, Tempel- und Volkstänzen das *sarugaku*-Schauspiel hervorgegangen, das sich in seinen beiden Richtungen, dem *nō* und dem *kyōgen*, großer Beliebtheit erfreute.

Zeami Motokiyo (1363–1443) gilt als *der* große Schauspieler, Dramatiker und Theoretiker des *nō*. Schon als Jugendlicher trat er vor dem Shōgun Yoshimitsu auf, unter dessen Förderung er gemeinsam mit seinem Vater Kan'ami (1333–1384) *nō*-Stücke schuf, die vom Publikum sehr geschätzt wurden und heute noch werden. Nachfolgende Shōgu-ne bevorzugten allerdings andere Schauspieler, belegten Zeami mit Auftrittsverbot, und einige Jahre wurde er gar auf die Insel Sado verbannt.

In theoretischen Abhandlungen hielt Zeami seine Sichtweise des *nō* fest. Sein Werk *Fūshi kaden* diente über Jahrhunderte hinweg als grundlegendes Lehrbuch für das *nō*-Schauspiel. Die Theorie ist geprägt vom Zen-Buddhismus und gilt als Spiegel der ästhetischen Ideale der Samurai-Kultur vom 13. bis zum 16. Jahrhundert. Einer der zentralen ästhetischen Begriffe lautet *yūgen*, übersetzt als »verhaltene Eleganz«, die Schönheit hinter der äußeren Erscheinung.

Nō ist eine Mischung aus Musik

Nō-Masken der Familie Ii, 18. Jh. Die aus japanischer Zypresse geschnitzten Masken repräsentieren Typen (Götter, Dämonen, Männer und Frauen verschiedenen Alters und Typs). Die Masken erwachen durch leichte Kopfbewegungen der Schauspieler zum Leben.

Nō-Kostüm der Familie Ōuchi, 16. Jh. Gefertigt aus Seidenbrokaten, Satin und Gaze, verziert mit Stickereien aus Goldfäden. Material, Webart und Verzierung des Gewandes drücken Eigenheiten der dargestellten Figur aus.

und Tanz, Schauspiel, Sprache und Gesang, die keine natürliche Darstellung, sondern eine symbolische, höchst abstrakte Repräsentation von Ereignissen anstrebt. Die ausschließlich männlichen Schauspieler tragen typisierende Masken und prächtige Gewänder, sie repräsentieren übernatürliche Wesen (Götter, Dämonen, Besessene) und Figuren der Geschichte (Kriegshelden). Die Schauspieler bedienen sich der zeitgenössischen Literatursprache und führen langsame, stilisierte Bewegungen aus. Ein Männerchor, Trommel und Flöte begleiten die Handlung, so daß eine ganz eigene spirituelle Atmosphäre entsteht.

Repertoire, formale Struktur und Aufführungspraxis der *nō*-Stücke sind bis heute unverändert. Zwei Schauspieler, der Hauptakteur (*shite*) und der Nebenschauspieler (*waki*), tragen die Handlung. Im ersten der beiden Akte treffen die beiden Figuren zusammen. Im zweiten Akt deckt der Nebendarsteller die wahre Identität des Hauptdarstellers auf: So ist er beispielsweise kein Krieger, wie im ersten Akt vorgegeben, sondern ein Geist, der aufgrund einer Tragödie an einen bestimmten Ort gefesselt ist.

Der Aufbau der Bühne und das Bühnenbild sind bei allen Stücken identisch: ein Gemälde einer Kiefer des Kasuga-Schreins (Nara), vor der die erste Aufführung stattgefunden haben soll. Die Requisiten (wie Wagen, Boot, Palast) sind hochgradig stilisiert.

Kyōgen sind komische Zwischenspiele, ursprünglich zur Auflockerung von *Nō*-Vorstellungen gedacht, heute auch als eigene Theaterform präsentiert. Die ausschließlich männlichen Schauspieler bedienen sich der Umgangssprache, in schneller Dialogabfolge, reicher Gestik und Mimik repräsentieren sie einfache Leute wie Diener, Bauern oder Handwerker. Häufig handeln die Stücke von menschlichen Schwächen, wobei Herrscher sich als Dummköpfe, die Untergebenen als schlau entpuppen. Bühne und Bühnenbild entsprechen der *nō*-Bühne, Requisiten werden nur spärlich verwendet, die Gesichtsmasken repräsentieren Gottheiten, Geister und Dämonen, Menschen und Tiere.

Muromachi – Politische und soziale Unruhen erschüttern das Land

Tennō Go-Daigo beging einen entscheidenden Fehler: Er belohnte nicht die Krieger, die ihm zur Macht verholfen hatten, sondern versuchte, Angehörige des Hofadels in die politisch entscheidenden Positionen zu setzen. Während die Unzufriedenheit unter den Militärs stieg, zog sich Ashikaga Takauji nach Kyūshū zurück, organisierte ein riesiges Heer, marschierte nach Kyōto und besiegte die kaisertreuen Truppen. Er verbannte Go-Daigo aus der Stadt und setzte einen Gegenkaiser ein, von dem er sich dann zum Shōgun ernennen ließ. Go-Daigo errichtete mit seiner Anhängerschaft einen Hof südlich von Kyōto in Yoshino (Südhof).

Die Muromachi-Zeit (1333–1600) ist nach dem Stadtteil Kyōtos benannt, in dem die Ashikaga den Sitz ihrer neuen Militärregierung etablierten. Das Militärzentrum war nun also in die Kaiserstadt gerückt, und die Angehörigen des Tennō-Hofes in Kyōto zu Marionet-

Yoshimitsus Ruhesitz, der Goldpavillon (Kinkakuji) am Rande Kyōtos, fiel 1950 einer Brandstiftung zum Opfer, Thema der Erzählung *Kinkakuji* (1956) des Schriftstellers Mishima Yukio (1925–1970).

Das tragische Ende eines ruhmreichen Helden

Kusunoki Masashige (gest. 1336) war ein kaisertreuer militärischer Befehlshaber, der als strategisches Genie gefeiert wurde, da er sich gegen zahlenmäßig weit überlegene Gegner mittels unorthodoxer Kampfmethoden und militärischer Listen behauptete. Er unterstützte Tennō Go-Daigo bei dessen Versuch, die Militärregierung von Kamakura zu stürzen. Auch nachdem sich viele Militärs gegen den Kaiser erhoben, blieb Masahige dem Tennō treu, bis er schließlich in einer Schlacht fiel, die er selbst nicht befürwortet hatte. Neben Minamoto Yoshitsune wurde Kusunoki Masahige zu einer der beliebtesten literarischen Figuren Japans: ein treuer, angesichts der feindlichen Übermacht chancenloser Held, der schwer verwundet rituellen Selbstmord *(seppuku)* begeht, ein Symbol des ehrenvollen, tragischen Scheiterns.

ten in den Händen der Kriegerfamilie geworden. Die Ashikaga behielten die Regierungsform des Kamakura-Shogunats bei, konnten aber auf lange Sicht die Zentralgewalt nicht aufrechterhalten. Ihre Gegner fanden sich nicht nur in den Anhängern des Südhofes, sondern auch in konkurrierenden mächtigen Kriegerfamilien. Der Grad der Kontrolle über die Rivalen hing stark von der Persönlichkeit des jeweiligen Shōgun ab, doch mit der schwindenden Zentralgewalt wurde das Land von politischen Unruhen und sozialen Erhebungen erschüttert. Lokaladlige und Militärgouverneure herrschten als *daimyō* über wirtschaftlich inzwischen unabhängig gewordene Teilstaaten und verwickelten sich mit ihren Rivalen ständig in Kämpfe um Machterhalt und -erweiterung, bis es schließlich drei Feldherren Ende des 16. Jahrhunderts gelang, Japan erneut zu einigen.

Während der gesamten »Zeit des südlichen und nördlichen Hofes« *(Yoshino* oder *nanboku jidai,* 1336– 1392) kämpften die Gefolgsleute beider Höfe gegeneinander. Tennō Go-Daigo und seine Nachfolger, die sich in die gebirgige Region von Yoshino zurückgezogen hatten, waren zwar im Besitz der kaiserlichen Insignien Spiegel, Schwert und Juwelen, verloren allerdings zunehmend an militärischer Macht. Erst der dritte Shōgun, Ashikaga Yoshimitsu (1358– 1408), beendete die jahrzehntelangen Kämpfe durch taktische Ver-

Münzen aus China

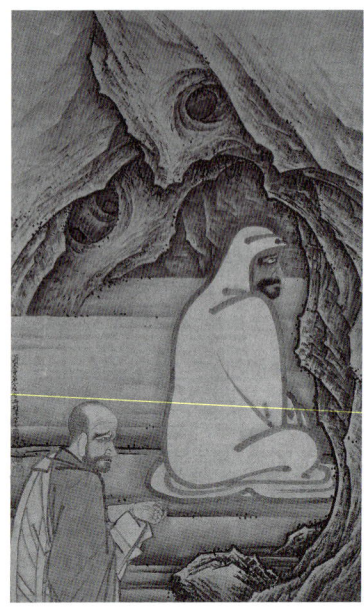

Der berühmteste aller japanischen Malermönche war Sesshū (1420–1506). Von ihm stammt die dramatischste Episode aus dem Zen: Huiko bringt Daruma seinen soeben abgeschlagenen Arm dar, um Daruma zu demonstrieren, wie entschlossen er ist, sein Schüler zu werden.

handlungen. Wahrscheinlich durch das nie eingehaltene Versprechen, wieder die wechselnde Thronfolge einzuführen, gelang es ihm, den im Süden herrschenden Tennō und mit ihm die kaiserlichen Insignien nach Kyōto zurückzuholen.

Yoshimitsu konnte die Herrschaft der Ashikaga vorübergehend festigen. Er erbaute die große Residenz der Familie im Stadtteil Muromachi von Kyōto. Die Förderung der Künste verstand er als wesentlichen Bestandteil seiner Politik, um vom Hof anerkannt zu werden.

Yoshimitsu leistete der Form nach Tributzahlungen an China, erlangte als Gegenleistung aber große Gewinne aus dem Handel mit den Nachbarn auf dem Festland. Es waren Zen-Mönche, die als Ratgeber der Shōgune im Außenhandel die Delegationen anführten: zum einen japanische, die die Militärregierung in Form von Studienreisen nach China unterstützte und als Gelehrte in die Politik holte, und zum anderen chinesische, die Ende des 13. Jahrhunderts vor der mongolischen Yuan-Herrschaft nach Japan flohen.

Die Japaner exportierten vor allem Schwerter in großen Mengen und importierten Rohseide, Bilder, Porzellan, Bücher, Arzneien und Schnüre von Kupfermünzen. Die japanischen Mönche, die die chinesischen Kunstobjekte für die Ausfuhr nach Japan auswählten, sorgten für eine neue Welle ausländischen Einflusses auf die heimische Literatur und Malerei. Besonders begeistert zeigten sie sich von den Tuschbildern chinesischer Zen-Maler (chin. Chan), keine farbenprächtigen Gemälde, sondern kleine, monochrome Bilder in Tusche, die durch eine freie, spontane und zugleich kontrollierte Pinselführung entstanden. Als im 15. Jh. die Zen-Malerei in Japan ihren Höhepunkt erreichte, schickte Yoshimasa, der achte Shōgun

(1436–1490), gar Beauftragte nach China, um nach alten Werken von Chan-Meistern forschen zu lassen. Da in China das Interesse an der Tuschmalerei inzwischen erloschen war, wurde ihr Export nicht verhindert, und so befinden sich heute viele chinesische Chan-Bilder in japanischen Sammlungen.

Nach dem Kopieren der chinesischen Vorlagen und dem Zeichnen nie gesehener chinesischer Ideallandschaften erreichten die japanischen Maler große Ausdruckskraft in zwei Motiven der Tuschmalerei *(sumie* oder *suibokuga):* in Portraits berühmter Mönche und vor allem in Landschaftsdarstellungen. Die Bilder zeigen weite, geheimnisvolle Landschaften, in Nebel gehüllte Berggipfel, knorrige Kiefernstämme, Felsen und Wasserfälle. Die Bedeutungslosigkeit des Menschen angesichts des Kosmos drückt sich darin aus, daß Gestalten und Häuser so winzig dargestellt sind, daß man sie erst bei näherer Betrachtung überhaupt wahrnimmt. Kranich und Affe gelten als Ausdruck der wilden Schönheit der Natur; buddhistische Gottheiten sitzen zwischen Felsen oder am Wasser, nicht in einem fernen Paradies.

Während der Tennō-Hof in immer größere wirtschaftliche Schwierigkeiten geriet – selbst Bestattungen und Krönungsfeiern mußten verschoben werden – förderten die kostspieligen Vergnügungen, üppigen Feste und prunkvollen Bauten der Ashikaga die Ent-

Winterlandschaft von Sesshū, 15. Jh.

Ausschnitt aus der über 15 m langen Bildrolle mit Landschaftsdarstellungen *(Sansui chōkan)* von Sesshū, 1486.

Wie schon sein Groß-
vater Yoshimitsu ließ
auch Yoshimasa am
Stadtrand von Kyōto
einen Tempel, den Sil-
berpavillon (Ginkakuji),
als Ruhesitz bauen

Rüstungen waren robust
und gleichzeitig leicht,
wodurch sie große Be-
wegungsfreiheit gewähr-
ten. Der Körperpanzer
bestand aus waagrech-
ten Reihen kleiner Eisen-
und Lederschuppen. Die
Rüstungen wurden von
ihren Trägern mit Namen
versehen, weitervererbt
oder nach einem großen
Sieg Hachiman, dem
Kriegsgott, als Opfer-
gabe dargebracht. Den
Helm zieren Hörner aus
Metall.

stehung eines finanziell abgesicherten, professionellen
Künstlertums. In seiner Verschwendungssucht verlor
vor allem der achte Shōgun, Yoshimasa, jeglichen Blick
für finanzielle und politische Realitäten.

Am meisten zu leiden unter der katastrophalen Fi-
nanzverwaltung hatten die Bauern, die die Herrschenden, ihre Prunksucht und ihre andauernden Kriege zu
finanzieren hatten. Unerhört hoch besteuert (bis zu
70 Prozent der bäuerlichen Einkünfte, daneben Weg-
und andere Zölle), mußten sie nicht mehr tilgbare
Schulden aufnehmen und konnten oft noch nicht einmal mehr das Saatgut für das folgende Jahr bezahlen.
Während der Hungersnöte und Seuchen in der Mitte
des 15. Jahrhunderts schleppten sich Zigtausende von
Flüchtlingen in die Hauptstadt und fanden in Lagern
von buddhistischen Mönchen Aufnahme.

Wut und Haß der Bauern kanalisierten sich im
ganzen Land in vielen zunächst spontanen, unorgani-
sierten Aufständen. Aufgebrachte Menschenmengen,
die Häuser der Reicheren und Läden von Pfandleihern
zerstörten, waren vom Militär noch leicht niederzu-
schlagen, doch dies änderte sich, als sich die Bauern in
bewaffneten Organisationen zusammenfanden, die
auf gegenseitiger Treue und Unterstützung basierten
und auf Selbstverwaltung abzielten. Ab 1441 besetzten
bäuerliche *ikki*-Armeen *(ikki:* Rebellion, Aufstand) re-

Bushidō

Der »Weg des Kriegers« *(bushidō)*, der vom Krieger Respekt, Loyalität, Pflichterfüllung und unbedingte Opferbereitschaft gegenüber dem Höhergestellten fordert, stand der Realität der Sengoku-Zeit diametral entgegen. Der Ehrenkodex, der die Gefolgschaftsbeziehung verabsolutiert und den Tod verherrlicht, wurde erst zu Friedenszeiten, in der nachfolgenden Edo-Zeit, von Samurai formuliert, die nicht selbst auf einem Schlachtfeld standen, sondern in der Verwaltungsbürokratie tätig waren. Berühmteste Schrift war das *Hagakure* (»Verborgen im Laub«, 1716) des Samurai Yamamoto Jōchō (1659–1721).

gelmäßig die Hauptstadt, und Organisationen in einigen Landstrichen schafften tatsächlich über Jahrzehnte hinweg, sich ihrer Herren zu entledigen und ihre Angelegenheiten selbst zu kontrollieren. Immer wieder sah sich die Regierung gezwungen, Edikte zu erlassen, die Verbindlichkeiten auf einen Bruchteil reduzierten, eine Maßnahme, die wiederum die Wirtschaft ins Chaos stürzte.

Yoshimasa zog sich vollständig aus der Politik zurück, und der Streit um seine ungeklärte Nachfolge löste 1467 einen blutigen Bürgerkrieg aus. Dieser elf Jahre anhaltende Ōnin-Krieg, in dem sich zwei Armeen mit insgesamt einigen hunderttausend Kriegern in Kyōto gegenüberstanden, markiert den Beginn der »Zeit der kriegführenden Provinzen« (Sengoku-Zeit), die erst über hundert Jahre später mit der erneuten Einigung Japans endete.

Die Sengoku-Zeit ist die Zeit der Kriegslisten, Überraschungsangriffe und verblüffenden Taktiken. Die großen *daimyō*-Familien hatten gewaltige Heere rekrutiert und eine komplexe Bündnispolitik aufgebaut. Doch da jeder das Ziel vor Augen hatte, das Land unter seiner eigenen Vorherrschaft zu einen, konnten weder Geiselnahmen noch Gebietsentlohnungen wechselnde Oppositionen, Verrat, Betrug und Mord verhindern. Die militärischen Führer der Sengoku-Zeit, wie Mōri Motonari (1497–1571), Takeda Shingen (1521–1573) oder Uesugi Kenshin (1530–1578), wurden zum Stoff vieler Romane und Filme, die von Liebe und Verrat, Kriegerethos und Intrigen in den Zeiten der Wirren handeln.

Der ständige Bedarf an Schwertern brachte eine Blüte des Handwerks der Waffenschmiede *(kajiya)* mit sich, die Waffen von höchster Qualität und künstlerischer Vollendung schufen. Viele Schmiede signierten ihre Schwerter.

Das Konzept des *dao* (japanisch *tō/dō* bzw. *michi*) mit der Bedeutung für Weg, der den ewigen Wandel der Sterne und der Jahreszeiten beschreibt, das heißt der das ordnende Prinzip des Kosmos darstellt, entstammt dem von Laotse (4.– 3. Jh. v. Chr.?) begründeten Daoismus. Aus der Einsicht in den ewigen Wandel folgt als Konsequenz das *mui*, wörtlich »Nichthandeln«, das allerdings nicht Passivität bedeutet, sondern ein Handeln, das sich nicht dem Wandel der Dinge widersetzt, sondern in die Geschehnisse einpaßt.

Heute versteht man die verschiedenen »Wege« im Sinne von Lehre in einer Kunst oder Sportart mit einem bestimmten geistigen Hintergrund. Die Ausübung soll einer inneren Geisteshaltung des Handelnden entspringen, konzentriert sich also nicht nur auf das Erlernen einer Technik. Der Prozeß des Entstehens wird als genauso wichtig betrachtet wie das Ergebnis.

Unterwiesen werden die Schüler von einem Lehrer oder Meister *(sensei)*. Die Schüler eignen sich die Fertigkeit in Graden an und legen Prüfungen aufeinanderfolgender Ränge ab, die in Sportarten durch die Farben der Gürtel gekennzeichnet werden. Dabei wird zwischen dem *senpai*, der schon länger dabei ist und auf größere Erfahrung zurückblicken kann, und dem später Dazugekommenen, dem *kōhai*, unterschieden. Die Bezeichnungen *senpai* und *kōhai* finden nicht nur

---

Bedeutung des Schriftzeichens »Weg«
im konkreten Sinne:

山道   *sandō/yamamichi*
Bergweg, Bergpfad, Paß
(Berg + Weg)

鉄道   *tesudō*
Eisenbahn (Eisen + Weg)

Für religiöse, philosophische Strömungen:

神道   *Shintō*
Shintoismus
(»Weg der Götter«)

Für Künste:

花道 華道   *kadō*
Blumenstecken
(auch: *ikebana*)

茶道   *chadō/sadō*
Teezeremonie

書道   *shodō*
Kalligraphie

歌道   *kadō*
Dichtkunst

香道   *kōdō*
Kunst der Düfte

Für Kampfsportarten 武道:

柔道   *jūdō*
Jūdo

剣道   *kendō*
Schwertkampf

弓道   *kyūdō*
Bogenschießen

合気道   *aikidō*
Aikido

Die Kampfsportarten stammen aus China, Japan und Korea und werden zum Teil ohne, zum Teil mit Waffen ausgefochten. Um den Gegner zu besiegen, nutzen die Kämpfer die Kraft des Angreifers.

---

in den Künsten und den Sportarten, sondern ganz allgemein im Alltagsleben, wie in der Schule, der Universität oder der Firma, Verwendung.

Wappen

Wappen *(mon)* entwickelten sich in der Heian-Zeit wohl aus den Kleidermustern der Hofadligen und zierten Kleidung, Sänften und Wagen des Adels. Im Mittelalter benötigte der Kriegerstand für Fahnen, Feldzeichen und Kriegsgerät eingängige Symbole zur Erkennung von Verbündeten und Gegnern auf dem Schlachtfeld. Aus diesen Symbolen entstanden die Haus- oder Familienwappen der einzelnen Kriegerfamilien *(kamon)*. Zunächst konnte jede Familie (auch mehrere) Wappen frei wählen, ändern oder verleihen. Zerstritten sich Zweigfamilien untereinander, änderten sie ihre Wappen ab.

Im 16. Jh. wurde der Gebrauch der Wappen dann reglementiert: Die Tennō-Familie, hohe Adlige und Kriegerfamilien verboten den Gebrauch ihrer Symbole.

In der Edo-Zeit hatten die Kriegerfamilien ihr Haus- und ihre Nebenwappen an die Militärregierung zu melden, und die Wappen wurden in sogenannten Kriegerspiegeln *(bukan)* jährlich veröffentlicht.

Zu dieser Zeit trugen zum ersten Mal nicht nur Krieger Wappen, sondern auch Künstler- und Schauspielerfamilien, große Handelshäuser und selbst die berühmten Freuden-

Heute führen auch Firmen Wappen. Hier das Wappen des Unternehmens Tōkyō denryoku (Elektrizitätswerk Tōkyō) mit einem Blitz in der Mitte.

häuser in den Vergnügungsvierteln. Das Familienwappen zierte die Inneneinrichtung der Geschäfte und den Vorhang, der den Verkaufsraum zur Straßenseite hin schmückt *(noren)*. Auf einem Kimono wird das Wappen auf dem Rücken, an den Ärmeln und über der Brust eingewebt, aufgenäht oder eingefärbt.

Japanische Wappen sind sparsam ausgestaltet, mit einer unübersehbaren Tendenz zu hoher Abstraktion. Sie führen ein bis drei Motive, die in nur einer Farbe wiedergegeben werden, so daß sie wie geometrische Muster wirken. Viele sind von einem Ring, Viereck oder einer anderen Umrandung umschlossen. Als Symbole werden unter anderen Pflanzen, Tiere, Wellenmuster, Werkzeuge und Schriftzeichen verwendet.

Zur Zeit der kämpfenden Provinzen strandete 1543 ein Schiff mit portugiesischen Seeleuten auf Tanegashima, einer Insel südlich von Kyūshū. Schnell erkannten die *daimyō* die Bedeutung der von den Europäern mitgebrachten Musketen für den weiteren Kriegsverlauf im Land; innerhalb kürzester Zeit ließen sie nicht nur Gewehre, sondern auch Kanonen in eigenen Produktionsstätten herstellen. Die Feuerwaffen änderten auch die Bauweise der früher flachen, hölzernen Festungen, die nun mit hohen, aus Naturstein errichteten Mauern umgeben wurden, um Kanonen- und Musketenkugeln abzuhalten.

Japan zu einigen bedeutete, rivalisierende Kriegerfamilien auszuschalten, die Mönchsheere zu besiegen und die schlagkräftigen Bauern zu unterwerfen. Die Feldherren Oda Nobunaga, Toyotomi Hideyoshi und Tokugawa Ieyasu gingen als die Reichseiniger in die japanische Geschichte ein. Alle drei begannen als relativ unbedeutende Männer, die sich durch militärische Unterwerfungen größere Gebiete aneigneten und dann Anführer von großen *daimyō*-Verbänden wurden.

Oda Nobunaga (1534–1582) war der Sohn eines niedrigen Landesherrn der Provinz Owari (Präfektur Aichi). Taktische Siege über zahlenmäßig weit überlegene Heere vergrößerten sein Einflußgebiet. Er war der erste, der systematisch Feuerwaffen einsetzte.

Portrait des
Oda Nobunaga.

Er ging gegen die bewaffneten Heere der Tendai- und Amida-Sekten vor, brannte die Tempel nieder und tötete einige Zigtausend Männer, Frauen und Kinder. Bei seinem Tod war die politische Macht der buddhistischen Tempel gebrochen, er selbst war Herrscher über ein Drittel des japanischen Gebietes und hatte die Basis für die Neuordnung Japans geschaffen: Eine groß angelegte Landvermessung sollte als Grundlage für ein neues Besteuerungssystem dienen.

Nobunaga beging Selbstmord, als er den Verrat des ihm unterstellten militärischen Befehlshabers Akechi Mitsuhide erkannte, der ihn in einem ungeschützten Moment mit Truppen angriff. Toyotomi Hideyoshi (1536–1598), oberster Heerführer des Oda Nobunaga,

Portrait des
Toyotomi Hideyoshi.

übernahm die Macht und führte dessen Politik fort. Ihm gelang es schließlich, die großen *daimyō* zu einen und die Bauern zu entwaffnen.

Nachdem er 1590 die Vorherrschaft über alle Provinzen gewonnen hatte, herrschte Hideyoshi über die zentralen Gebiete des Reiches und balancierte das politische Gleichgewicht zwischen ihm treu ergebenen *daimyō* und mächtigen, ehemaligen Gegnern. Mit seinem letzten ernstzunehmenden Rivalen Tokugawa Ieyasu verbündete er sich. 1585 ernannte der Kaiser Toyotomi Hideyoshi zum Regenten, ein Jahr später zum Großkanzler. Da beide Ämter traditionellerweise von Angehörigen der Fujiwara-Familie ausgeübt wurden, ließ sich Hideyoshi durch ein Mitglied dieser Familie adoptieren.

Burg Himeji, 1581 von Toyotomi Hideyoshi erbaut. Die geschwungenen Dächer des mehrstöckigen Turmgebäudes *(tenshu)* gaben der Burg den Namen »Burg des Weißen Reihers« (Shirasagijō).

Nach der Einigung des Landes erließ Hideyoshi Gesetze, mittels derer er ein Ständesystem etablierte, das über mehr als zweihundert Jahre Bestand haben sollte. Er verteilte die großen Landgüter um und übertrug den Boden auf die freien Bauern *(hyakushō)*, die in Dorfgemeinschaften zusammengefaßt und gemein-

---

Burgstädte

Im 16. Jahrhundert entwickelten sich die befestigten Residenzen der reichen *daimyō* zu prachtvollen und uneinnehmbaren Festungen. Sie lagen auf Erhebungen oder in Flußbiegungen, waren von Steinmauern, Gräben und Wällen umgeben und hatten im Inneren Labyrinthe unterirdischer Gänge.

Um diese Festungen herum entstanden Burgstädte *(jōkamachi)*, Versorgungszentren der *daimyō*, deren Grundriß (eigene Viertel für Kaufleute, Handwerker usw.) die aufkommende strenge Trennung der Klassen widerspiegelt.

Handwerker waren in Gilden organisiert, die Monopole für bestimmte Produkte, wie Öl, Sake, Papier, Salz oder Metallwaren, erwirkten. Verbesserungen in der Landwirtschaft und die Zunahme von Münzen als Zahlungsmittel (meist aus China importierte Kupfermünzen, Silber und Gold nach Gewicht) förderten den Handel, und mit ihm kamen Kaufleute, Geldwechsler und Pfandleiher zu Wohlstand: Grundbesitz allein war nicht mehr ausschlaggebend für Reichtum.

Wandschirme in Gold (byōbu) aus der Azuchi-Momoyama-Zeit. Auf Holz gespannte Papierflächen wurden mit Blattgold überzogen und dann in leuchtenden Tönen bemalt: naturgetreue Darstellungen üppiger Blüten, wilder Bäche, Vögel, knorriger alter Bäume. Japanische Zypresse von Kanō Eitoku, 16. Jh. Die Kanō-Schule wurde von Kanō Masanobu (1434–1530) gegründet. Ihre Angehörigen waren bis 1868 offizielle Hofmaler der Tokugawa.

sam besteuert wurden. Mit dieser Umverteilung schuf er eine eigene Bauernklasse, deren Angehörigen der Zuzug in die Städte und das Tragen von Waffen verboten wurde *(katanagari,* »Schwertjagd«). Alle Maßnahmen zielten auf die Verhinderung von Aufständen und die strikte Trennung des Krieger- und des Bauernstandes. Als Maßstab für die Belehnung der Vasallen und für die Besteuerung galt nicht mehr die Größe, sondern der Ertrag einer Anbaufläche, Einheitsmaß für Körnerreis war das Hohlmaß *koku* (180 Liter). Als *daimyō* galt ein Grundherr, der über mehr als 10.000 *koku* verfügte (1590 ungefähr 200 *daimyō*).

Hideyoshi ist eine der schillerndsten Figuren der japanischen Geschichte. Er, der die Rechte der Bauern so beschnitt, stammte selbst aus einer mittellosen Bauernfamilie und trat mit 14 Jahren in den Dienst von Oda Nobunaga, in dessen Heer er schnell aufstieg. Seine Herkunft hielt er geheim, verbreitete Legenden über seine Auserwähltheit und verklärte seinen unglaublichen Aufstieg zum Herrscher des Landes. Am Gipfel seiner Macht angekommen, unterhielt er eigene Gold- und Silberminen und verfügte über unerschöpfliche finanzielle Reserven. Seine Verschwendung kannte keine Grenzen, und bei Musikfesten, Banketten und Teezeremonien mit mehreren tausend Teilnehmern stellte er seinen Reichtum zur Schau.

Nachdem er Japan geeinigt hatte, verfolgte Hideyoshi zwei weitere Ziele: seine Herrschaft auf das ostasiatische Festland auszudehnen und eine eigene Dynastie zu begründen. In beiden Vorhaben scheiterte er. Zweimal versuchte er, Korea zu erobern, doch die erste Invasion (1592–93) mußte erfolglos abgebrochen werden, und den zweiten Feldzug (1597–98) beendeten die Militärführer, als sie vom Tod Hideyoshis erfuhren. Das Land wurde schwer verwüstet, koreanische Fachleute nach Japan verschleppt. 1590 war Hideyoshis erstgeborener Sohn gestorben, und da er keine weiteren männlichen Nachfahren hatte, bestimmte er zunächst seinen Neffen Hidetsugu zu seinem Nachfolger. Nachdem aber 1593 eine Nebenfrau Hideyoshis einen Sohn zur Welt gebracht hatte, befahl Hideyoshi seinem Neffen, sich selbst zu töten, und ließ dessen Kinder und Frauen ermorden. Als Hideyoshi starb, war sein Sohn Hideyori erst sechs Jahre alt.

Obwohl Hideyoshi versucht hatte, die Macht seines Hauses durch das Einsetzen von Gremien und den Abschluß komplexer Bündnisse auch über seinen Tod hinaus zu sichern, entbrannte bald nach seinem Ableben unter den *daimyō* Streit um die weitere politische Vorherrschaft. Von dieser Uneinigkeit profitierte die Familie Tokugawa, die nach einigen Machtverschiebungen die militärische Großmacht in Japan stellte. Gemeinsam mit ihren Verbündeten entschieden die Tokugawa die große Entscheidungsschlacht bei Sekigahara (östlich des Biwa-Sees), in der die Anhänger der Toyotomi und der Tokugawa 1600 aufeinandertrafen, für sich. Einige *daimyō* der Toyotomi nahmen an der Schlacht nicht teil, andere liefen während der Kampfhandlungen zu den Tokugawa über. Einige Familien, wie die Sanada, kämpften auf beiden Seiten. Auf diese Weise konnten sie zumindest einen Teil ihrer Güter retten, denn nach der Schlacht wurden die Besitzungen der besiegten Feinde unter den Vasallen der siegreichen Tokugawa als Lehen verteilt.

Samurai
Als »Samurai« bezeichnete man zunächst das bewaffnete Personal des Hochadels, im Mittelalter war der Begriff dann gleichbedeutend mit »Krieger« *(bushi)*. Ursprünglich kämpften die Samurai nicht in Massenschlachten, sondern standen sich in Duellen gegenüber, zunächst als berittene Bogenschützen, dann als Schwertkämpfer. Im 16. Jh. rekrutierten die Heerführer Bauern, die sich, flankiert von Reiterheeren, als Fußsoldaten *(ashigaru)* mit langen Spießen Massenschlachten lieferten. In der Edo-Zeit bezeichnete man als »Samurai« die Angehörigen der obersten Gesellschaftsschicht (vom Shōgun bis zum verarmten Krieger ohne Anstellungsverhältnis), die über die Privilegien verfügten, einen Nachnamen zu führen und Schwerter zu tragen.

Betrachtung der herbstlich gefärbten Ahornblätter von Kanō Hideyori, 16. Jh, Ausschnitt eines Stellschirms.

Die Kunst des Teetrinkens

Unter dem »Weg des Tees« *(chadō oder sadō)* versteht man das Ritual, nach dem Tee zubereitet, serviert und getrunken wird.

Der Tee, den die Zen-Mönche in China kennenlernten, diente ihnen zunächst als Medizin und Stimulanz während ihrer langen Meditationen. Während der Muromachi-Zeit wurde es üblich, dass sich Angehörige der Oberschicht versammelten, um gemeinsam Tee zu genießen und sich über Kunst und Poesie auszutauschen. Im Laufe der Zeit rückte die Zeremonie der Zubereitung selbst in den Mittelpunkt des Interesses, wobei man auf die genaue Einhaltung fest vorgeschriebener Regeln (Anordnen der Utensilien, Erwärmungsgrad des Wassers, Moment des Aufgusses) Wert legte.

In der Teezeremonie wirken verschiedene Künste zusammen: Architektur (Teehaus, *chashitsu*), Gartenbau (Teehausgarten), Tuschmalerei, Kalligraphie und Blumenstecken (als Schmuck der Ziernische *tokonom*a). Bedeutenden Einfluß hatte die Teezeremonie auf die Entwicklung der japanischen Keramik, vor allem der Teeschalen *(chawan)*.

Die Teehäuser der Azuchi-Momoyama-Zeit entstanden als Gegenreaktion auf die prunkvollen Paläste der Herrschenden. In den Innenraum schlüpft man durch einen nur ungefähr einen Meter hohen Zugang *(nijiriguchi*, *nijiru* »kniend rutschen«). Der kleine Raum scheint einfach und karg, besteht aber aus zum Teil kostbaren Materialien. In der Ziernische befinden sich Bildrolle und Blumenarrangement passend zur Jahreszeit.

Die Kunst des Teetrinkens

Der Teemeister Sen no Rikyū (1521–1591) vervollkommnete die Teezeremonie zu einer spirituellen Übung, ähnlich einer Meditation. Rikyū, der im Dienst von Toyotomi Hideyoshi stand, entwickelte in starkem Kontrast zu den pompösen Teeversammlungen seines Herrn einen Stil des Einfach-Schlichten *(wabi)* und des nicht glanzvoll Neuen, sondern durch Gebrauch Gereiften *(sabi)*. In schlichten, aber perfekt gestalteten Teeausgärten schuf er Teehäuser, die bescheidene Hütten zu sein scheinen, mit wenig Schmuck ausgestaltet sind und bewußte Enthaltung ausstrahlten. In der Reduktion und gleichzeitigen Formvollendung fanden die Ideale des Zen unmittelbaren Ausdruck: Die Gestaltung schuf eine Atmosphäre der Stille und Einsamkeit.

Die Teeschalen wurden bewußt unregelmäßig geformt, hatten eine körnige Oberfläche und eine warme Tönung. Einige Teemeister orderten Waren von Brennöfen aus der Provinz, die für den ländlichen Gebrauch produzierten. Die grob gearbeiteten Gefäße entsprachen der Vorstellung des Natürlichen und Alltäglichen und wurden vor allem als Blumenvasen und Wasserbehälter benutzt. Die berühmten Zentren

Raku-Teeschale des Töpfermeisters Chōjirō aus dem späten 16. Jh.

der Keramikherstellung waren die sogenannten »Sechs alten Öfen« *(Rikkoyō)*, die das für Japan charakteristische, sehr hart gebrannte Steinzeug produzieren. Seit jeher tragen wertvolle Teeschalen Eigennamen, die sich auf ihre Charakteristik beziehen, einen berühmten Vorbesitzer benennen oder über literarische Anspielungen bestimmte Assoziationen auslösen.

Auch heute noch gibt es in Japan viele Liebhaber der Teekunst. Es existieren zahlreiche Schulen, die den Umgang mit den Utensilien nach den alten Traditionen lehren und gleichzeitig ein breites Verständnis für die Kunstwerke schaffen, die die Zeremonie begleiten. Die bedeutendsten Schulen sind die sogenannten »Drei Sen-Familien« *(San Senke)*, die auf die Enkel des Sen no Rikyū zurückgehen.

Portrait des
Tokugawa Ieyasu

Edo – Politische Stabilität
und selbstgewählte Isolierung

Die japanische Vormoderne wird Edo- oder Tokugawa-Zeit genannt. Edo, das heutige Tōkyō, war Sitz der neuen Militärregierung unter den Tokugawa, der Familie, die mit 15 Shōgunen über 250 Jahre lang das Land beherrschte. Den Beginn der Edo-Zeit sehen Historiker in der Entscheidungsschlacht von 1600 bzw. in der Verleihung des Shōgun-Titels an Tokugawa Ieyasu 1603. Die folgenden zweieinhalb Jahrhunderte brachten Japan eine erstaunliche politische Stabilität, die auf einer streng überwachten sozialen Immobilität (rigides Klassensystem) und einer fast vollkommenen Isolierung nach außen basierte. Mit der Abnahme der feudalistischen Bindungen stiegen die Verwaltungsaufgaben, und es entwickelten sich vielfältige staatliche Einrichtungen, eine wesentliche Vorbedingung für die spätere rapide Modernisierung des Landes. Das politische und wirtschaftliche Erstarken oppositioneller Gruppen, Finanzprobleme der Regierung und die ausländischen Kriegsschiffe vor den Küsten Japans brachten das Ende der Edo-Zeit, das entweder auf 1853 (Ankunft der sogenannten »Schwarzen Schiffe« des Commodore Perry) oder auf 1868 (Wiederherstellung der Regierungsmacht des Tennō) datiert wird.

Es war Tokugawa Ieyasu (1542–1616), der die Macht über das vereinigte Japan schließlich für seine Familie sicherte. Als Sohn eines kleineren Feudalherrn der

Die Einiger des Reiches

Drei Kurzgedichte charakterisieren das Vorgehen der drei Reichseiniger.

Oda Nobunaga tötete alle Gegner, die sich ihm auf dem Weg zur nationalen Einigung in den Weg stellten:

»Der Kuckuck singt nicht? / Nun denn, / tötet ihn sofort!«

Sein Nachfolger Toyotomi Hideyoshi versuchte dagegen, seine Feinde durch Treue-Eide in seinen Machtbereich zu integrieren:

»Der Kuckuck singt nicht? / Nun denn, / versucht, ihn zum Singen zu bringen!«

Tokugawa Ieyasu indessen wartete auf die Chance, das Land unter seine Herrschaft zu bringen:

»Der Kuckuck singt nicht? / Nun denn, / ich werde warten, bis er singt!«

Provinz Mikawa (Präfektur Aichi) mußte er seine Kindheit und Jugend als Geisel am Hof benachbarter, viel mächtigerer *daimyō* verbringen. Zunächst mit Oda Nobunaga, dann mit Toyotomi Hideyoshi verbündet, stellte er sich nach dessen Tod gegen die Anhänger der Toyotomi und entschied die Schlacht von Sekigahara für sich.

Auch nach der Schlacht von Sekigahara war Toyotomi Hideyori, Sohn und Nachfolger des Hideyoshi, der gefährlichste politische Rivale für Tokugawa Ieyasu. Unter einem fadenscheinigen Vorwand belagerte Tokugawa Ieyasu 1614 die Burg von Ōsaka, in der sich Hideyori aufhielt, und erwirkte die Unterzeichnung eines Schutzvertrags, der seinen Männern erlaubte, einen Teil der Verteidigungsanlagen der Burg zu schleifen. Im folgenden Jahr führte er einen zweiten, dieses Mal vernichtenden Angriff auf die Burg, Hideyori und seine Mutter begingen Selbstmord. Die Tokugawa hatten nun ein Viertel des gesamten Landes sowie die wirtschaftlich wichtigen Zentren (Handelsstädte wie Ōsaka, außerdem Gold- und Kupferminen) unter ihrer direkten Kontrolle.

Den ersten drei Shōgunen Ieyasu (reg. 1603–1605), Hidetada (reg. 1605–1623) und Iemitsu (reg. 1623–1651) gelang es, durch restriktive Maßnahmen die Macht der Familie zu konsolidieren und einen funktionierenden Verwaltungsapparat aufzubauen. Sie unterteilten die *daimyō* in drei Gruppen: erstens Verwandte des Shōgun *(shinpan,* angeführt von den engsten Angehörigen, den »drei Häusern« *sanke)*, zweitens Landesherren, die schon vor der Schlacht von Sekigahara Vasallen der Tokugawa waren *(fudai daimyō)* und drittens die »äußeren *daimyō« (tozama daimyō)*, die ihren Treueid erst leisteten, nachdem Tokugawa Ieyasu sie in der Schlacht von Sekigahara besiegt hatte.

Jeder *daimyō* – ihre Zahl schwankte in der Edo-Zeit zwischen knapp 250 und 300 – hatte dem Shōgun einen persönlichen Eid zu schwören. Um Aufständen gegen die Zentralregierung vorzubeugen und um Treuebande zwischen Landesherren und der Bevölkerung zu

Wappen der Tokugawa: drei Malvenblätter

Stadtplan von Edo, 1632. Unten links die Bucht von Edo, in hellbraun das Viertel der Handwerker und Kaufleute *(shitamachi)*, in weiß die Residenzen der Daimyō, die im hügeligen Hinterland Yamanote lagen. Oben rechts im Bild das Schloß des Shōgun. In den Gassen der *shitamachi* waren die Häuser eng aneinander gebaut, und das leicht entflammbare Baumaterial führte durch Unachtsamkeit und nach Erdbeben immer wieder zu Großbränden (euphemistisch: *Edo no hana*, »Blumen von Edo«).

lösen, verteilten die Tokugawa die Domänen um und ordneten den *daimyō* Herrschaftsgebiete nach dem Grad ihrer Loyalität zu. Verwandte und erbliche Vasallen erhielten strategische Gebiete im Zentrum des Reiches, *tozama daimyō*, die nie das volle Vertrauen des Shōgun genossen, wurden mit Regionen in abgelegenen westlichen und östlichen Randgebieten belehnt – tatsächlich forcierten im 19. Jahrhundert vor allem Samurai aus den südwestlichen Randgebieten den Sturz der Tokugawa.

Als weitere Maßnahme zur Unterdrückung von Verschwörungen führten die Tokugawa 1635 die Pflicht von turnusmäßigen Audienzen in der Hauptstadt Edo ein: Die *daimyō* mußten wechselweise ein Jahr auf ihrem Landsitz und ein Jahr in Edo verbringen, und ihre Familien mußten ständig als Geiseln in Edo leben. Die Stadt prosperierte, doch für die *daimyō* war der Unterhalt mehrerer standesgemäßer Wohnsitze mit hohem finanziellem Aufwand verbunden, durchaus im Sinne der Tokugawa, die an der Kontrolle der Geldmittel der *daimyō* interessiert waren.

Für die große Menge der Krieger mußte in Friedenszeiten eine neue Aufgabe gefunden werden. Sie wur-

Edo

Die Gründung von Edo wird auf 1457 datiert, als der Krieger Ōta Dōkan das kleine Fischerdorf inmitten von Sümpfen zum Sitz seiner Burg erhob. 1590 erhielt Tokugawa Ieyasu das Kantō-Gebiet von Toyotomi Hideyoshi als Lehen und machte Edo zum Sitz seiner Verwaltung. Als er 1603 zum Shōgun ernannt wurde, avancierte Edo zum politischen Zentrum Japans, und mit der Residenzpflicht für die Daimyō-Familien blühte die Stadt auf. Mit knapp 1,4 Millionen Einwohnern war Edo im 18. Jh. die weltweit größte Stadt.

den in zeremonielle Verpflichtungen eingebunden, vor allem aber stellten sie das Personal des neuen Regierungs- und Verwaltungswesens. Finanziert wurde der Staat durch den Reis, den die Bauern in festgelegten Mengen als Steuer abzuliefern hatten, und der den Samurai nach einem bestimmten Verteilungssystem (gestaffelt nach ihrem Stand und den Verdiensten ihrer Vorfahren) zugeteilt wurde. Das Nebeneinander dieser Naturalienwirtschaft und des mit dem aufblühenden Handel zunehmenden Umlaufs von Geld führte langfristig zu massiven Wirtschaftsproblemen und zur Verarmung weiter Teile der Bevölkerung, vor allem der Bauern und der Samurai niederer Ränge.

Das politische System der Edo-Zeit wird als *bakuhan*-System bezeichnet, um die Aufgabenverteilung zwischen der Zentralregierung (*bakufu*, Shogunat) und der lokalen Verwaltung in den 250 bis 300 Domänen (*han*, Daimyate) zu verdeutlichen.

Neben dem Shōgun bestimmten zwei Ratsversammlungen die Politik des Landes. Der Rat der fünf Ältesten (*rōjū*) entschied über die Belange des Kaisers und der *daimyō*, über Außenpolitik, Militär, Steuern, Währung, Landverteilung. Zeitweise wurde einer der Ältesten zum Vorsitzenden (*tairō*) bestellt und fungierte als rechte Hand des Shōgun. Der Rat der Junioren (*wakadoshiyori*, wörtlich »jüngere Älteste«) regelte die Angelegenheiten der Hausleute und direkten Unterstellten des Shōgun. Den Räten unterstellt waren die Verwalter (*bugyō*) mit ihren speziellen Aufgabengebieten, wie Kommandantur der Burgen, Protokoll, Finanzen, Bauwesen, Zensur, Sicherheit usw.

Die Tokugawa stützten sich auf ein System strenger Kontrollen und Gegenkontrollen und beschäftigten ein Heer von Spitzeln und Informanten, um das Aufkommen jeglicher Opposition zu

Grundriß des Palastes Ninomaru, Teil des Schlosses Nijō, das 1602–03 unter Tokugawa Ieyasu in Kyōto erbaut wurde. Die drei offiziellen Bereiche (A–C) sind von den Privatgemächern (D–E) abgesetzt. In der Nähe des Shōgun wachten Leibwächter hinter Schiebetüren. Um anschleichenden Attentätern keine Chance zu geben, wurde der Korridor, der die Räume umgibt, mit Brettern ausgelegt, die quietschen, wenn sie belastet werden (*uguisubari*, wörtlich »Nachtigall-Balken«).

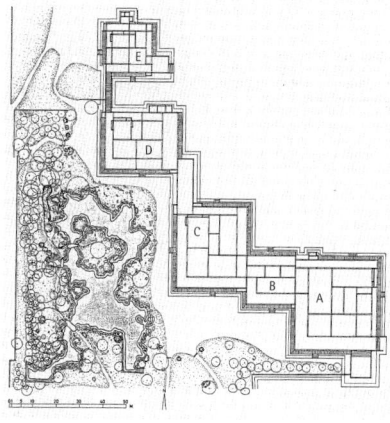

Ein gestrandeter Lotse

William Adams (1564–1620) war ein englischer Lotse auf einem holländischen Schiff, das 1600 in Japan strandete. Nach einem Verhör ließ Ieyasu die Schiffsmannschaft frei und machte William Adams zu seinem Berater, der ihn in Geometrie, Mathematik und Schiffsbau unterrichtete. Ieyasu verweigerte ihm die Rückkehr nach England, belehnte ihn aber mit einem Landgut in Miura (daher sein Name Miura Anjin, »Lotse von Miura«). Adams gründete mit einer Japanerin eine Familie, am Hof des Shōgun fungierte er als Mittler zwischen den europäischen Händlern und der japanischen Regierung. Als Adams 1620 starb, hatte er 20 Jahre in Japan verbracht. Seine Lebensgeschichte inspirierte James Clavell zu seinem Roman *Shōgun* (1976).

verhindern. So wurden während ihrer Herrschaft mehrere Millionen *koku* an Besitz konfisziert, nachdem *daimyō* gegen Gesetze verstoßen hatten, und auch das einfache Volk war zur gegenseitigen Beobachtung verpflichtet: Die Bevölkerung wurde in sogenannten Fünferschaften *(goningumi)* organisiert, Einheiten von je fünf Haushalten, die eine Selbstverwaltungsgruppe zur gegenseitigen Unterstützung, aber auch zur Überwachung und Verhütung von Verbrechen darstellten.

Spezielle Gesetze regelten die Pflichten des Tennō-Hofes und des Hochadels. Die Angehörigen des Hochadels sollten sich weit entrückt von den politischen Vorgängen der Gegenwart kulturellen Beschäftigungen hingeben. Der Stadtteil, in dem der Tennō und die

Das Innere des Palastes Ninomaru in Edo schmücken dekorative Wandmalereien. Die Blattgoldgrundierung reflektiert das einfallende Licht in den Räumen.

Familien des Hofadels residierten, durfte nur mit Erlaubnis des Shōgun verlassen werden.

Zu dieser Zeit erreichten Schiffe der europäischen Hochseemächte die aus ihrer Sicht entlegensten Gebiete der Erde. 1549 kam der erste christliche Missionar, der spanische Jesuitenpater Francisco de Xavier, nach Japan. Einige *daimyō* im Südwesten Japans konvertierten zum Christentum und förderten die Missionstätigkeit, oft in der Hoffnung auf gute Geschäftsbeziehungen zu Europa. Bald blühte der Handel mit Portugal, Spanien, Holland und England. Oda Nobunaga, der die buddhistischen Armeen niederkämpfte, ließ die christliche Missionstätigkeit zunächst zu. So wurden mehrere hundert Kirchen errichtet und über 100.000 Japaner bekehrt. Einige japanische Christen unternahmen sogar eine mehrjährige Pilgerreise nach Rom. Es entstanden missionarische Schriften und portugiesisch-japanische Wörterbücher. Die Japaner lernten die Ölmalerei und den Kupferstich kennen, und zwischen 1590 und 1615 florierte die *nanban*-Mode (*nanban* = Südbarbaren): Stellschirme mit exotischen Motiven, wie die Ankunft europäischer Schiffe oder am Hafen flanierende Europäer. Mit Begeisterung wurden Land- und Seekarten, Uhren und Fernrohre gesammelt. Heute noch sind die ursprünglich portugiesischen Wörter *tabako* (Tabak, Zigarette) und *pan* (Brot) in Gebrauch.

Portugiesen und ihre Sklaven in Japan, neugierig betrachtet von den Einheimischen am Fenster. Detail eines Stellschirms, um 1600

Japanische Kaufleute in Asien

Anfang des 17. Jahrhunderts waren auch japanische Kaufleute im Außenhandel tätig. Auf hochseetauglichen Schiffen, deren Eigentümer die erforderliche Lizenz vom Shogunat erworben hatten *(shuinsen,* »Schiffe mit dem roten Siegel«), bereisten sie Ostasien. Viele Japaner siedelten auf den Philippinen, in Thailand und Vietnam und gründeten dort japanische Städte. Die Auswanderer waren vor allem Krieger der Toyotomi-Armee, die in der Schlacht von Sekigahara vernichtend geschlagen worden war.

Ukiyoe – Bilder der fließend-vergänglichen Welt

»Wir leben nur für den Augenblick, in dem wir die Pracht des Mondlichts, des Schnees, der Kirschblüten und bunten Ahornblätter bewundern. Wir genießen den Tag, vom Wein erhitzt, ohne uns von der Armut, die uns ins Gesicht starrt, ernüchtern zu lassen. In diesem Dahintreiben – gleich einem Kürbis, den die Strömung des Flusses fortträgt – lassen wir uns keinen Augenblick entmutigen. Das ist es, was man fließende, vergängliche Welt nennt.« – Asai Ryōi, 1661. Überlebt hat dieser Zeitgeist in den Blockdrucken, die das Verlangen der Städter nach Unterhaltung und Sensationen stillten: Portraits erfolgreicher Schauspieler und Kurtisanen, Reklamezettel, Ansichten berühmter Sehenswürdigkeiten und Nachrichtenblätter über Feuer- und Erd-

Der Schauspieler Ichikawa Danjurō IV als Bösewicht Kagekiyo, von Torii Kiyomitsu, Mitte des 18. Jhs.

Wettstreit der Schönheiten: Eine Geisha der östlichen Hauptstadt von Keisai Eisen, erste Hälfte des 19. Jhs.

bebenkatastrophen, Racheakte, Gewaltverbrechen oder Doppelselbstmorde.

Der Druck mit beweglichen Lettern (*katsuji*) war seit dem 16. Jh. in Japan durch die christlichen Missionare und die Korea-Feldzüge des Hideyoshi bekannt, für die ästhetischen Vorstellungen der Zeit allerdings ungeeignet, da man in Japan damals Schriftzeichen in schwungvoller Linie aneinanderreihte und Textpartien in die Abbildungen integrierte. Um diese fließende Verbindung von Text und Bild zu erreichen, war die Anfertigung ganzseitiger Blockdrucke viel geeigneter als der Einsatz beweglicher, isoliert stehender Lettern. So wurde nach der Vorlage eines Malers eine Platte aus Kirsch- oder Buchsbaumholz geschnitzt, eingefärbt und auf Papier gepreßt. Die Drucke waren zunächst schwarzweiß, wurden später handkoloriert, und ab Mitte des 18. Jahrhunderts wurden verschiedene Holzstöcke mit jeweils einer Farbe übereinander gedruckt, so daß ein buntes Bild entstand (*nishiki-e*, Vielfarbendruck). Beliebt waren idealisierte Gestalten **weiblicher Schönheiten** (*bijin-e*, »Bildnisse schöner Frauen«), vor allem von Suzuki Harunobu (1725–1770) und Kitagawa Utamaro (um 1753–1806). Auf **erotischen Darstellungen** (*shunga*, wörtlich »Frühlingsbilder«) sind die Figuren zwar in Gewänder gehüllt, Brüste oder Unterleib allerdings entblößt, und das männliche Glied ist übergroß dargestellt.

Die Darstellung von **Kabuki-Schauspielern** und **Sumō-Ringern** ist mit heutigen Autogrammkarten vergleichbar. Die Blockdrucke zeigen Szenen aus Stücken, wobei die Darsteller in Frauenrollen feminin wirken, die Schauspieler in Männerrollen dagegen wild, kraftvoll und aggressiv.

Ein Blatt aus Hiroshiges Sammlung *100 Ansichten berühmter Orte Edos: Im Färberviertel von Kanda*, 1857. Typisch ist die kühne Komposition mit wechselnden Blickwinkeln. Durch die Plazierung von Bauwerken im Vordergrund und der Bergspitze des Fuji im Hintergrund wird die Weite des Raumes spürbar.

Ab dem 19. Jh. florierten **Stadtansichten** und **Landschaftsdarstellungen**, Reiseführer und Wegbeschreibungen. Berühmteste Vertreter dieses Genres sind Katsushika Hokusai (1760–1849) und Utagawa Hiroshige (1797–1858), die berühmte Ansichten der Hauptstadt, des Berges Fuji und bekannter Reiserouten schufen. Mit genauen Beobachtungen des Wetters und dem Wechsel der Jahreszeiten fingen sie die landschaftlichen Stimmungen ein.

Doch die Tokugawa fürchteten den militärischen und wirtschaftlichen Eroberungswillen der Europäer und sahen die Gefahr, daß sich ihnen feindlich gesinnte *daimyō* im Südwesten Japans durch den Außenhandel bereichern, mit Feuerwaffen aufrüsten und mit Hilfe der Europäer gegen die Regierung in Edo auflehnen könnten. Zugleich empfanden sie das Christentum als Bedrohung für die innenpolitische Stabilität. Die Zerstrittenheit der Missionare untereinander führte mit dazu, daß sich die Tokugawa für die nicht missionierenden protestantischen Holländer als die einzigen europäischen Handelspartner entschieden.

Schon 1587 hatte Toyotomi Hideyoshi ein erstes Verbot der christlichen Missionierung erlassen, das die Tokugawa erneuerten.

Missionare und Konvertiten, die auch nach der Folter nicht abschworen, wurden hingerichtet. Mit der Niederschlagung des Aufstandes von Shimabara in Kyūshū wurde das Christentum in Japan schließlich fast vollständig ausgelöscht. 1637 verschanzten sich aus dem Dienst entlassene Samurai *(rōnin)* und Bauern, die unter der schweren Besteuerung litten, unter der Führung des zum Christentum übergetretenen Amakusa Shirō in der Burg von Shimabara. Wirtschaft-

Neugierige Japaner vor einer Herberge in Edo, in der die Holländer während ihrer Gesandtschaftsreise untergebracht sind, 1802.

liche Ursachen waren der Auslöser für diesen Aufstand, der aber bald die Form einer Christenerhebung annahm. Das Tokugawa-Shogunat mobilisierte riesige Armeen von Kriegern, gegen die sich die Aufständischen, schätzungsweise 37.000 Männer und Frauen, lange erfolgreich wehrten. Beendet wurde der Aufstand 1638 mit Hilfe der Holländer, die die Festung von ihren Schiffen mit Kanonen beschossen. Alle Aufständischen wurden getötet.

Bis 1640 waren alle Maßnahmen zur Abschließung des Landes *(sukoku)* und zum Verbot des Christentums gesetzlich festgelegt. Alle Japaner mußten sich in einem buddhistischen Tempel registrieren lassen, kein Einheimischer durfte mehr das Land verlassen, kein Japaner aus dem Ausland zurückkehren. Der Bau großer Schiffe wurde verboten. Mit Ausnahme der Holländer wurden alle Europäer des Landes verwiesen, und die holländischen Kaufleute bezogen 1641 Deshima, eine kleine, künstlich geschaffene Insel im Hafen von Nagasaki. Die Regierung monopolisierte den Außenhandel, die einzigen zugelassenen Handelspartner waren Holländer, Chinesen und Koreaner.

Während der Edo-Zeit liefen wiederholt ausländische Schiffe (aus England, Rußland, Frankreich) die japanischen Inseln an, um die Aufnahme von Handelsbeziehungen, zumindest aber die Versorgung mit

In Kyūshū wurden Japaner auf ihren Glauben hin geprüft, indem man sie auf Bronzeplatten mit christlichen Motiven treten ließ *(fumie,* sogenannte »Trittbilder«).

Forscher auf Abwegen

Wissen über das nach außen fast hermetisch abgeschlossene Japan vermittelten Ärzte und Forschungsreisende, die im Dienste der Niederländisch-Ostindischen Kompanie einige Zeit auf Deshima verbrachten, wie die Deutschen Engelbert Kaempfer (1651–1716, geb. in Lemgo) und Philipp Franz von Siebold (s. S. 117) oder der Schwede Karl Peter Thunberg (1743–1822, Botaniker und Zoologe, 1775–76 in Japan).

Vor seinem Aufenthalt auf Deshima (1690–92) hatte der universal gebildete Naturforscher Kaempfer bereits Reisen in den Orient unternommen. Er beschrieb die Lebensmittel- und Grundwasserversorgung Nagasakis, die Bewachung der Fremden, die Insel, auf der das letzte portugiesische Schiff 1642 mitsamt seiner ganzen Ladung verbrannt worden war, und den Hinrichtungsplatz von Einheimischen, die heimlich mit Ausländern Handel betrieben hatten.

1691 und 1692 begleitete er den Vorsteher der Holländisch-Ostindischen Gesellschaft auf zwei Gesandtschaftsreisen nach Edo (die Ausländer hatten dem Shōgun alljährlich ihre Aufwartung zu machen und Gastgeschenke zu überreichen). Um Kontakt zur einheimischen Bevölkerung zu verhindern, waren die Ausländer während der Reise ständig von japanischen Bewachern umgeben, »die auch da, wo die Natur uns hintreibt, nicht von uns weichen«. Kaempfer hatte in einer Schachtel einen Kompaß versteckt, der wie ein Schreibgerät aussah, täuschte vor, Pflanzen zu sammeln und vermaß heimlich Wege, Berge und Täler. Er beschrieb die Landschaften, Dörfer und Städte, Burgen und Schlösser entlang der Reiseroute, die rege Reisetätigkeit und die Züge der *daimyō* von mehreren tausend Mann, die lautlos vorbeizogen, so daß man nur das Rascheln der Kleidung und das Klirren des Zaumzeugs hörte.

Wasser und Proviant zu erwirken, doch bis ins 19. Jh. hinein konnte das Shogunat alle Ersuchen abwehren. Gestrandete Schiffe wurden zerstört und die Besatzungen festgenommen oder getötet. Erst 1842 ordnete ein Edikt an, daß ausländische Schiffe mit Holz, Wasser und Nahrung versorgt werden sollten.

Während der Edo-Zeit wuchs die Bevölkerung von schätzungsweise 18 auf 30 Millionen Menschen, die die Herrschenden per Gesetz in die vier Stände der Krieger, Bauern, Handwerker und Kaufleute *(shi-nō-kō-shō)* unterteilten. Lebenswelt, Kultur und Alltag der vier Klassen unterschieden sich grundlegend, ein sozialer Auf- oder Abstieg war nur äußerst selten möglich. Als Grundlage für die Klassengesellschaft diente

Neo-Konfuzianismus

Die Lehren des chinesischen Philosophen Konfuzius (551–479 v. Chr.) waren mit den ersten chinesischen Schriften gegen Ende des vierten Jahrhunderts nach Japan überliefert worden. In der Edo-Zeit wurde der Neokonfuzianismus nach Zhu Xi (1130–1200) zur offiziellen Moral- und Staatsphilosophie. Die Vertreter der Shushigaku (Shushi-Schule) wandten sich gegen den Buddhismus und suchten eine Verschmelzung zwischen Konfuzianismus und Shintō.

Grundlage des konfuzianischen Gedankengebäudes sind die im Universum wirkenden Ordnungsprinzipien. Durch Studium und moralisches Handeln erkannt, sollen kosmische Beziehungen auf Familie, Gesellschaft und Staat übertragen werden, das heißt, die Ordnung zwischen den Menschen soll der Ordnung in der Natur entsprechen. Damit liefert die Philosophie die Grundlage für die Vorstellung, daß Gesellschaft aus einer aus der Natur vorgegebenen Klassenhierarchie besteht, die in den fünf fundamentalen Beziehungen zwischen Menschen, nämlich dem Verhältnis zwischen Herrscher und Untertan, Vater und Sohn, Mann und Frau, zwischen Brüdern und zwischen Freunden, geregelt werden. Aus den fünf Kardinaltugenden (Menschlichkeit, Rechtlichkeit, Sitte, Weisheit, Rechtschaffenheit) lassen sich die drei sozialen Pflichten Loyalität, Pietät und Höflichkeit ableiten. Auf der Basis strikter Pflichterfüllung und Selbstdisziplin müssen sich einzelne einer strengen Über- und Unterordnung unterwerfen für das oberste Ziel, die Herstellung und Erhaltung der Harmonie, durch die auf der Erde ein Abbild der ewigen Weltordnung des Kosmos geschaffen wird. Erziehung gilt als Freimachen des Guten im Menschen und ist ein zentrales Anliegen des Konfuzianismus. Edel ist man nicht durch Geburt, sondern durch Bildung.

Viele belehrende Schriften von Konfuzianern richteten sich an Frauen, die bekannteste ist wohl *Onna daigaku takarabako (Schmuckkästchen der Hohen Schule der Frauen*, 1672) von Kaibara Ekiken (1630–1714). Der »Weg der Frau« besteht danach im bedingungslosen Gehorsam gegenüber den Eltern, später den Schwiegereltern und dem Mann. Als Scheidungsgründe werden Ungehorsam gegenüber Schwiegereltern, Kinderlosigkeit, Unsittlichkeit und Eifersucht, schwere Krankheit und Geschwätzigkeit angegeben. Hier werden die Ideale der Kriegerklasse beschrieben, die in Kaufmanns- und Bauernfamilien, in denen die Arbeitsleistung der Frauen unverzichtbar war und damit ein gewisses soziales Ansehen mit sich brachte, nicht durchzusetzen waren

Unüberwindliche Klassenschranken

Tennō-Familie und Hofadel, Gelehrte, Ärzte und der Klerus waren angesehene Persönlichkeiten jenseits der vier Stände. Ausgestoßen und deshalb unterhalb des Ständesystems lebten die *eta* und *hinin*. Eta mußten in bestimmten Gebieten siedeln und hatten keine Chance, die soziale Leiter nach oben zu steigen. Meist arbeiteten sie als Abdecker, Gerber, Schlächter, Gefängniswärter, Henker oder Totengräber. Als *hinin* (»Nichtmenschen«) galten Bettler, Landstreicher, Prostituierte und Schauspieler, innerhalb ihres Standes existierten große soziale Unterschiede. Kriminelle wurden manchmal als Strafe zu *hinin* degradiert. – Die Nachfahren der Ausgestoßenen, die *burakumin*, spüren auch heuten noch viele Benachteiligungen im Alltag. Im Auftrag von Firmen und Familien forschen Detekteien illegal in den von den Behörden geführten Familienregistern nach der Herkunft von Bewerbern oder Heiratskandidaten. Wird die *burakumin*-Abstammung entdeckt, bedeutet das meist das berufliche oder private Aus.

der zur Staatsleere erhobene Neokonfuzianismus des Zhu Xi (jap. Shushi).

Als Angehörige der obersten Gesellschaftsschicht genossen die **Krieger** die Privilegien, einen Nachnamen zu führen und zwei Schwerter zu tragen. Allerdings wurden sie durch das Shogunat streng überwacht. Die Gesetze für Krieger *(buke shohatto,* 1615) verboten unter anderem den Bau von Burgen und forderten bei Eheschließungen eine Erlaubnis der Regierung. Als besoldete Beamte unterlag den Samurai die Verwaltung des Landes, nach dem neokonfuzianistischen Ideal repräsentierten sie den gebildeten Edelmann. Tatsächlich entstammten dem Samurai-Stand viele Gelehrte, vor allem Philosophen und Historiker, die Archive und Bibliotheken anlegten und sich der Dichtkunst, Kalligraphie und Malerei *(bunjinga,* »Literatenmalerei«) widmeten.

Szenen aus dem Leben der Holländer auf der Insel Deshima, 18./19. Jh. Die Japaner sahen hier ungewöhnliche Tischsitten, fremde Musikinstrumente, exotische Spiele und Tiere.

Krieger ohne Arbeit

Rōnin waren entlassene Samurai, die ohne Dienstherrn keine Reiszuteilung bezogen. Da ihnen nach dem Verhaltenskodex nur »die Künste von Krieg und Frieden«, jedoch keine finanziellen Transaktionen zustanden, wurden viele von ihnen Lehrer (Kalligraphie, klassische Literatur), Schreiber oder Ärzte, andere eröffneten Kampfschulen oder betätigten sich als Leibwächter. Große Berühmtheit erlangte Miyamoto Musashi (1584–1645), der durch das Land zog, sich mit anderen Samurai in Duellen maß und dann Fechtlehrer in Edo wurde. Seine Gemälde und seine praktische Schrift über den Schwertkampf *Gorinsho* (»Buch der fünf Ringe«, das heißt der fünf Elemente Erde, Wasser, Feuer, Wind und Leere) fanden große Anerkennung.

Einige *rōnin* verzichteten auf ihren Stand, um sich in einem Gewerbe den Lebensunterhalt zu sichern. Doch viele fanden weder einen neuen Herrn noch eine Beschäftigung, zogen verarmt und verbittert über das Land und stifteten Unruhen. Heute bezeichnet man als *rōnin* Schulabgänger, die die Aufnahmeprüfung zur Universität nicht bestanden haben und sich mit Hilfe privater Förderschulen *(juku)* ein weiteres Mal auf die Prüfung vorbereiten.

Die Masse der Bevölkerung, die **Bauernschaft**, trug die Steuerlast und mußte ihre Arbeitskraft für den Bau von Straßen und zur Beförderung der Höhergestellten zu Verfügung stellen. Aus diesem Grund standen die Bauern offiziell auf der zweiten Stufe der gesellschaftlichen Ordnung. Über die gesamte Edo-Zeit hinweg konnten die Erträge durch die Ausweitung von Anbauflächen, die Verbesserung von Werkzeugen, Saatgut und Dünger und den Einsatz von Tieren vergrößert werden (von 18,5 auf 30,4 Millionen *koku*), in vielen Landstrichen konnte zweimal pro Jahr geerntet werden, und in zahlreichen Gebieten spezialisierte man sich auf die Herstellung bestimmter Produkte (Tee, Mais, Melonen, Süßkartoffeln, Tabak), zum Teil auch für die industrielle Nutzung (Indigo zum Färben, Baumwolle, Hanf).

Wie unter den Samurai gab es auch unter den Bauern enorme soziale Unterschiede. In den Dörfern herrschte eine strenge Hierarchie, angeführt von selbständigen Großbauern bis hinunter zu den besitzlosen Bauern, die häufig so arm waren, daß sie ihre Töchter in die Freudenviertel der Städte verkauften. Ab dem

18. Jh., im Zuge der ständigen Steuererhöhungen und Einführungen von Zusatzabgaben, mehrten sich die Bittschriften und Aufstände, die in der Zerstörung der Häuser von Geldverleihern oder Reisspeichern gipfelten.

Die Güter herstellenden **Handwerker** standen auf der dritten Stufe der sozialen Leiter, gefolgt von den **Kaufleuten**, die als nicht produzierende Klasse offiziell ganz unten in der sozialen Hierarchie rangierten. An ihrem Stand wird offensichtlich, wie falsch die Bedeutung von Landbesitz/Naturalienwirtschaft und Handel/Geldwirtschaft eingeschätzt wurde, denn spätestens im 18. Jh. wurden zahlreiche Kaufmannsfamilien so reich, daß sie nicht nur Bauern und Samurai, sondern auch dem Shogunat Geld liehen.

Die meisten Handwerker und Kaufleute wohnten in den Burgstädten, wo sie die Einwohner mit Baumaterialien, Möbeln, Luxusartikeln, Kleidung und Nahrung versorgten. Vor allem in den drei Städten Edo (politisches Zentrum), Kyōto (kaiserlicher Hof) und Ōsaka

Die Rache der Samurai

Im Jahr 1701 zog Asano Naganori, Herr der Akō-Familie, in der Burg von Edo sein Schwert gegen Kira Yoshinaka, der ihn mehrfach beleidigt hatte. Kira wurde nur leicht verletzt, da aber Asano gegen das Verbot des Waffengebrauchs in der Burg von Edo verstoßen hatte, wurde ihm befohlen, rituellen Selbstmord zu begehen, und das Land seiner Familie wurde konfisziert. Kira Yoshinaka blieb ungestraft und mußte mit Vergeltung durch die Gefolgsleute des Asano rechnen, doch der Lebenswandel der herrenlos gewordenen Samurai ließ zunächst nicht darauf schließen, daß sie Rache üben würden.

Der gesellschaftliche Abstieg der Samurai war nur ein Teil ihres groß angelegten Racheplans. Nach einem Jahr sammelte der Verwalter der Asano, Ōishi Kuranosuke (1659–1703), seinen Sohn und weitere Samurai um sich, um den Herrn zu rächen. In der Nacht des 14. Tages des 12. Monats im 15. Jahr Genroku (nach westl. Kalender am 30. Januar 1703) drangen 46 bewaffnete Männer in Kira Yoshinakas Residenz ein, köpften ihn, marschierten zum Grab ihres Herren und plazierten den Kopf vor dessen Grab. Das Shogunat befahl den 46 Männern, *seppuku* zu begehen. Ihre Gräber im Tempel Sengakuji (Tōkyō) werden noch heute viel besucht, und am 14. Dezember jeden Jahres findet ein Gedenkgottesdienst statt.

Der Vorfall bewegte die Nation, die tief beeindruckt von der Treue der Gefolgsleute war. Innerhalb kürzester Zeit kam die Vendetta in zahlreichen Theaterstücken unter verschiedenen Titeln, bisweilen in die Vergangenheit verlegt, auf die Bühne. Als *Chūshingura* (»Das Schatzhaus treuer Gefolgsleute«, 1748 uraufgeführt) wurde die Rachegeschichte – mit einer Gruppe von 47 Samurai (entsprechend der Anzahl japanischer Silben) zu einem der bekanntesten Stoffe der japanischen Literatur. Zunächst für die Puppenbühne *bunraku* geschrieben, dann vom *kabuki* adaptiert, wurde *Chūshingura* im 20. Jh. immer wieder verfilmt.

(Handelszentrum) gab es ein ungeheures Warenange-
bot, ein dichtes Netz von Märkten und Lieferanten.

Die Geschäfte der Handwerker und Kaufleute wurden als Familienunternehmen geführt *(ie,* »Haus«, bezeichnet das Geschäft und die es betreibende Familie).
Waren keine (geeigneten) Söhne in der Familie, wurde
ein Nachfolger adoptiert, meist ein tüchtiger Mitarbeiter. So entstanden Handwerker- und Handelsdynasti-
en, die zum Teil bis heute existieren. Die Mitsui beispielsweise begannen als *sake*-Brauer in der Provinz
Ise, verliehen dann Geld und wechselten Reis gegen
Geld. Ein Sohn gründete in Edo den ersten Laden
(Echigoya), und wenige Jahre später (um 1680) gab es
Zweigstellen in Kyōto und Ōsaka. Mitsui stieg in das
Börsengeschäft ein und betreute später die Finanzen
mehrerer *daimyō* und des Shōgun. Das Unternehmen
gewann viele Kunden durch eine damals ungewöhnliche Zahlungsmodalität: die sofortige Barzahlung.
Während andere Geschäfte am Ende des Jahres die
Kundenkredite mit hohen Zinsen abrechneten, zahlte
man bei Mitsui sofort und damit preiswerter. Die Fil-
ialen verteilten als Werbegeschenke Schirme mit Fir-
menaufdruck, und Autoren erhielten Geld, wenn der
Firmenname in einer Erzählung oder einem Theaterstück erwähnt wurde.

Kaufleute eröffneten Banken, bauten große Handelshäuser und feuerfeste Lagerhäuser *(kura)* zum Einla-
gern ihrer Waren. Spezielle Handelsfamilien übernahmen den Reistransport, vor allem zu den Reis- und
Warenbörsen in Ōsaka und Edo. Die wirtschaftliche
Realität hatte nichts mehr mit
der Theorie der Ständegesellschaft zu tun. Während einige
Kaufmannsfamilien zu legen-
därem Reichtum gelangten, waren die meisten Kriegerfamilien,
die ihre Reiszuteilungen bei Ban-
kiers und Geldverleihern in Gold
und Silber umtauschten, bei den
Kaufleuten hoch verschuldet und

Straßenfront des Kauf-
hauses Mitsui Echigoya
in Edo, Vorläufer des
Kaufhauses Mitsukoshi.
Modell des Edo-Tōkyō-
Museums.

Ranghohe Prostituierte mit zwei Mädchen als Dienerinnen. Im Gegensatz zu anderen Frauen knoteten Prostituierte ihren Gürtel *(obi)* vorn. Ihr Haar war mit Kämmen und Haarpfeilen reich geschmückt. Druck von Utamaro Kitagawa (1753–1806).

empfanden das Auftreten der Emporkömmlinge als öffentliches Ärgernis. Die Vorstellung, daß sich die Standeszugehörigkeit schon rein äußerlich über Kleidung und Frisur zeigen sollte, kollidierte mit der Prachtentfaltung der reichen Kaufleute und führte zu Anti-Luxus-Gesetzen, die das Zeigen des Reichtums verboten. Mehrmals wurde das Eigentum reicher Kaufleute konfisziert, was zu ihrem Ruin führte und die bei ihnen verschuldeten Samurai von ihren Verbindlichkeiten erlöste.

Unter den Bürgern der Städte *(chōnin)* entwickelte sich eine eigene, urbane Kultur. Vermögend, aber ohne die Möglichkeit zum sozialen Aufstieg und damit aus der Politik ausgeschlossen, zogen sie sich hinter die Mauern der konzessionierten Vergnügungsviertel zurück (Edo: Yoshiwara, Kyōto: Shimabara, Ōsaka: Shinmachi, Sonezaki). Die unzähligen Bordelle, Bade- und Teehäuser unterschiedlicher Klassen wurden zu Zentren des Genusses, der Eleganz und der Freizügigkeit. Hier war die Ständegesellschaft aufgehoben, es regierte das Geld, und die Prostituierten der höchsten Rangstufen hielten mit ihrer Dienerschaft Hof. Sie hatten eine jahrelange Ausbildung in Musik, Tanz, Konversation und der Kunst der Verführung durchlaufen und galten, ebenso wie *kabuki*-Schauspieler, als Trendsetter in Modefragen.

Niemand hielt das Lebensgefühl der Städter so gut fest, wie der Schriftsteller Ihara Saikaku (1642–1693) in seinen *ukiyozōshi*, seinen »Heften der fließend-vergänglichen Welt«, die aufschlußreiche Einblicke in den Alltag und die Werte der städtischen Bürgerschicht liefern. In seiner erotischen Literatur *(kōshoku-mono)* behandelte Saikaku alle nur denkbaren sexuellen Beziehungen, in seiner Literatur über Bürger *(chōninmono)* setzte er sich mit den wirtschaftlichen Aktivitäten des Kaufmannsstandes auseinander. Er schildert Erfolgsgeschichten reicher Kaufleute genauso wie das

Die Straßenverkäuferin von Leseheften stillt den Informationshunger der Städter. Druck von Torii Kiyonobu (1664–1729).

Leben armer Städter, die um das tägliche Überleben kämpfen, und reflektiert die Bedeutung von Leistungsdenken, Sparsamkeit und Kapital.

In Volksschulen *(terakoya)* lernten die Kinder der Kaufleute und Handwerker die Grundrechenarten und übten anhand von konfuzianischen Lehrschriften und populärer Unterhaltungsliteratur *(kanazōshi,* wörtlich »Hefte in Silbenschrift«) Lesen und Schreiben. Mit der zunehmenden Alphabetisierung der Bevölkerung kam eine Flut an illustrierten Leseheften *(ezōshi)* auf den Markt, die schon damals von Verlagsbuchhandlungen mit allen heute noch gängigen Methoden vermarktet wurden. Die Märchen, Geister-, Rache- und Liebesgeschichten wurden nach der Farbe ihres Umschlags »Rotbücher« *(akahon),* »gelbe Buchdeckel« *(kibyōshi)* usw. genannt und waren Vorläufer der modernen *manga*: In enger Zusammenarbeit setzten Schriftsteller und Illustratoren erklärende Texte in ganzseitige Abbildungen. Ein beliebtes Genre schilderte die Sitten in den Vergnügungsvierteln *(sharebon)*. Die Texte bestehen aus Dialogen zwischen Kurtisanen und ihren Gästen, wobei der informierte Connaisseur über den Tölpel triumphiert.

Im Gegensatz zu den Bildheften boten die *yomihon* (»Bücher zum [Vor]Lesen«) Texte romantischen und phantastischen Inhalts nach dem Vorbild chinesischer Romane.

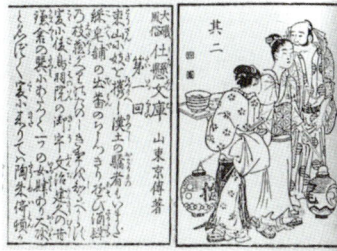

Doppelseite aus einem Leseheft, 18. Jh.

Mit den vielfältigen Stoffen und der Reichhaltigkeit an Figuren dienen die Bild- und Lesehefte der Edo-Zeit vielen modernen *manga* und *anime* als Vorlage. Auch die damalige Praxis, einen Stoff zunächst als Serie, bei einem Erfolg dann als Buch zu veröffentlichen, entspricht dem Literaturbetrieb der Gegenwart.

Die Erzählungen bieten plastische Schilderungen von angsteinflößenden Geistern, Dämonen und Doppelwesen. Sie sind nach buddhistischen Ideen aufgebaut (Prinzip der Ursache und Wirkung) und verfolgen einen didaktischen Ansatz *(kanzen chōaku,* »das Gute stärken, das Böse bestrafen«). Die Beliebtheit eines Stoffes zeigte sich daran, daß er von verschiedenen Autoren bearbeitet und dann mit unterschiedlichen Titeln als Buch auf den Markt bzw. als Theaterstück auf die Bühnen gebracht wurde.

Sowohl die japanischen volkstümlichen Erzählungen, wie auch die chinesischen Romane, die in Japan eine breite Leserschaft fanden, wimmeln von übernatürlichen Wesen.

Oni, meist mit »Teufel« übersetzt, sind von menschlicher Gestalt, haben allerdings riesige Muskelpakete, eine abstoßende Hautfarbe, zwei Hörner und ein seltsames Grinsen, das sich über ihr Gesicht zieht. Um die Hüfte tragen sie ein Tigerfell, anstelle von Fingern und Zehen haben sie Klauen. Oni sind für alle Arten von Unheil verantwortlich, sie rauben Seelen und ergreifen von

Einer der erfolgreichsten Autoren war Takizawa Bakin (1767–1848). Sein Fortsetzungsroman *Nansō Satomi hakkenden* (»Die Biographie der acht Hunde aus der Familie Nansō in Satomi«) erschien über einen Zeitraum von 28 Jahren. Das Werk umfaßt 106 Bände voller verschlungener Plots mit mehr als 300 Figuren. Der Kasten enthält alle Bände des Fortsetzungsromans.

unschuldigen Menschen Besitz. Sie sind stark, grausam und hinterhältig, gleichzeitig aber bis ins Lächerliche leichtgläubig und einfältig. So liegt für Menschen in der List die Chance zur Flucht.

Der berühmteste Bezwinger der *oni* ist der Pfirsichjunge Momotarō – seine Geschichte kennt in Japan jedes Kind: Liebevoll aufgezogen von einem älteren Ehepaar, das den Jungen als Geschenk der Götter in einem Pfirsich fand, erklärt Momotarō eines Tages, er wolle ausziehen, um die *oni* zu besiegen. Ausgerüstet mit Reiskuchen seiner Mutter und begleitet von den drei Glück bringenden Tieren Hund, Affe und Fasan zieht Momotarō in den Westen. Mit einem Boot setzen sie auf die Insel der oni über, töten die Teufel, befreien deren Gefangene und bergen den unermeßlich großen Schatz der Teufel. Momotarō führt die Befreiten nach Hause und schenkt seinen Pflegeeltern den Schatz.

Der *tengu* ist ein Mischwesen aus Mensch und Vogel, mit Klauen, Flügeln und langer Nase. Als Ordnungshüter herrscht er über die Berge, Pflanzen, Tiere und Menschen seiner Region. Sein Humor und sein Aussehen machen ihn zur komischen Figur, durch sein stürmisches Temperament ist er allerdings reizbar und jähzornig, so daß er auch als gefürchteter Unruhestifter gilt.

Der Wasser-Blut-Sauger *kappa* scheint auf den ersten Blick ein harmloses Kind zu sein, hat aber schleimige, manchmal schuppige Haut von grüngelber Farbe, und

Minamoto Tametomo kämpft gegen *oni*, von Katsushika Hokusai.

Tengu.

seine Finger und Zehen sind durch Schwimmhäute verbunden. Oben auf der Schädeldecke hat er eine Delle mit Flüssigkeit, die ihm Kraft verleiht. Sein unschuldiges Aussehen nutzt er, um seine Opfer an Flüssen, Seen und Teichen zu fangen, sie zum Fingerhakeln aufzufordern, mit seinen riesigen Kräften in die Tiefe zu ziehen und auszusaugen. Der kappa ist zwar ein boshafter Geist, der meist Unheil über die Menschen bringt, hat er aber versprochen, von seinen Taten abzulassen, ist auf sein Wort Verlaß.

Der *tanuki* (meist als »Dachs« übersetzt, eher ein Waschbär) ist eine schelmische Kreatur mit übernatürlichen Kräften, die meist aufrecht stehend mit Strohhut und Sakeflasche in der Hand dargestellt wird.

Füchse sind Mittler zwischen dem Diesseits und dem Geisterreich. Sie verfügen über starke weibliche Reize: Oft werden Männer von Füchsen in der Gestalt einer Frau verführt.

Überhaupt erscheinen Dämonen oft in der Gestalt einer bildhübschen Frau, die kraft ihrer Schönheit über den Willen anderer, vor allem über den von Männern, herrscht. Seltsamerweise wird eine solche Frau nie beim Essen oder Trinken beobachtet und scheint auch sonst keine menschlichen Bedürfnisse zu haben. In einem unbeobachteten Moment zeigt sie allerdings grausam verzerrte Gesichtszüge und grauenhafte Verhaltensweisen. Ein Mann trifft eine Dämonenfrau meist an einem Ort, den er eigentlich kennt, der aber plötzlich wundersam verwandelt ist. Der Frau hörig ergeben, begeht er in ihrem Auftrag grausame Taten. Wird er gefaßt, sucht er den Ort des früheren Treffens auf, um die Frau anzuklagen, findet aber nur grausige Gestalten, riesige Tiere (wie Spinnen) oder Ruinen vor.

Die Bewohner des Tōkyōter Stadtteils Kappabashi haben ihrem *kappa* ein Denkmal gesetzt, da er ihnen bei der Anlage von Kanälen gegen die Überschwemmungen des Flusses Sumidagawa half.

**»Lebende National-
schätze«**

Das 1950 erlassene
Gesetz zum Schutz
von Kulturgütern
(bunkazai hogohō)
bezieht sich nicht nur
auf Gebäude und Ge-
genstände, sondern
ebenso auf alther-
gebrachte Techniken,
wie traditionelle Büh-
nenkunst, Musik und
Tanz, Keramik, Papier-
herstellung, Textil-
und Lackverarbeitung.
Bestimmte Künstler
und Kunsthandwerker,
Meister ihres Fachs,
gelten als »lebende
Nationalschätze«
(ningen kokuhō) und
geben das Wissen
um bestimmte Ver-
arbeitungstechniken
an die nächste Gene-
ration weiter.

Das Kunsthandwerk (Textildekor, Lackkunst, Keramik) erlebte eine ungeheure Perfektionierung und
Ästhetisierung. In billigen Leseheften wurden Geschichten und der neuste Klatsch verbreitet und die
aktuellen Ereignisse fanden innerhalb weniger Wochen auf die Bühnen der *kabuki-* und *bunraku-*Theater.

Den Samurai war der Zugang zu den Freudenvier-
teln offiziell untersagt, doch diejenigen, die sich einen
Besuch leisten konnten, hatten die Möglichkeit, an der
Eingangssperre ihre Schwerter abzugeben. Um nicht
erkannt zu werden, zogen sie große Strohhüte tief ins
Gesicht.

Die Genroku-Zeit (1688–1704) unter dem fünften
Shōgun, Tokugawa Tsunayoshi (1646–1709, reg. 1680–
1709), gilt als die Blütezeit der Edo-Kultur, repräsen-
tiert durch die drei literarischen Genies der Zeit, Ihara
Saikaku (Dichter und Schriftsteller, 1642–1693), Chikamatsu Monzaemon (Dramatiker, 1653–1724) und
Matsuo Bashō *(haiku-*Dichter, 1644–1694).

Tsunayoshi versuchte seinen aufwendigen Lebensstil
und seine exzentrische Politik durch eine Verschlech-
terung der Münzqualität zu finanzieren, die erste in
einer Reihe vieler Geldentwertungen, die Inflationen
nach sich zogen. Als am Ende der Genroku-Zeit ge-
häuft Katastrophen auftraten (Erdbeben 1703, Feuers-
brünste in den Großstädten, Ausbruch des Fuji 1707,
Überschwemmungen und Taifune, Masernepidemie

Lackierte Medizindose
(inrō, ca. 11 cm x 8 cm),
die man mit einer Schnur
und einem zu einer klei-
nen Plastik gestalteten
Knopf *(netsuke,* hier
eine vierköpfige Familie,
knapp 5 cm hoch) am
Gürtel *(obi)* befestigte.

Vertreter der Rinpa-Schule entlehnten ihre Motive der Natur und vor allem der höfischen Literatur der Heian-Zeit. Die ornamental angeordneten Figuren weisen strenge Gesamtkompositionen auf. Ausschnitt aus dem Werk »Kraniche«, Gemälde von Tawaraya Sōtatsu, Kalligraphie (Gedichte) von Hon'ami Kōetsu, 17. Jh.

1709), sahen die Menschen in den Katastrophen die Strafe des Himmels für die Ausschweifungen.

Während der Edo-Zeit herrschte auf den zentral verwalteten und streng kontrollierten Verkehrswegen des Landes lebhafter Verkehr. *Daimyō* verkehrten mit großem Gefolge zwischen Edo und ihren Landsitzen, und auch Kaufleute reisten zu Lande, während ihre Ware verschifft wurde. Vor allem aber drängten sich Massen an Pilgern zum Schrein von Ise, *der* Touristenattraktion. In den Dörfern wurden Sparvereine gegründet, die jedes Jahr einigen Dorfbewohnern die Reise nach Ise finanzierten und den Bauern somit die einzige Möglichkeit in ihrem Leben gaben, einige Tage aus ihrem Alltag auszubrechen.

An den Poststationen des Tōkaidō (»Ostmeerstraße«, Küstenstraße von Edo nach Kyōto) standen Pferde, Sänftenträger und Stafetten von Schnelläufern bereit. Straßenhändler versorgten die Reisenden mit Gebäck und Reisehandbüchern, und in den Herbergen und Teehäusern sorgten Schausteller und gutaussehende Frauen und Männer für Unterhaltung. Andenkenläden verkauften Erzeugnisse der Region.

Kimono-Muster von Ogata Kōrin (1658–1716), dem berühmtesten Maler und Kunsthandwerker der Genroku-Zeit, 18. Jh.

Nihonbashi (Japan-Brücke), Zentrum des Geschäftsviertels von Edo: Von hier aus wurden alle Distanzen im Reich gemessen. Block-druck aus der Serie *53 Stationen des Tōkaidō* von Utagawa Hiroshige, 1833–34.

Tokugawa Yoshimune, der achte Shōgun (1684–1751, reg. 1716–1745), ergriff zahlreiche, über weite Strecken jedoch erfolglose Maßnahmen, um Ansehen und Finanzen des Shogunats wiederherzustellen. Neben drastischen Sparreformen hob er 1720 das Verbot von nichtreligiösen europäischen Schriften auf und forcierte so das Studium der Naturwissenschaften, die, weil sie über das Holländische vermittelt wurden, als *rangaku* (»Holländische Schule«) bezeichnet wurden.

Das Ende der Edo-Zeit *(bakumatsu)*, eine Periode innerer Zerrüttung und äußerer Bedrohung, deutete sich in den dreißiger Jahren des 19. Jh.s an. Zwischen 1833 und 1836 führten ungewöhnliche klimatische Entwicklungen zur Katastrophe: In vielen Gebieten konnten in

Viele Reiseführer, Landkarten und Handbücher berühmter Sehenswürdigkeiten zeugen von der regen Reisetätigkeit, die auch zum Thema populärer Erzählungen wurde.

vier aufeinanderfolgenden Jahren nur 30 Prozent der normalen Ernte erwirtschaftet werden, viele Menschen verhungerten, Pest, Masern und Grippe forderten zahllose Opfer. In Hunderten von Aufständen versetzten Bauern ganze Landstriche in Aufruhr, und sogar in Edo, der Stadt der allgegenwärtigen Militärpräsenz, revoltierten die Menschen.

Doch die Regierung zeigte nur wenig Reformkraft. Die üblichen Maßnahmen (Steuererlasse für betroffene Regionen, Verteilung von Lebensmitteln, Niederschlagung der Aufstände, Abwertung der Münzen und Anti-Luxus-Gesetze) zeugten häufig nur von dem Versuch, die alte Ordnung des 17. Jahrhunderts wiederherzustellen.

Einer der ersten Japanforscher

Philipp Franz von Siebold (1796–1866) wurde in Würzburg als Sohn eines Universitätsprofessors für Medizin und Chirurgie geboren. 1823 kam er als Faktoreiarzt in holländischen Diensten nach Nagasaki. Die Bedingungen für wissenschaftliche Studien waren ungleich besser als zu der Zeit, als sich Kaempfer auf Deshima aufgehalten hatte. So war es Siebold gestattet, ein Landhaus auf Kyūshū zu erwerben, wo er seine Patienten und Schüler empfing und wohin ihm Auskunftspersonen Stücke für seine wissenschaftlichen Sammlungen brachten. Während einer Reise nach Edo eröffnete sich ihm 1826 die Möglichkeit, medizinische Vorlesungen zu halten und japanische Gelehrte kennenzulernen, die ihn bei seinen topographischen Studien unterstützten. Mit seiner japanischen Ehefrau Taki hatte er eine Tochter, Ine, die später selbst Ärztin und Geburtshelferin wurde.
1828 wurde Siebold wegen des Besitzes geheimer japanischer Landkarten der Spionage beschuldigt (Siebold-Affäre), unter Hausarrest gestellt und 1830 des Landes verwiesen. Erst 1856 wurde die Verbannung aufgehoben. Die Jahre von 1859 bis 1863 verbrachte Siebold wieder in Japan, 1866 starb er in München. Seine Sammlung japanischer Pflanzen und Tiere wurde später zum Grundstock der Sammlung des Völkerkundemuseums in Leiden (Niederlande), seine Werke *Fauna Japonica* (1833), *Flora Japonica* (1835–44) und *Nippon. Archiv zur Beschreibung von Japan* (1832–35) zu Standardwerken.

Reisende der Edo-Zeit, zusammengestellt aus Figuren der Blockdruckserie von Hiroshige. Mit nacktem Oberkörper ein Eilbote im Laufschritt, ein höhergestellter Reisender zu Pferde, ein Bettelmönch mit einem Strohkorb auf dem Kopf. Der Mann in der Bildmitte mit der *tengu*-Maske auf dem Rücken pilgert zu einem Konpira-Schrein (Schutzgott der Seefahrer). Die Reisenden lassen sich von Trägern auf einfachen Bahren oder auf den Schultern über den Fluß tragen.

Schule für nationale Studien

1728 wurde die erste staatliche Schule für nationale Studien (*kokugaku*) gegründet, deren Vertreter sich mit der japanischen Geschichte und den klassischen Schriften der japanischen Literatur beschäftigten. Die Wiederentdeckung des historischen und literarischen Erbes in Japan verband sich mit einer antikonfuzianischen und teilweise auch antichinesischen Tendenz, die als politische Richtung nach 1800 weite Verbreitung fand. Mit den Forderungen, dem Shintō wieder eine vorherrschende Rolle einzuräumen und dem Tennō die Regierungsgewalt zurückzugeben, lieferte die Nationale Schule den Gegnern des Shogunats Argumente.

Einer der bedeutendsten Vertreter der *kokugaku* war Motoori Norinaga (1730–1801), ein umfassend gebildeter Gelehrter, der sich als erster großer Japanologe und Sprachwissenschaftler mit dem japanischen Altertum und der Mythologie des Shintō befaßte und in 35 Jahren das 44bändige Werk *Kojiki-den*, ein Kommentar des *Kojiki*, verfaßte (1798 fertiggestellt).

Zeitgleich löste die Nachricht von der Niederlage Chinas im Opiumkrieg (1840–1842) Entsetzen aus. An den Küsten Asiens lagen die Schiffe der expandierenden europäischen Großmächte, die nach Kolonien und Absatzmärkten strebten, und die japanische Regierung war sich der Kehrseite der erfolgreichen Pazifizierung des Samurai-Standes bewußt: das Fehlen eines wirkungsvollen Verteidigungssystems. Sparmaßnahmen und politischer Wille hatten den Bau von hochseetauglichen Schiffen und die Befestigung von Burgen untersagt. Die Samurai waren nicht ausreichend trainiert, vollkommen unorganisiert und verfügten über eine veraltete Waffentechnik. Außerdem konnte die Regierung von den demoralisierten, über Generationen verschuldeten Kriegern keine Loyalität mehr erwarten. Vor allem in den südwestlichen Randgebieten (Daimyate Satsuma und Chōshū) regte sich Widerstand.

Zu den Naturkatastrophen des 19. Jahrhunderts zählt das große Erdbeben in Edo im Jahre 1855, dem Tausende zum Opfer fielen.

1853 erreichen die »Schwarzen Schiffe« *(kurofune)* des US-amerikanischen Commodore Matthew Perry die Bucht von Edo – nicht überraschend, denn die Holländer hatten die japanische Regierung über Perry, den neuen Kommandeur des Ostindischen

Junge Samurai aus Satsuma in den 1860er Jahren.

Geschwaders der USA, informiert. Perry übergab einen Brief seines Präsidenten, in dem Schutz für amerikanische Schiffbrüchige, die Öffnung mehrerer Häfen und die Aufnahme von Handelsbeziehungen mit den USA gefordert wurden. Bedrängt von den ausländischen Mächten, war das Shogunat zugleich mit inländischen Oppositionsgruppen konfrontiert, die eine Stärkung der kaiserlichen Macht und eine konsequente Vertreibung der »Barbaren« forderten. Zum ersten Mal nach Jahrhunderten erlebte der Tennō-Hof eine politische Stärkung, und aus Fraktionen von Hofadligen, Daimyō und Samurai bildeten sich Bündnisse, die um politischen Einfluß rangen. Das Shogunat versuchte mit offiziellen Gesten eine Annäherung an den Tennō-Hof, die desolate Verteidigungslage zwang die japanische Regierung allerdings, auf die US-amerikanischen Forderungen einzugehen, und am 31. März 1854 wurde

Eines der »Schwarzen Schiffe« aus der Flotte des Commodore Perry.

119

Im September 1860 erreichte der preußische Gesandte Graf Friedrich zu Eulenburg (1815–1881) die Bucht von Edo. Der Handelsvertrag zwischen Preußen und Japan wurde am 24. Januar 1861 unterzeichnet.

der amerikanisch-japanische Freundschaftsvertrag unterzeichnet. Im August 1856 traf der erste diplomatische Vertreter der Vereinigten Staaten, Townsend Harris, in Japan ein. Er erwirkte den Abschluß eines für die USA vorteilhaften Handelsvertrags (Vertrag von Kanagawa, 1858). Noch im selben Jahr sah sich das Shogunat gezwungen, mit vier weiteren Staaten (Rußland, den Niederlanden, Großbritannien und Frankreich), und 1861 auch mit Preußen, ähnliche Verträge zu unterzeichnen.

Ii Naosuke (ab 1858 *tairō*, Vorsitzender des Rates der Ältesten) hatte es unterlassen, vor der Unterzeichnung des Handelsvertrages mit den USA die Zustimmung des Tennō einzuholen. 1859 entließ er Beamte, die die Politik der Regierung nicht befürworteten, verhängte über einige *daimyō* Hausarrest und ließ Samurai, die das Shogunat offen kritisiert hatten, hinrichten. Mit der Regierung unzufriedene, sogenannte »beherzte Männer« *(shishi)*, junge Samurai meist der unteren Ränge, die sich der Krise der Zeit bewußt waren, versuchten unter dem Slogan »Verehrt den Tennō, vertreibt die Barbaren!« *(sonnō jōi)*, die Macht des Shogunats weiter zu schwächen. Ihr Ziel bestand in der Restauration der kaiserlichen Regierungsgewalt, da das Shogunat sich als unfähig erwiesen hatte, Japan gegen das Ausland souverän zu behaupten. Sie unternahmen Attentate auf Politiker des Shogunats, auf Ausländer, deren Diener und Kontaktpersonen. Prominenteste Opfer waren Ii Naosuke und Henry Heusken, Sekretär und Dolmetscher des amerikanischen Konsul Harris.

Chefdolmetscher Moriyama Takishirō wirkte entscheidend beim Abschluß des Vertrages zwischen Preußen und Japan mit und begleitete später die erste japanische Delegation nach Preußen.

Neben den niedrigen Zolltarifen führte vor allem die Klausel, daß Ausländer in Japan nicht dem japanischen Recht, sondern dem Recht ihrer Herkunftsländer unterstellt sein sollten (Exterritorialität), zu dem Wunsch nach der Revision der sogenannten »ungleichen Verträge«. Im Mai 1861 sandte das Shogunat einen offiziellen Antrag an die beteiligten Staaten, und 1862–63 reiste eine erste japanische Gesandtschaft nach Europa, um Aufschub bei der Öffnung weiterer Häfen auszuhandeln.

Die Europäer demonstrierten ihre Macht mit der Bombardierung der Städte Kagoshima (1863) und Shimonoseki (1864), durch die auch den Gegnern des Shogunats deutlich wurde, daß eine weitere Abschließung des Landes nicht aufrechtzuerhalten war. Nach einer Flottendemonstration der Vertragsmächte vor dem Hafen von Ōsaka bestätigte schließlich 1865 auch der Tennō die Verträge.

Jahrelang war unklar, wer die Machtfrage für sich entscheiden würde. Schließlich besiegten die mit ausländischer Hilfe aufgerüsteten und ausgebildeten Heere der abtrünnigen Daimyate in mehreren Gefechten das Heer der Tokugawa. Am 3. Januar 1868 drangen Truppen der vereinigten Regierungsgegner in den Palast des Tennō in Kyōto ein und erwirkten ein kaiserliches Edikt, das die Rückgabe der Regierungsgewalt an den Tennō und das Amt des Shōgun als abgeschafft erklärte (Meiji-Restauration). Mit dieser Aktion übergaben die Samurai, die vornehmlich aus den vier im Westen Japans gelegenen Daimyaten Satsuma, Chōshū, Hizen und Tosa stammten, dem gerade fünfzehnjährigen Tennō Mutsuhito (postum: Meiji-Tennō) die politische Macht. Die Kämpfe gegen die Anhänger der Tokugawa dauerten noch bis zum Juni 1869.

Die japanische Gesandtschaft besuchte auch Berlin. Neben den offiziellen Feierlichkeiten bestand ihre Aufgabe darin, für das Shogunat interessantes Wissen zu sammeln (Besuch u. a. von Gewehr- und Pulverfabriken, Geschützgießereien, Fabriken und Werkstätten). Die Anzeige eines Berliner Fotostudios von 1862, in der Portraits der japanischen Gesandtschaftsmitglieder angeboten wurden, zeugt von der Neugier der Berliner, die in allen Zeitungen über jeden Schritt der japanischen Gäste genau unterrichtet wurden.

Beide Theaterformen – *kabuki* mit männlichen Schauspielern, *bunraku* mit Puppen – beeinflußten sich seit ihrer Entstehung Anfang des 17. Jh.s gegenseitig. Dramatiker schrieben für beide Bühnen, und Stücke waren sowohl im *kabuki*- wie im *bunraku*-Theater erfolgreich. Im Gegensatz zu dem von den Samurai besuchten *Nō* waren *kabuki* und *bunraku* laut und expressiv und sprachen mit prächtigen Bühnenbildern, spektakulären Gesten, ausgeklügelten darstellerischen Tricks (z. B. schnelle Kostümwechsel) und bühnentechnischen Showeffekten (Drehbühne, an Seilen durch die Luft schwebende Schauspieler) den Geschmack der Städter an. Die phantastischen Kostüme der Darsteller waren modisches Vorbild für die reichen Städter, und nicht nur die rauhen Männerdarsteller, sondern auch die femininen Schauspieler der Frauenrollen *(onnagata)* hatten ihre Fangemeinde.

Als berühmtester Dramatiker gilt Chikamatsu Monzaemon (1653–1724), Sohn einer armen Samurai-Familie, der zwei Typen von Stücken schuf:

– die historischen Stücke *(jidai-mono)*, die keinen Wert auf geschichtliche Fakten legen, sondern konfuzianische Tugenden thematisieren, meist indem zwei verschiedene Pflichten (wie Loyalität gegenüber dem Herrn und Pietät gegenüber dem Vater) miteinander kollidieren. Wird bei der Erfüllung der einen Pflicht eine andere verletzt, bleibt als einziger Ausweg der Selbstmord *(seppuku)*;

Im Kabuki-Theater wurden von morgens bis abends Stücke aufgeführt. Verkäufer boten während der Vorstellung Verpflegung und Programme an oder verliehen Kissen. Die Zuschauer picknickten auf ihren Sitzen, unterhielten sich, verfolgten das Geschehen auf der Bühne und riefen die Namen der großen Stars, die über den Laufsteg durch den Zuschauerraum *(hanamichi)* die Bühne betraten oder verließen. Holzschnitt von Utagawa Toyokuni (1769–1825).

– Stücke, die ein lebendiges Bild
von Alltagsleben und Gefühlswelt
der Städter zeigen *(sewamono)*;
sie griffen Tagesereignisse auf
(spektakuläre Einbrüche, Verbrechen oder Selbstmorde aus Geldschwierigkeiten) und brachten sie
innerhalb weniger Wochen auf
die Bühne. Besonderer Beliebtheit erfreute sich das Thema der
nicht standesgemäßen und daher
unglücklichen Liebesbeziehung.
Um den Konflikt zwischen der
Loyalität gegenüber der Familie
bzw. der Treue zum Herrn *(giri)*
und den wahren Empfindungen
(ninjō) aufzulösen, begehen die
beiden Liebenden Doppelselbstmord. Das berühmteste Stück,
Sonezaki shinjū (»Der Freitod aus
Liebe in Sonezaki« von Chikamatsu Monzaemon), basiert auf einem authentischen Fall.

Bunraku-Puppenbühne.

Als Ursprung des *kabuki* gelten
die erotischen Tänze der Izumo no
Okuni, einer Tänzerin, die mit einer
Mädchentruppe im Land umherreiste, um ihren Lebensunterhalt
zu verdienen. Als 1629 das Frauen-*kabuki (onna kabuki)* aus sittenrechtlichen Gründen verboten wurde, übernahmen Jungen die Rollen,
bis 1652 aus gleichen Bedenken das
Verbot des Jungen-*kabuki (wakashū
kabuki)* folgte und das heutige Männer-*kabuki (yarō kabuki)* entstand.

Das Puppentheater *bunraku* weist
ein dem *kabuki* entsprechendes
Themenspektrum auf und hatte
zeitweise sogar einen höheren Stellenwert als das *kabuki*. Zu den Bewegungen der Puppen schildert ein
auf einem Podest kniender Rezitator
die Geschichte, verleiht den einzelnen Puppen seine Stimme, weint
und jauchzt *(jōruri)*. Ein Shamisen-Spieler unterlegt die Darstellung
musikalisch. Die männlichen Puppen sind ungefähr 1,20 m groß,
die weiblichen etwas kleiner. Jede
Hauptpuppe wird von drei schwarz
gekleideten Spielern bewegt. Die
Spieler absolvieren eine lange Ausbildung, um im Zusammenspiel
den fein abgestimmten, harmonischen Bewegungsablauf der sehr
lebendig wirkenden Puppen zu
erreichen.

Die Abschaffung des Shogunats setzte den Anfangspunkt einer Reihe atemberaubend schneller Veränderungen, mittels derer sich Japan innerhalb weniger
Jahrzehnte zu einer modernen Nation wandelte. Der
Tennō bezog das ehemalige Schloß der Tokugawa-
Shōgune, so daß Edo unter dem neuen Namen Tōkyō
(»östliche Hauptstadt«) politisches Zentrum blieb. Die
jungen Samurai aus den westlichen Daimyaten, die
den Sturz des Shogunats herbeigeführt hatten, wurden
zu den führenden Staatsmännern der Meiji-Zeit. Die
zu Kolonien gewordenen asiatischen Länder vor Augen, bestand ihr oberstes Ziel in der Sicherung der
Eigenständigkeit Japans. Sie zentralisierten das in etwa
250 Daimyate zersplitterte Land und schufen durch
weitreichende Reformen unter dem Motto »ein reiches
Land, eine starke Armee!« *(fukoku kyōhei)* einen modernen Nationalstaat. Im Bewußtsein der technischen
Überlegenheit der europäischen Staaten und der USA,
bestand das erklärte Ziel darin, sich jegliche Art von
Wissen aus dem Ausland anzueignen.

Die Anstrengungen, die zur Steigerung der nationalen Prosperität und Verteidigung unternommen wurden, ließen einen schlagkräftigen Staat entstehen, der
innerhalb weniger Jahrzehnte so weit war, selbst Er-
oberungspläne zu verwirklichen. Die beiden Kriege
gegen China (1894–95) und Rußland (1904–05) entschied Japan für sich, deutlichstes Zeichen für die
europäischen Staaten und die USA, daß Japan sich
zu einem – zumindest militärisch – ebenbürtigen
Staat entwickelt hatte.

Nach den wirtschaftlich und politisch schwierigen
zwanziger Jahren gewannen Militarismus und Ultranationalismus die Oberhand. Mittels der vorgeblichen
Göttlichkeit des Tennō und Überlegenheit des japanischen Volkes wurde die Hegemonie über andere asiatische Staaten legitimiert. Offiziell, um Asien von der
europäischen Oberherrschaft zu befreien, kämpfte Japan im Zweiten Weltkrieg zunächst erfolgreich gegen
die europäischen Kolonialmächte, konnte aber die
schnellen Gebietsgewinne nicht halten. Die Alliierten

unter Führung der USA eroberten die japanischen Besetzungen Insel für Insel zurück. Der Zweite Weltkrieg endete für Japan nach dem Abwurf der beiden Atombomben in der totalen Niederlage.

Meiji (1868–1912) – Grundlegende Reformen zur Bildung eines modernen Nationalstaates

1868 lag die tatsächliche politische Gewalt bei einer Gruppe von etwa 20 Beratern des jungen Tennō, vorwiegend hochgebildeten Samurai, die maßgeblich an der Beseitigung des Shogunats beteiligt gewesen waren und über gute militärische Kenntnisse und zum Teil über Auslandserfahrungen verfügten.

Statue von Saigō Takamori (1828–1877) im Ueno-Park, Tōkyō. Takamori leitete die Meiji-Restauration mit in die Wege, geriet dann aber mit seinen Plänen für eine Invasion in Korea ins politische Abseits. Nach der Beschneidung der Privilegien des Samurai-Standes rief er zum bewaffneten Widerstand gegen die Meiji-Regierung auf (Aufstand von Satsuma). Nach mehrmonatigen Kämpfen unterlag seine Rebellenarmee den kaiserlichen Truppen. Als Takamori 1877 vernichtend geschlagen wurde, beging er *seppuku*.

Die von ihnen geschaffene provisorische Regierung, die sich im Aufbau an den Taihō-Gesetzen vom Anfang des 8. Jhs. orientierte (s. S. 39), führte eine Reihe von Reformen durch, die fast alle Bereiche des privaten und öffentlichen Lebens betrafen (Meiji-Reformen).

Alle *daimyō* übereigneten ihre Lehen an den Tennō, und das Reich wurde in Präfekturen *(ken)* eingeteilt, deren Verwaltung 1871 von der Regierung eingesetzte Beamte übernahmen. Die Armeen der *daimyō* wurden aufgelöst und in das zentrale kaiserliche Heer eingegliedert. Ab 1870 durften alle Japaner einen Familiennamen tragen, Beruf und Wohnsitz frei wählen. Mit dem Gesetz zur Wehrpflicht (1873) und dem Verbot des Tragens von Schwertern (1876) war die Klasse der Samurai praktisch abgeschafft.

Gegen Samurai, die sich gegen den schrittweisen Verlust ihrer Privilegien in Aufständen wehrten, setzte sich die Regierung mittels des neu geschaffenen, modern ausgerüsteten kaiserlichen Heeres durch. Mit der Niederschlagung des Satsuma-Aufstandes 1877 hatte die Regierung die Jahre der krisengefährdeten Übergangsphase bewältigt und schaffte es, bis zum Inkrafttreten der Verfassung 1890 den Staat zu konsolidieren.

Karikatur von 1880 mit dem Titel *Minkentōboe*. Durch ein Spiel mit den Schriftzeichen wird die »bellende Partei für Volksrechte« zu einem wild »kläffenden Volkshund«, der von den Autoritäten nicht mehr zurückzuhalten ist.

Die *daimyō* erhielten Entschädigungszahlungen und wurden gemeinsam mit dem ehemaligen Hofadel und einigen sehr bedeutenden Kaufmannsfamilien in den 1884 neu geschaffenen Adelsstand erhoben, aus dem sich später die Mitglieder des Oberhauses rekrutierten.

Der Erlaß einer Verfassung und die Einrichtung eines Parlaments waren aus zwei Gründen unumgänglich: Einerseits bestand nur über die Einrichtung dieser politischen Organe die Möglichkeit, die Anerkennung der europäischen Staaten und der USA zu erlangen und langfristig die für Japan ungünstigen Verträge zu revidieren. Andererseits forderten oppositionelle Intellektuelle, die die Restauration mitgetragen hatten, selbst aber aus der Regierung ausgeschlossen worden waren, mehr Mitspracherecht in Form einer Volksvertretung (*jiyū minken undō*, Bewegung für Freiheit und Volksrechte).

Durch die 1889 proklamierte Verfassung, die sich stark am preußischen Vorbild orientierte, wurde Japan zu einer konstitutionellen Monarchie, die dem Volk wenig Spielraum zur politischen Partizipation bot. Die politische Macht konzentrierte sich auf den als göttlich-heilig überhöhten Tennō. Er hatte das Recht, die Verwaltung zu kontrollieren, konnte die Minister ernennen und gegen die Beschlüsse des Parlaments Veto einlegen. Nur ihm, nicht dem Parlament, war die Regierung verantwortlich, er war außerdem Oberbefehlshaber der Armee.

Das Parlament bestand aus den beiden Kammern Oberhaus *(kizokuin,* dem Adel vorbehalten) und Unterhaus *(shūgiin)*. Das Unterhaus, dessen Abgeordnete zunächst von nur knapp einer halben Million Männern gewählt wurden, war in seinen Entscheidungen durch die Vetorechte des Kaisers und des Oberhauses stark eingeschränkt.

Das Militär (Heer und Marine) wurde nicht durch das Parlament kontrolliert, sondern unterstand direkt dem Tennō. Durch die zeitweilige Vorschrift, daß nur Angehörige des Militärs Heeres- und Marineminister werden durften, erlangte das Militär einen besonders großen Einfluß auf die Bildung der Regierung und deren Politik, da Minister durch strategische Rücktritte Kabinettsauflösungen erzwingen konnten.

Nach wie vor regierten »ältere Staatsmänner« *(genrō)*, die führenden Köpfe der vorangegangenen Jahrzehnte, als Oligarchen im Hintergrund. Sie berieten den Tennō und bestimmten den Premierminister.

Schon in den letzten Jahren des Shogunats waren die ersten jungen japanischen Männer in mehreren offiziellen Delegationen ins Ausland geschickt worden. Unter dem Slogan »japanischer Geist und westliche Technik« *(wakon yōsai)* forcierte die neue Regierung den Wissenstransfer, und die Zahl der Auslandsreisen japanischer Diplomaten und Wissenschaftler nahm weiter zu.

Die bedeutendste aller Gesandtschaften war die nach ihrem Leiter benannte Iwakura-Mission, die achtzehn Monate lang durch die USA und verschiedene Staaten Europas reiste. Die Delegation hatte ca. 50 Teilnehmer

Itō Hirobumi (1841–1909), erster Premierminister Japans, hatte maßgeblichen Einfluß auf die Verfassung. Nachdem Japan die koreanische Halbinsel besetzt hatte, wurde Itō zum Generalgouverneur von Korea. 1909 wurde er von einem koreanischen Freiheitskämpfer ermordet.

Proklamation der Verfassung im Thronsaal des Neuen Palastes, 11. Februar 1889. Der Meiji-Tennō steht vor seinem Thron, links auf dem erhöhten Stuhl die Frau des Tennō. Alle Beteiligten sind nach europäischem Vorbild gekleidet, der Raum ist in viktorianischem Stil ausgestaltet.

Das Porträt des Vordenkers Fukuzawa Yukichi (1834–1901) ziert den Zehntausend-Yen-Geldschein. Nach einer Reise in die USA arbeitete Fukuzawa als Übersetzer für das Shogunat und bereiste später mit Gesandtschaften europäische Staaten. 1868 gründete er die Keiō Universität, eine der renommiertesten Privatuniversitäten Japans. Als Autor zahlreicher aufklärerischer Werke trug er durch Übersetzungen und Kommentare erheblich zur Vermittlung europäischer Philosophie in Japan bei.

(Botschafter, hochrangige Beamte, Sekretäre, Dolmetscher) und wurde von den bedeutendsten Männern des neuen Kurses angeführt. Außerdem begleiteten zahlreiche japanische Studenten die Mission inoffiziell.

Die Mission hatte vorrangig drei Aufgaben:
– Besuche von Staatsoberhäuptern und führenden Politikern der Nationen, mit denen Japan Handelsverträge abgeschlossen hatte, zur Stärkung der diplomatischen Kontakte und zur Demonstration, daß Japan der progressivste aller asiatischen Staaten sei;
– wirtschaftspolitische Verhandlungen mit dem Ziel, die ungleichen Verträge zu revidieren;
– Sammeln von Wissen über europäische und US-amerikanische Technologien, Verwaltungsstrukturen und kulturelle Errungenschaften (Besuch von politischen Institutionen und Verwaltungseinrichtungen, Schulen, Banken, Börsen, Handelskammern, Gerichten, Krankenhäusern, Kirchen, Theatern, Galerien, Museen, historischen Denkmälern, Zoos, Werften, Fabriken, Minen).

Bei ihrer Rückkehr hatten die Japaner ein Bewußtsein für die Verschiedenheit der USA und der unterschiedlichen europäischen Staaten entwickelt, die zuvor als monolithischer Block (als der »Westen«) wahrgenommen worden waren. Nun konnte Wissen und Praxis verschiedener Staaten gezielt für bestimmte Bereiche der Modernisierung herangezogen werden. Mit einem riesigen Werbeaufwand wurden einige tausend ausländische Fachleute als Berater in Regierungsdiensten angeworben. Sie unterstützten die Japaner in ihrem technischen Aufholprozeß und trugen zur »kulturellen Erneuerung« *(bunmei kaika,* »Zivilisation und Aufklärung«) bei. Amerikaner begleiteten vor allem den Aufbau des Postwesens, der Volksschulen und der Landwirtschaft, Engländer den Ausbau der Eisenbahn, der Telegraphie, des Bankenwesens und der Kriegsmarine, Franzosen waren maßgeblich für das Heer und die Künste verantwortlich, und Deutsche galten als gute Mediziner und Philosophen, Musiker und Militärs. Preußische Juristen wie Hermann Roesler, Albert Mosse und Georg Michaelis berieten die Regierung und waren wesentlich am Entwurf der Verfassung beteiligt.

Die Umformung des Staates ist allerdings nicht als reine »Verwestlichung« zu sehen. Schon häufiger hatte es in Japan Epochen gegeben, die ganz und gar unter ausländischem, vormals chinesischem, Einfluß standen. Ende des 19. Jahrhunderts lief der Prozeß der Aufnahme fremden Wissens ähnlich wie in den Jahrhunderten zuvor: Die ausländischen Kenntnisse wurden als überlegen erkannt und zunächst vorbehaltlos rezipiert. Vor allem in den Städten änderten sich innerhalb weniger Jahrzehnte Kleidung und Konsumverhalten, Wohnungsausstattung und Straßenbild. Die erste

Mitglieder der Iwakura-Mission von 1872–73. In der Mitte sitzend Iwakura Tomomi (1825–1883), rechts neben ihm stehend Itō Hirobumi (1841–1909, s. S. 127).

Ein Vermittler deutscher Kultur in Japan

Mori Ōgai (1862–1922, eigentlich: Mori Rintarō) wurde 1883 als Militärarzt zum Studium der Hygiene und des Militärsanitätswesens nach Deutschland gesandt. Er studierte unter anderen bei Robert Koch in Berlin, nahm an Heeresübungen teil, besichtigte staatliche Einrichtungen und traf mit preußischen Militärärzten zusammen.

In seinem *Deutschland-Tagebuch (Doitsu nikki)* hielt Ōgai die Erlebnisse während der dreieinhalb Jahre seines Aufenthaltes fest. Die Tagebucheintragungen verdeutlichen sein breites Interesse an Land und Leuten, an wirtschaftlichen wie politischen Entwicklungen, vor allem aber auch an europäischer Literatur und Theater.

Nach seiner Rückkehr machte Mori Ōgai als Mediziner der Kaiserlichen Armee Karriere. Beruflich dem japanischen Staat loyal verpflichtet, sehnte er sich nach der persönlichen Freiheit, die er in den Jahren seines Deutschlandaufenthaltes erlebt hatte. Seine deutsche Freundin war ihm nach Japan gefolgt, doch da nach japanischer Konvention eine Verbindung mit einer Ausländerin unvorstellbar war, beugte sich Ōgai dem Druck seiner Familie und Vorgesetzten. Seine Freundin wurde nach Europa zurückgeschickt und Ōgai standesgemäß mit der Tochter eines Vizeadmirals verheiratet.

Neben seinen beruflichen Tätigkeiten schuf Ōgai viele Übersetzungen aus dem Deutschen und war schriftstellerisch tätig. 1922, in seinem Todesjahr, erschien die von ihm geschaffene, erste vollständige Übersetzung des *Faust* in japanischer Sprache.

Karikatur von Charles Wirgman (1872): Der Papagei »Young Japan« ißt Fleisch und trinkt Bier, europäische Sitten, die bis dahin in Japan nicht verbreitet waren.

Phase der Übernahme war von einem solchen Prag-
matismus geprägt, daß einige gar die Einführung des
Alphabets bzw. das Englische oder Französische als
Landessprache – das heißt die Abschaffung der japanischen Sprache und der Schriftzeichen – forderten. Die
tatsächlich durchgeführte Sprach- und Schriftreform
schränkte die Zahl der chinesischen Schriftzeichen ein
und zielte auf die Vereinheitlichung von Umgangs-
und Schriftsprache *(genbun itchi)*.

Neue Regierungsgebäude, Hotels und Banken wurden zunächst von ausländischen Architekten wie dem
Briten Josiah Conder oder dem Berliner Architekten-
büro Ende & Böckmann, später dann von deren japanischen Schülern entworfen. Japanische Maler erlernten
während ihrer Studienaufenthalte in Europa die verschiedenen aktuellen Stilrichtungen der europäischen
Malerei *(yōga)*. Museen wurden eingerichtet, Kunst-
hochschulen und Bibliotheken eröffnet.

Der anfänglich uneingeschränkten Begeisterung
folgte eine Auseinandersetzung über Sinn und Unsinn
fremder Errungenschaften in der eigenen Kultur. Mit
der Anpassung an die eigenen Verhältnisse entstand
etwas »typisch Japanisches«, von dem Europäer und
US-Amerikaner, die Japan besuchen, bis heute einen
seltsamen Eindruck des Vertraut-Fremden gewinnen.
In den 1880er Jahren folgte dann eine Rückbesinnung
auf die eigenen Traditionen und Werte. Der zur Staatsreligion erhobene Shintoismus stützte das National-
gefühl, das am Ende der Edo-Zeit nicht existiert hatte.
Mit der Verehrung des mythisch überhöhten Tennō

Briefmarke von 1990:
hundert Jahre Telefon.
Auch neue Eßgewohn-
heiten, Kleidung, Hob-
bys, Transportmittel,
Tageszeitungen, der
westliche Kalender und
vieles andere mehr ver-
änderten das Alltags-
leben.

Bauwerke nach europäi-
schem Vorbild, hier die
Ginza rengagai (»Ginza
Ziegel-Straße«), 1872
von Thomas J. Waters
entworfen.

Geselligkeit zur Meiji-Zeit: Die Paare tanzen zur Klaviermusik europäische Standard-tänze.

wurde nicht nur die Möglichkeit zur Identifikation mit dem Staat, sondern auch eine Kontinuität zwischen der Vergangenheit und der rasanten Entwicklung in der Gegenwart geschaffen.

Finanziert wurde die Umformung des Staates zunächst durch die Landwirtschaft. Ende des 19. Jhs. konnte dann nach einer Neuordnung der Banken auch die Wirtschaft modernisiert werden. Die Behörden lenkten die Wirtschaftsentwicklung, indem Industriebetriebe von der Regierung gegründet und dann an private Unternehmer veräußert wurden (Musterbetriebe wie Zement-, Glas-, Zuckerfabriken, Bergbau mit modernen Maschinen). Wichtigste Exportprodukte waren zunächst Tee, Seide und Baumwolle, später auch Kupfer und Kohle. Die Beschäftigten der japanischen Textilindustrie – vor allem die Frauen – wurden gnadenlos ausgebeutet, ihr Lohn betrug nur ein Zehntel des Lohnes englischer Textilarbeiter.

Spazierende Schönheit, Ölgemälde von Kuroda Seiki (1866–1924), der mit 18 Jahren nach Frankreich ging.

1894 erreichte Japan nach großen Veränderungen im Inneren, der Demonstration militärischer Stärke im asiatischen Ausland und jahrelangen Verhandlungen endlich umfassende Vertragsrevisionen mit den europäischen Mächten und den USA, die für 1899 die Abschaffung der Exterritorialität, für 1911 die Aufhebung der Zollhoheit vorsahen. Japan wurde damit als einziger asiatischer Staat von den europäischen Mächten als gleichberechtigt anerkannt.

Etiketten von Streich-
holzschachteln. Die
Produktion von Streich-
hölzern war eine der be-
deutendsten Industrien
der 1880er und 1890er
Jahre.

Japonismus

Nach der Öffnung des Landes präsentierte sich Japan zum ersten Mal auf Weltausstellungen – und löste Begeisterung aus.
Japan wurde ebenso wie der Orient oder die Inseln der Südsee
zum Projektionsziel für Europäer, die in der Ferne, in den letzten von der westlichen Zivilisation verschonten Gebieten der
Erde, nach Exotischem suchten. Japanische Kunst und Kunsthandwerk kamen eine Zeitlang groß in Mode, und in den europäischen Großstädten wurden Japan-Läden eröffnet.
Vor allem die fremden Abbildungskonventionen und ungewohn-
ten Sujets der *ukiyo*-Farbholzschnitte faszinierten europäische Maler und Graphiker. Außerdem lieferten die formvollen-
deten Alltagsgegenstände der Edo-Zeit zahlreiche stilistische
und motivische Anregungen für die europäische Architektur, In-
nenarchitektur, das Möbeldesign und Kunsthandwerk, die Pla-
katkunst und Buchgraphik.

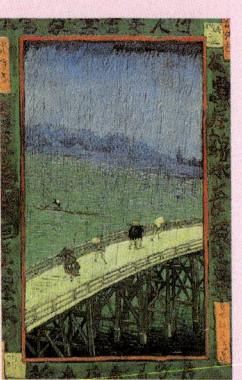

Blockdruck von Hiroshige (1857) und ein Gemälde von van
Gogh (1886–1888), das von der Auseinandersetzung mit
japanischen Vorlagen zeugt.

Militärische Expansion

Schon in den siebziger Jahren des 19. Jahrhunderts
hatte Japan mehrmals die Konfrontation mit China
gesucht. Neben anderen Provokationen zwangen die
Japaner 1876 Korea einen ungleichen Vertrag auf
(Kanghwa-Vertrag), in dem sie Korea als unabhängiges
Königreich anerkannten und damit die Tributpflicht an
China aufhoben, die Öffnung von Häfen und die Aufnahme diplomatischer Beziehungen forderten. Am
1. August 1894 entwickelte sich schließlich aus Spannungen zwischen japanischen und chinesischen Truppen in Korea, dem Interessengebiet beider Länder, der
chinesisch-japanische Krieg (1894–95). Die nach europäischem Vorbild ausgerüsteten und kämpfenden japanischen Truppen waren den chinesischen Verbänden
weit überlegen. Mit Überraschung verfolgten die europäischen Blätter täglich den Kriegsverlauf in Fernost.

Im Vertrag von Shimonoseki (17. April 1895) forderte
Japan, daß China die vollständige Unabhängigkeit
Koreas anerkennen, vier neue Häfen öffnen, hohe Re-
parationen zahlen sowie Formosa (Taiwan), die Pesca-
doren und die Halbinsel Liaodong an Japan abtreten
sollte.

Mit dem Zugang, den sich Japan über Liaodong zur
Mandschurei schaffen wollte, sahen Rußland, Frankreich und Deutschland eigene Expansionsinteressen
gefährdet. In der sogenannten »Triple-Intervention«
zwangen sie die japanische Regierung, Liaodong an
China zurückzugeben, und Rußland erhielt die
Erlaubnis, den Bau der Transsibirischen Eisenbahn über chinesisches Territorium bis an die
Südspitze der Halbinsel fortzuführen. Japan
fühlte sich gedemütigt und war einige Jahre
später empört, als die Halbinsel mit Port Arthur
(Dalian) russisches bzw. Tsingtau (Qingdao)
deutsches Pachtgebiet wurden. Nachdem Rußland nach der Niederschlagung des Boxer-Auf-
standes (1900) die Mandschurei besetzte, entschied sich Großbritannien 1902 für Japan als
Verbündeten gegen Rußland und Deutschland.

Ein japanischer Offizier
verabschiedet sich von
Frau und Kind, Skizze
von George Bigot, 1894.

Die oſtaſiatiſche Frage.

Abb. 4 "Tut Ihnen das da oben weh?" (*Kladderadatsch 1895*)

Die Karikatur »Tut Ihnen das da oben weh?« aus dem *Kladderadatsch* (1895) spielt auf die Destabilisierung des Kräftegleichgewichts in Fernost an. Bisher hatten die europäischen Staaten auf China als einflußreichsten Staat in Ostasien gesetzt. Nun zerstört Japan das Gebilde. Formosa (Taiwan) ist schon abgetrennt, gerade wird Korea abgesägt. *1910*

Im Februar 1904 eröffnete Japan durch einen Überfall auf die russische Marinebasis in Port Arthur (Dalian) den Krieg gegen Rußland. Ziel des japanischen Vorstoßes waren Expansion, die Sicherung von Rohstoffen und internationale Anerkennung. Tatsächlich gilt 1905 als ein bedeutendes Datum, da es Truppen eines asiatischen Staates zum ersten Mal gelang, eine europäische Großmacht zu bezwingen. Nach monatelanger Belagerung fiel Port Arthur, und Schläge gegen die russische Flotte schränkten die Kampfhandlungen der russischen Truppen ein. Auf Vermittlung des amerikanischen Präsidenten Roosevelt kam es im September 1905 zum Friedensschluß von Portsmouth, in dem Rußland neben Gebietsabtretungen und anderen Zugeständnissen auch die »überragenden politischen, militärischen und wirtschaftlichen Interessen« Japans in Korea anerkennen mußte.

1905 zwang die japanische Regierung Korea zur Annahme eines Protektoratvertrages, der vorsah, daß ein japanischer Generalgouverneur die koreanischen Staatsgeschäfte leitete und Japan die außenpolitische Vertretung Koreas übernahm. Fünf Jahre später annektierte Japan schließlich Korea, unterdrückte nationale Unabhängigkeitsbewegungen und verfolgte in den dreißiger Jahren eine rücksichtslose Japanisierung der koreanischen Bevölkerung. Zwischen 1939 und 1945 mußten über eine Million Koreaner Zwangsarbeit leisten, und während des Krieges wurden schätzungsweise 200.000 vorwiegend koreanische und philippinische Frauen und Mädchen deportiert und als *ianfu* (»Trostfrauen«) in japanischen Truppenbordellen zur Prostitution gezwungen.

Die Siege im Ausland und die fortschreitende Industrialisierung hatten die Macht der Regierung stabilisiert, politische Gegner wurden nun stärker unterdrückt. 1910 wurden Anarchisten und Sozialisten verhaftet, der Planung eines Attentats auf den Tennō bezichtigt, und zwölf der Angeklagten hingerichtet. Die Regierung verbot jegliche Berichterstattung über die sogenannte Hochverratsaffäre.

Taisho (1912–1926) – Das erste Parteienkabinett

Als Kaiser Meiji 1912 starb, war Japan zu einer militärischen Großmacht geworden. Mit dem Beginn des Ersten Weltkrieges erlebte das Land einen Wirtschaftsboom, denn es konnte in Produktionsbereiche einsteigen und auf Märkte vordringen, die von den europäischen Staaten während des Krieges vernachlässigt werden mußten. Kurz nach dem Kriegsbeginn in Europa erklärte Japan Deutschland unter Berufung auf die Beistandsvereinbarungen mit Großbritannien (1902) den Krieg und besetzte die deutschen Kolonien in China und im Nordpazifik (Marianen, Karolinen und Marshall-Inseln), die Japan nach dem Ersten Weltkrieg dann zugesprochen wurden.

Der Konjunkturaufschwung währte nur kurz, denn der Export ging in dem Maße zurück, wie sich die europäischen Industrienationen nach dem Krieg wieder erholten. Zudem sah Japan sich mit den Problemen eines politisch wandelnden und industriell rapide wachsenden Staates konfrontiert. Das schnelle Wachstum und die Konzentration der Bevölkerung in den Großstädten rüttelten an der sozialen Stabilität. Junge Industriearbeiter und Angestellte verfügten jetzt über eine Grundausbildung und forderten politische Partizipation, es formierten sich Oppositions- und Arbeiterbewegungen. Frauen, die vor allem als Lehrerinnen, Telefonistinnen, Sekretärinnen oder Kellnerinnen ihren Lebensunterhalt verdienten, setzen sich für ihre Rechte ein, denn sie waren nach wie vor in der Familie dem Mann unterstellt und aus Politik und höherer Bildung ausgeschlossen.

1918 kam nach wochenlangen Reisunruhen das erste Parteienkabinett

Japanische Kavallerie nach dem Sieg über Rußland.

unter der Führung von Hara Takashi (Partei Rikken Seiyūkai, 1921 Opfer eines Attentats) an die Macht.

In den zwanziger Jahren vermochten politische Parteien nun zum ersten Mal die Interessen der Bevölkerung (Industriearbeiter, Pachtbauern, Angestellte) zu formulieren und die Politik aktiv mitzugestalten, indem sie dem Machtblock aus konservativen Parteien, Geschäftskonzernen, Großgrundbesitzern und Militärs die Stirn boten. Für kurze Zeit verloren die älteren Staatsmänner *(genrō)*, die nach wie vor das Establishment bildeten und neben dem Parlament die Entscheidungen trafen, an Einfluß. Die Politik schwankte zwischen Extremen. Während für Männer das allgemeine Wahlrecht eingeführt wurde (1925), wurden Rede- und Versammlungsfreiheit eingeschränkt und sozialistische und aus dem Untergrund operierende kommunistische Aktivitäten aufs schärfste bekämpft. Zunehmend beherrschte offene Gewalt das politische Geschehen.

Nach weiteren Expansionsbestrebungen (1915: 21 Forderungen an China, 1918–22: Entsendung einer Armee nach Sibirien), brachten die zwanziger Jahre eine vorübergehende Entspannung in der Außenpolitik

---

Die deutsche Kolonie Tsingtau

Deutsche hatten im November 1897 die Provinz Shandong besetzt, im März 1898 wurde ihnen die Bucht Kiautschou (Jiaozhou) mit dem Dorf Tsingtau (Qingdao) zur Pacht abgetreten. Damit hatte das deutsche Reich einen Handels- und Flottenstützpunkt in China erworben, und das Dorf Qingdao wurde zu einer Musterstadt mit einer modernen Infrastruktur ausgebaut. Am 9. November 1914 kapitulierten die Deutschen nach knapp dreimonatigem Widerstand vor den japanischen Truppen. Die Zeit ihrer Gefangenschaft verbrachten sie in 15 japanischen Kriegsgefangenenlagern, in denen sie unterschiedlich gut behandelt wurden. Bandō (auf Shikoku), das bekannteste aller Kriegsgefangenenlager, wurde vorbildlich geführt und prägte das Bild der humanen bis komfortablen Behandlung deutscher Kriegsgefangener in Japan. Die Gefangenen konnten ihren handwerklichen Neigungen nachgehen, ihre eigene Kultur pflegen, Zeitungen und Bücher herausgeben und die japanische Sprache und Kultur kennenlernen. Nach der Entlassung 1920 bauten einige Deutsche ihre Existenz in Japan auf (Bäckerei Juchheim) oder wurden zu Japanspezialisten (Hermann Bohner, Kurt Meißner).

(1921/22 Flottenabrüstungskonferenz in Washington, 1926 Mitglied des Völkerbundes, 1930 Ratifizierung des Abkommens über Flottenstärke in London).

Shōwa I (1926–1945) –
Imperialismus und militärischer Zusammenbruch

Ende der zwanziger Jahre litt auch Japan unter den Auswirkungen der Weltwirtschaftskrise. Während die zerstrittenen Parteien an Macht verloren, entwickelte die Armee, die keiner zivilen Kontrolle unterlag, immer größeren innen- und auch außenpolitischen Einfluß. Für den Großteil der Bevölkerung galten die Politiker als unfähige, korrupierte Marionetten der Großunternehmen. Die kaiserliche Armee dagegen, die nach den Siegen über China und Rußland hohes Ansehen genoß, schien frei von Skandalen. Die Soldaten stammten vor allem aus dem verarmten Bauernstand: junge Männer, die die bittere Armut des Volkes selbst kannten, über weltpolitische Zusammenhänge allerdings kaum Überblick hatten, die internationalen Abkommen (vor allem zur Flottenbegrenzung) der zwanziger Jahre ablehnten und das 1924 erlassene US-amerikanische Einwanderungsverbot für Japaner

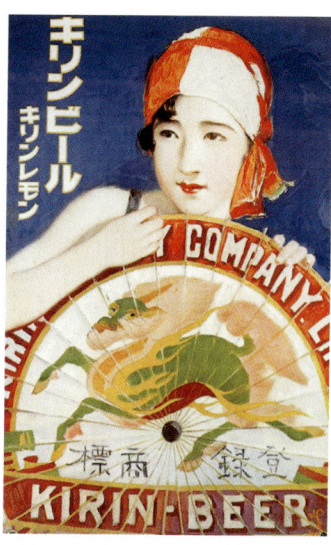

Die Werbung für Kirin Beer zeigt ein *moga* (im Japanischen gebrauchte Abkürzungen für das englische *modern girl*, entsprechend *mobo* für *modern boy*). Die jungen Leute mit westlicher Kleidung und Pagenkopf verkörperten die Sonnenseite des modernen Lebens: Einkaufsbummel auf der Ginza (*ginbura*), Baseball, Jazz, amerikanisches Varieté und Kino.

als Demütigung Japans betrachteten. Die jungen Soldaten, die ihre Mission in der Rettung des Vaterlandes aus den Klauen der Politiker sahen, verherrlichten den militärischen Geist *(bushidō)* und hingen einem überzogenen Patriotismus mit einem Kult um den als göttlich verehrten Tennō an. In der Folgezeit begingen Armeeangehörige und Ultrarechte Attentate auf führende Politiker – am 15. Mai 1932 wurde Inukai Tsuyoshi, letzter Premierminister eines Parteienkabinetts, ermordet –, und sie unternahmen mehrere Putschversuche, um die Verhängung des Kriegsrechtes herbeizuführen.

Vor allem die auf dem asiatischen Festland stationierten Truppen der Guan-

1926 bestieg Kaiser Hirohito nach dem Tod seines Vaters den Thron; er regierte bis 1989.

dong-Armee agierten zunehmend außerhalb der politischen Kontrolle Tōkyōs und provozierten eine Reihe von Zusammenstößen mit der chinesischen Armee, darunter die Sprengung einer Eisenbahnlinie. Chinesische Truppen wurden für diesen sogenannten »Mandschurischen Zwischenfall« verantwortlich gemacht, und die Guandong-Armee nutzte den Vorfall als Vorwand, den Nordosten Chinas zu besetzen. Nicht nur die Weltöffentlichkeit, auch die Politiker in Tōkyō reagierten mit Entrüstung, denn die Besetzung der Mandschurei erfolgte ohne die vorherige Ermächtigung durch die japanische Regierung. Vor vollendete Tatsachen gestellt und ohne Kontrolle über das Militär, erkannte Tōkyō schließlich die von der Armee geschaf-

Erdbeben

Am 1. September 1923 zur Mittagszeit, als ein Großteil der Kohlefeuer und Gasherde angezündet waren, erschütterte Tōkyō ein Erdbeben, das über 100.000 Todesopfer forderte und weite Teile der Stadt zerstörte. Die meisten Menschen starben in den auf das Beben folgenden Großbränden. Kurz nach der Katastrophe kursierte das Gerücht, Koreaner würden randalieren, plündern, Brunnen vergiften. Mehrere tausend Koreaner wurden von der Menge erschlagen, und Angehörige der politischen Polizei nutzten die Wirren nach dem Beben, um Oppositionelle zu ermorden. – Heute finden alljährlich am 1. September Katastrophenübungen zur Vorbereitung auf das nächste große Beben statt.

Die Zerstörung, die das Erdbeben mit sich brachte, trieb die Umgestaltung Tōkyōs voran. Zeitgenössische Postkarten, hier Nihonbashi, Tōkyō, zeigen die nach dem Wiederaufbau entstandenen Straßenzüge.

fene Situation an, rief ein Jahr später, 1932, den Marionettenstaat Manzhuoguo (Manshūkoku) aus und forderte Japaner zur Auswanderung aufs Festland auf. Es folgten Attentate junger Offiziere auf Politiker, die sich der Besetzung der Mandschurei widersetzt hatten. Die öffentliche Sympathie galt nicht den Ermordeten, sondern den Attentätern, die sich nach eigenen Aussagen im Interesse des Volkes und unter Berufung auf den Tennō heldenhaft gegen korrupte und dem Ausland gegenüber zu nachgiebige Politiker gewehrt hatten. Kritisch wurde die Lage 1936, als Offiziere der ersten Division des Heeres mehrere Regierungsbeamte ermorde-

Werbeplakat, das 1927 die Eröffnung der ersten U-Bahnstrecke ankündigt.

ten und mit ihren Truppen wichtige Verwaltungseinrichtungen besetzten. Erst nach Tagen konnte der Militärputsch durch das Eingreifen des Tennō niedergeschlagen werden. Etliche Attentäter wurden durch ein Kriegsgericht verurteilt und hingerichtet, doch auch in den folgenden Jahren lebten in Japan Politiker, die sich in irgendeiner Form den Plänen des Militärs widersetzten, gefährlich.

Im März 1933 verließ Japan den Völkerbund, der die Anerkennung der Mandschurei verweigerte. Eine Schießerei an der Marco-Polo-Brücke (Beijing) am 7. Juli 1937 diente der Guandong-Armee als Anlaß, eine groß angelegte Angriffsoperation zu eröffnen, der Beginn des chinesisch-japanischen Krieges. Die japanischen Truppen eroberten die chinesischen Großstädte Beijing, Tianjin, Shanghai und im Dezember 1937 Nanjing, wo sie durch Massenmorde, Vergewaltigungen, Plünderungen und Brandstiftungen ein Blutbad unter der Zivilbevölkerung anrichteten. Die Zahl der Opfer des sogenannten Nanjing-Massakers ist bis heute umstritten (nach japanischen Angaben 40.000, nach chinesischen Angaben 300.000 Männer, Frauen und Kinder). Die nationalchinesische Regierung zog

Plakat, das zum Kauf von Staatsanleihen auffordert. 1937, nach dem »China-Zwischenfall«, vom Finanzministerium herausgegeben.

sich ins Landesinnere zurück, und der japanische Vormarsch gegen die Truppen des von Tschiang Kaischek (Guomindang, Nationale Volkspartei) und Mao Tsetung (Kommunisten) vorübergehend geschlossenen Zweckbündnisses stagnierte. Bis 1945 hielten die Japaner die Hälfte Chinas besetzt und kämpften gegen chinesische Partisanen.

Nach der Aufkündigung des Flottenvertrags 1936 unterlag Japan keiner Begrenzung der Flottenstärke mehr, und 1938 ermächtigte das Gesetz zur nationalen Mobilmachung die Regierung zur Rationierung von Material und Lebensmitteln. 1940 wurden alle Parteien zu einer einzigen totalitären »Vereinigung zur Unterstützung der kaiserlichen Regierung« (Taisei yokusankai) zusammengeschlossen. Der gesamte Staat wurde zum Zweck einer militärischen Expansion organisiert.

Schon 1938 hatte Premierminister Konoe die »Neue Ordnung« in Ostasien verkündet, die sich gegen die Herrschaft der europäischen Kolonialmächte über die rohstoffreichen Länder Ostasiens richtete (Frankreich: Gummi in Indochina; Niederlande: Öl in Niederländisch-Indien, dem heutigen Indonesien; Großbritannien: Gummi, Zinn, Eisen, Gold, Wolfram, Bauxit in Birma und Malaya). 1940 wurde als Ziel die Schaffung einer »Großostasiatischen Wohlstandssphäre« (Daitōa kyōeiken) formuliert, einer ostasiatischen Wirtschafts- und Verteidigungsgemeinschaft unter japanischer Vorherrschaft.

Dem Antikominternpakt von 1936 zwischen Deutschland und Japan folgte 1940 der Dreimächtepakt zwischen Tōkyō, Berlin und Rom, und 1941 der Nichtangriffspakt zwischen Japan und der Sowjetunion. Als die deutsche Wehrmacht die Niederlande und Frankreich überrannte, schien die Gelegenheit zur

Einnahme der südostasiatischen Besitzungen europäischer Staaten gekommen. Nach der Niederlage
Frankreichs übten die Japaner auf die Vichy-Regierung
Druck aus, sich mit der Stationierung japanischer
Truppen in Indochina einverstanden zu erklären, und
im Juli 1941 besetzte das japanische Militär die französische Kolonie Indochina.

Die USA hatten auf den japanischen Expansions-
drang schon seit 1939 mit stufenweise verschärften
wirtschaftlichen Maßnahmen reagiert. Im Juli 1941
wurden japanische Guthaben in den USA eingefroren,
im August ein Embargo verhängt, das vor allem die
für Japan notwendigen Öl-, Eisen- und Stahlimporte
betraf. Großbritannien und Niederländisch-Indien
schlossen sich den Maßnahmen an. 1941 befand sich
Japan über Monate hinweg in geheimen Verhandlungen mit den USA, um durch eine diplomatische
Lösung für die Lage in China eine Lockerung des
Ölembargos herbeizuführen, traf aber angesichts der

Maximale Ausdehnung
des japanischen
Einflußbereiches

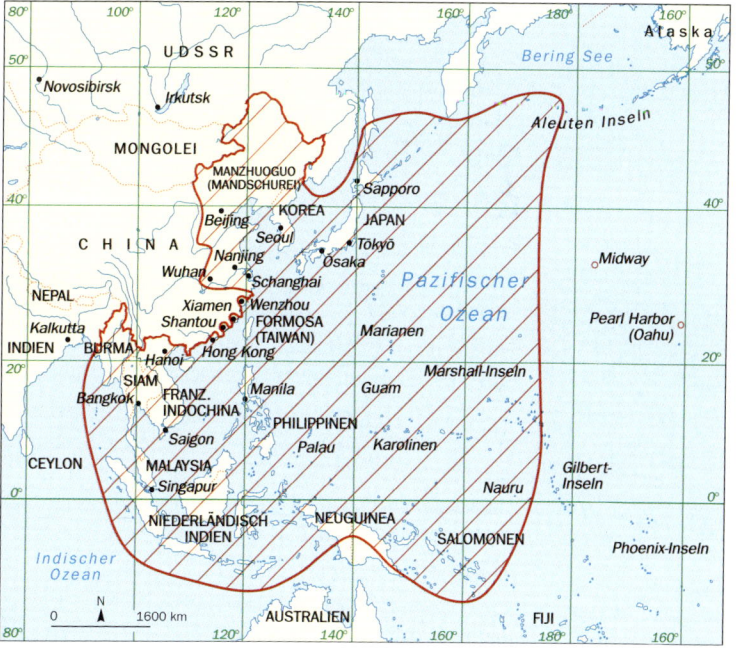

US-amerikanischen Forderungen zeitgleich Vorbereitungen für einen Überraschungsangriff auf Pearl Harbor (auf Oahu, einer Insel des hawaiianischen Archipels, auf der die USA einen der größten Marinestützpunkte im Pazifik errichtet hatten).

Am Morgen des 8. Dezember 1941 (nach Washingtoner Zeit am Sonntag, dem 7. Dezember) bombardierte Japan den US-amerikanischen Marinestützpunkt Pearl Harbor mit einem Verband von insgesamt 353 Flugzeugen. Der Angriff traf die Amerikaner kurz vor acht Uhr am Vormittag vollkommen unvorbereitet. Durch die Explosionen und im darauffolgenden Chaos starben 2.403 Menschen, nach dem Angriff waren die in Pearl Harbor ankernden Schlachtschiffe, Kreuzer und Zerstörer nicht mehr einsatzfähig, knapp 200 Flugzeuge waren völlig zerstört, weitere 150 schwer beschädigt. Die US-amerikanischen Flugzeugträger, die zum Zeitpunkt des Angriffs alle ausgelaufen waren, Reparaturwerkstätten und ein riesiges Tanklager blieben unbeschädigt. Mit der Bombardierung amerikanischer Einheiten auf Pearl Harbor und Luzon (Philippinen) und der zeitgleichen Landung der japanischen Armee auf der malaiischen Halbinsel (britisches Territorium) begann der drei Jahre und neun Monate dauernde Krieg im Pazifik.

Es folgte die rasante Ausbreitung der japanischen Machtsphäre. Innerhalb weniger Monate besetzten die Japaner die wichtigsten Kommunikationsstationen im Pazifik (US-amerikanische Stützpunkte wie Guam und Wake, die britische Kronkolonie Hongkong) und Rohstoffquellen im südlichen Pazifik. Der Krieg war geprägt von Kämpfen um kleine, strategisch wichtige Inseln (Versorgungseinheiten, Landebahnen) und um Geländegewinne in meist unwegsamem Dschungelgebiet.

Im Frühjahr/Sommer 1942 war der Höhepunkt der japanischen Expansion erreicht. Die Halbinsel Malaya, Singapur, die Inseln Niederländisch-Indiens (Indonesien) und der Philippinen waren in japanischer Hand, mit der Besetzung Birmas konnte die Birma-Straße,

General Tōjō, Premierminister von Oktober 1941 bis Juli 1944.

der letzte alliierte Nachschubweg von Indien nach China, gesperrt und China isoliert werden. Die japanischen Truppen waren für den Angriff auf Australien bereit.

Die Bewohner der umkämpften Gebiete reagierten unterschiedlich auf die Offensive der japanischen Armee unter dem Slogan »Asien den Asiaten«. Da man sich vielerorts eine Befreiung von den europäischen Kolonialmächten erhoffte, wurden die japanischen Soldaten in einigen Gebieten willkommen geheißen. Doch bald zeigten sich die Probleme der schnellen japanischen Expansion: Der Nachschub konnte über die ungeheuer weiten Entfernungen zum japanischen Mutterland nicht gesichert werden, Verbrauchsgüter und Lebensmittel wurden knapp. Aufgrund eines Beschlusses von Tōkyō wurde die Administration der eroberten Gebiete dem Militär überlassen, das ohne geschultes Personal einen Verwaltungsapparat schaffen mußte. Da japanische Unternehmen lukrative Geschäfte übernahmen, machten einheimische Unternehmer bankrott. Zahllose Einheimische, die zuvor bei Import- und Exportfirmen und auf großen Landgütern gearbeitet hatten, wurden arbeitslos. Die Löhne sanken, und das ungedeckte Papiergeld, das die Japaner drucken ließen, heizte die Inflation in den besetzten Gebieten noch an. Unabhängigkeitskämpfer, derer sich der japanische Geheimdienst vor der Offensive bedient hatte, ließen die Japaner nach der Besetzung fallen, alle Parteien wurden zur Auflösung gezwungen, Presse und Radio gleichgeschaltet. Ohne Kenntnis der einheimischen Sitten und Gebräuche behandelten japanische Verwalter, Lehrer und Propagandaexperten die Einheimischen herablassend bis tyrannisch, niemandem Rechenschaft schuldig. Geschützt von ihrer gefürchteten Militärpolizei (Kenpeitai) wurden die Japaner zu den neuen Kolonialherren.

Explosion im Hafen von Pearl Harbor am 8. Dezember 1941.

Zerbombtes Tōkyō: Am 10. März 1945 starben bei der Bombardierung von Tōkyō über 100.000 Menschen.

Die europäischen und US-amerikanischen Kriegsgefangenen wurden sehr unterschiedlich behandelt. In einigen Lagern wurden den Gefangenen sehr viele Freiheiten zugestanden, andere Kriegsgefangene mußten gemeinsam mit Einheimischen Zwangsarbeit leisten. Zigtausend Gefangene starben beim Bau einer Eisenbahnstrecke von Bangkok nach Rangun im Dschungel von Thailand und Birma (thematisiert in dem Roman *Die Brücke am Kwai*, verfilmt 1957 von David Lean). Anfang der vierziger Jahre baute die berüchtigte Einheit 731 der japanischen Armee im besetzten China ein Biowaffenprogramm auf und tötete bei Versuchen schätzungsweise 3.000 chinesische Kriegsgefangene.

Als Wendepunkt im Kriegsverlauf gilt die See-Luft-Schlacht von Midway (3.–6. Juni 1942), nach deren Verlust die japanische Marine nicht mehr in der Lage war, in die Offensive zu gehen. Unter dem Oberbefehl von General Douglas MacArthur, Oberbefehlshaber der US-Heeresstreitkräfte im Fernen Osten, begann 1943 die Gegenoffensive der Alliierten. Unter schweren Verlusten eroberten die Alliierten Insel für Insel zurück (»Inselspringen«).

Ab Mitte 1944 wurden pausenlos Bombenangriffe auf japanische Städte geflogen. Angesichts der immer offensichtlicheren Gefahr, daß der Krieg mit einer Niederlage für Japan enden könnte, wurden mehrere tausend junge Männer in fast untauglichen Flugzeugen losgeschickt, um sich auf feindliche Schiffe und Stellungen zu stürzen. Während die Flieger sich selbst als »Sondereinheit« oder »Spezialkommando« bezeichneten, setzte sich in Europa und den USA der Begriff »Kamikaze« für die japanischen Todespiloten durch (s. S. 76). Insgesamt wurden nur zwei feindliche Flugzeugträger und einige Begleitschiffe versenkt, der weitaus größte Teil der ungeübten Flieger wurde von den Gegnern abgeschossen oder stürzte wegen Maschinenschadens ab.

Am 14. Juli 1945 beschossen US-Kriegsschiffe zum ersten Mal japanische Küstengebiete. Bis zuletzt trichterte die japanische Propaganda den Zivilisten ein, sich nicht zu ergeben, da sie unter den Feinden versklavt und ihre Kinder ermordet würden. So begingen Zivilisten beim Anmarsch US-amerikanischer Truppen Massenselbstmord, indem sie sich in ihren Verstecken töteten oder sich von Klippen ins Meer stürzten.

Nach dem Abwurf der ersten Atombombe am 6. August 1945 auf Hiroshima trat zwei Tage später die UdSSR in den Krieg gegen Japan ein und begann ihren Feldzug in der Mandschurei. Am 9. August warfen die USA die zweite Atombombe auf Nagasaki. Am 15. August kapitulierte Japan vor den USA, am 21. August vor der Roten Armee. Der Pazifische Krieg endete für Japan in der absoluten Niederlage.

In einer Radioansprache erklärte Kaiser Hirohito den Krieg für beendet. Mit der bedingungslosen Kapitulation verlor Japan seine Souveränität und wurde dem Alliierten Oberbefehlshaber General MacArthur (SCAP, *Supreme Commander for the Allied Powers*) unterstellt, der am 28. August in Japan landete.

Nach dem Sieg über Japan: General MacArthur (Mitte) mit General Percival (links) und General Wainwright (rechts). Beim japanischen Vormarsch war MacArthur vor dem Fall der Philippinen im März 1942 von der Inselfestung Corregidor nach Australien gebracht worden. Percival und Wainwright verbrachten mehrere Jahre in japanischer Gefangenschaft, nachdem sie in Singapur und auf den Philippinen kapituliert hatten.

Am 2. September 1945 kommt eine japanische Delegation an Bord der Missouri, um die Kapitulationsurkunde zu unterzeichnen.

Obwohl Hiroshima während der Kriege, die Japan im 20. Jh. führte, eine wichtige Militärbasis darstellte, wurde die Stadt bis zum August 1945 von den USA nicht bombardiert, da das US-amerikanische Militär Hiroshima auf einer Liste japanischer Städte führte, die für den Einsatz einer neuartigen Bombe vorgesehen waren. Man schätzt, daß sich im Sommer 1945 ca. 350.000 Menschen in der Stadt aufhielten: einheimische Bevölkerung, evakuierte Zivilisten, nach Hiroshima verlegte Soldaten und mehrere zigtausend koreanische Zwangsarbeiter.

Am 6. August 1945 um 8.15 Uhr warf der für den Transport umgebaute US-amerikanische B29-Bomber Enola Gay ohne Vorwarnung die Atombombe »Little Boy« ab, die in 580 Metern Höhe explodierte. Die Explosion verursachte einen riesigen Feuerball, und die sich rasend ausbreitende Druckwelle riß die Gebäude der Stadt um, fegte Straßenbahnen, Autos, Bäume und Menschen hinweg. Im Hypozentrum (dem Punkt auf dem Boden,

Luftbild des zerstörten Hiroshima. Mit Ausnahme des Stahlgerüsts des Turms im Hypozentrum sind alle Gebäude eingeebnet,

der sich senkrecht unterhalb der Explosion befindet) entstand ein Unterdruck, durch dessen rückläufigen Sog orkanartige Winde aufkamen. Die Winde nährten die Großfeuer, über der gesamten Stadt lagen dichte Staubsäulen. Radioaktiv angereichertes Kondenswasser fiel in schwarzen Tropfen vom Himmel (*black rain*, »Schwarzer Regen«).

Als drei Tage später, am 9. August 1945, um 11.02 Uhr die Plutoniumbombe »Fat Man« in einer Höhe von 500 Metern über Nagasaki explodierte, befanden sich schätzungsweise 250.000 Menschen in der Stadt. Nagasaki liegt auf bergigem Terrain, so daß einige Stadtteile im Schutz von Anhöhen nicht direkt der Explosion ausgesetzt waren.

Die genaue Zahl der Menschen, die in Hiroshima und Nagasaki starben, wird nie zu ermitteln sein, die Schätzungen schwanken stark. In Hiroshima wurden beim Abwurf der Bombe ungefähr 100.000 Menschen, in Nagasaki 70.000 Menschen getötet. In beiden Städten erlagen noch einmal so viele Menschen nach Wochen, Monaten und Jahren ihren Verletzungen. Auch heute noch sterben Menschen an den Spätfolgen der Strahlenschäden.

Bei den Verletzungen handelt es sich um Verbrennungen (Blitzverbrennungen, Brandwunden, sich daraus entwickelnde Geschwülste), mechanische Verletzungen (unter Häusern begraben, innere Druckluftverletzungen an den Lungen)

Im Hypozentrum der Bombe lag der Turm der ehemaligen Industrie- und Handelskammer. Die nackte Stahlkuppel wird heute Atombomben-Dom (Genbaku dōmu) genannt und wurde 1996 von der UNESCO zum Weltkulturerbe erhoben.

und um Strahlenschäden (Zerstörung von Körperzellen).

Nach dem Abwurf der Bomben brach in den beiden Städten jegliche Infrastruktur zusammen. Ströme von Schwerverwundeten bahnten sich einen Weg durch die unwegsamen Straßen auf der Suche nach Wasser, nach überlebenden Angehörigen und nach ärztlicher Hilfe. Niemandem war klar, woher die riesige Sprengkraft stammte. Ein Gerücht über die Bombe (die Amerikaner hätten Benzin ausgespritzt und blitzartig in Brand gesteckt) verdeutlicht die Ahnungslosigkeit der Menschen, die die Symptome der Strahlenkrankheit zunächst gar nicht erkannten.

Die Atombombenopfer *(hibakusha*, inzwischen *hibakusha nisei/sansei*, der zweiten/dritten Generation) wurden lange Zeit gesellschaftlich gemieden und vom Staat vollkommen vernachlässigt. Viele Überlebende versuchten, die Tragödie zu verheimlichen, doch bei den meisten traten zu den körperlichen Beschwerden Depressionen und Schuldgefühle, da sie verschüttete und schwerverwundete Freunde und Verwandte zurücklassen mußten, um sich selbst zu retten. Durch ihre schweren körperlichen Leiden konnten viele nicht mehr ihrer Arbeit nachgehen. Die Angst vor gravierenden Erkrankungen oder mißgebildeten Kindern erschwerte es ihnen, einen Ehepartner zu finden.

Nachdem 1954 ein japanisches Fischerboot in den radioaktiven Fallout einer von der USA zu Testzwecken gezündeten Wasserstoffbombe über dem Bikini-Atoll geriet, engagierten sich viele Japaner in der Anti-Atomwaffen-Bewegung. 1957 wurde ein erstes Gesetz zur medizinischen Hilfe für Strahlenopfer erlassen. Erst ab 1968 erhielten die Opfer unentgeltliche ärztliche Betreuung.

Hiroshima und Nagasaki sind heute komplett neu aufgebaut. Der Zenotaph im Peace Memorial Park (*Heiwa kinen kōen*) von Hiroshima enthält eine Rolle mit den Namen der Opfer, die jährlich ergänzt wird. Nach der Zeit der alliierten Besatzung, während der es verboten war, sich filmisch oder literarisch mit der Atombombe auseinanderzusetzen, entwickelte sich die Literatur über die Katastrophe zu einer eigenen Gattung.

Shōwa II (1945–1989) – Neubeginn und Wirtschaftswunder, made in Japan

Mit der Besetzung durch die Alliierten (1945–52) begann ein grundlegender gesellschaftlicher und politischer Umerziehungsprozeß, die sogenannte »zweite Öffnung Japans«. Mitte der fünfziger Jahre war die entbehrungsreiche Nachkriegszeit politisch und wirtschaftlich überwunden, und die folgenden Jahrzehnte standen unter dem Zeichen eines enormen Wirtschaftsaufschwungs, der allerdings schwere Umweltzerstörungen in Japan und Handelsfriktionen mit dem Ausland mit sich brachte. Inzwischen hat sich Japan zu einer hochmodernen Dienstleistungsgesellschaft entwickelt, die mit den typischen Wirtschaftsproblemen hoch industrialisierter Staaten kämpft, vor allem aber der zunehmenden Überalterung der Bevölkerung begegnen muß.

Das Kriegsende brachte den Zusammenbruch der traditionellen Wertvorstellungen und Lebensstile. Infrastruktur und Industrie waren zerstört, das Geld wertlos geworden, und auf den Schwarzmärkten der zerbombten Städte wurden die letzten Habseligkeiten gegen Nahrungsmittel getauscht. Lebensmittellieferungen aus dem Ausland bewahrten viele Japaner vor dem Hungertod.

Unter General MacArthur, der sich erfolgreich einer Beteiligung sowjetischer Truppen an der Besetzung Japans widersetzt hatte, wurde das Land durch ein radikales Programm politischer Reformen entmilitarisiert und demokratisiert. Die Streitkräfte wurden vollständig abgebaut, das Heeres-, Marine- und Innenministerium aufgelöst und die Rüstungsindustrie zerschlagen. Da Japan alle, auch die vor 1941 eroberten Gebiete zurückgeben mußte (damit auch Taiwan und Korea), verkleinerte sich der Staat auf die vier Hauptinseln, auf die etwa 6,5 Millionen repatriierte Japaner zurückkehrten. Die Reparationszahlungen an asiatische Staaten leistete Japan größtenteils in Warenform, Ausgangspunkt für spätere Exporte.

Am 1. Januar 1946 widerrief Tennō Hirohito in einer

Radioansprache das Dogma seiner Göttlichkeit. Im selben Jahr wurden die Kriegsverbrecherprozesse eröffnet (nicht gegen den Tennō), 1948 dann sieben zum Tode Verurteilte, unter ihnen General Tōjō, hingerichtet.

1946 wurde die neue japanische Verfassung proklamiert. Die Rechte des Tennō wurden eingeschränkt, er gilt seitdem als »Symbol Japans und der Einheit des japanischen Volkes«. Aufgrund der Trennung von Staat und Religion wurde die staatliche Förderung des Shintō verboten. Der den Tennō beratende Geheime Staatsrat wurde aufgelöst, eine unabhängige Rechtsprechung eingeführt.

Yoshida Shigeru (1878–1967) setzte als Premierminister der Nachkriegszeit (von 1946 bis 1954, mit kurzer Unterbrechung) an der Seite General MacArthurs die drastischen Maßnahmen zur Umstrukturierung von Politik und Wirtschaft um und wurde zum Symbol des Wiederaufbaus. Er unterzeichnete 1951 den Friedensvertrag von San Francisco.

Zum ersten Mal in der Geschichte Japans erhielten auch Frauen das aktive und passive Wahlrecht. Das japanische Parlament besteht seitdem aus zwei Kammern, dem Unterhaus *(shūgiin)* und dem Oberhaus *(sangiin)*. Alle Mitglieder beider Kammern werden von allen volljährigen Bürgern gewählt, die des Unterhauses für vier Jahre, die des Oberhauses alle drei Jahre je zur Hälfte für sechs Jahre.

Das Oberhaus muß mit Ausnahme des Haushaltsgesetzes und internationaler Verträge alle Gesetze billigen. Das Unterhaus erhielt weit größere Befugnisse als zuvor. Die ausführende Macht liegt nun allein beim Ministerpräsidenten und seinem Kabinett, die nur dem Parlament verantwortlich sind. Der Ministerpräsident ernennt und entläßt die Minister, die Zivilpersonen sein müssen. Außerdem hat er das Recht zur vorzeitigen Auflösung des Unterhauses und zur Ansetzung von Neuwahlen, ein Recht, von dem bisher fast alle Regierungschefs Gebrauch machten, um bei einer Handlungsunfähigkeit ihrer Regierung ihre Stellung in der Öffentlichkeit und in der eigenen Partei zu festigen.

Tatsächlich regiert in Japan seit ihrer Gründung 1955 mit einer kurzen Unterbrechung von 1993 bis 1996 mit absoluter Mehrheit die LDP (Liberaldemokratische Partei, Jiyū Minshūtō, kurz Jimintō), ein Zusammenschluß verschiedener konservativer und liberaler Gruppen. Die »ewige Opposition« stellte die linkssozialistische SDPJ (Sozialdemokratische Partei Japans, Nihon Shakaitō), die bis in die achtziger Jahre hinein den amerikanisch-japanischen Sicherheitspakt ablehnte und die Selbstverteidigungsstreitkräfte nicht anerkannte.

Die Vorrangstellung der LDP führt der Politologe Paul Kevenhörster auf drei Ursachen zurück: wirtschaftspolitische Kompetenz, politische Patronage (Klientelismus besonders in der Landwirtschaft und dem Kleingewerbe) und die Fähigkeit zur politisch-konzeptionellen Anpassung: Durch die schnelle Aufnahme von Themen erhält die Partei immer wieder ein neues Profil, und Themen der Opposition werden besetzt. Trotzdem ließen wiederkehrende Verstöße gegen das Parteispendengesetz, Korruptionsfälle und Verflechtungen mit der Yakuza, der japanischen Mafia, das Vertrauen in die Politiker schwinden. In die aufsehenerregendsten Skandale waren 1976 das US-amerikanische Unternehmen Lockheed (Zahlungen an hohe japanische Regierungsbeamten) und 1988 Recruit-Kosmos (Kauf noch nicht freigegebener Aktien durch Politiker)

Artikel 9 der japanischen Verfassung

»Im aufrichtigen Streben nach einem auf Gerechtigkeit und Ordnung neu gegründeten internationalen Frieden verzichtet das japanische Volk für immer auf den Krieg als ein souveränes Recht der Nation und die Androhung und die Anwendung von Gewalt als Mittel, internationale Streitigkeiten zu regeln. Um diesen Endzweck des vorangegangenen Abschnitts zu erreichen, werden nie mehr Land-, See- und Luftstreitkräfte sowie weiteres Kriegspotential unterhalten werden.«

Dieser Artikel der Verfassung, der den Unterhalt von Streitkräften ausschloß, ist bemerkenswert. 1950, zur Zeit des Korea-Krieges, wurde allerdings auf Anordnung MacArthurs eine Nationale Polizeireserve geschaffen, aus der 1954 die Selbstverteidigungsstreitkräfte (Jieitai; Heer, Marine und Luftwaffe, heute insgesamt knapp 240.000 Angehörige) hervorgingen. Die Oppositionspartei Shakaitō forderte bis in die achtziger Jahre hinein die Auflösung der Jieitai. Mit Militärausgaben von meist einem Prozent des japanischen Bruttosozialproduktes unterhält Japan einen der größten Verteidigungsetats der Welt, so daß die Selbstverteidigungsstreitkräfte sich zu einer modernen Armee entwickelten. Als wichtigster Verbündeter der USA in Asien stützte sich Japan während des Kalten Krieges sicherheitspolitisch vollkommen auf das Verteidigungsbündnis mit den USA. Für den Unterhalt der zahlreichen US-amerikanischen Militärstützpunkte in Japan kam der japanische Staat auf.

verwickelt. Nach jeder Wahl wurden konsequente Reformen in der Politik angekündigt, doch Reformen sind schwierig, denn mehr als ein Drittel der Abgeordneten des Unterhauses sind Söhne und Enkel früherer Abgeordneter, die ihre Wahlkampfmaschinerie an ihre Nachfolger weitergeben. Die Partei ist außerdem seit jeher in sogenannte Faktionen *(habatsu)* gespalten, in deren Rahmen prominente Politiker mit ihrer jeweils eigenen Gefolgschaft um die innerparteiliche Macht konkurrieren. Fehlt einem Regierungschef die Unterstützung durch die Anführer der Faktionen, kann er das trotz großer Popularität bei der Wählerschaft nicht ausgleichen, was zu häufigen Wechseln des politischen Führungspersonals innerhalb der Partei führt.

Im Sommer 1993 wurde die LDP schließlich nach vorgezogenen Wahlen zum ersten Mal Oppositionspartei. Ministerpräsident wurde Hosokawa Morihiro (Nihon Shintō, Neue Japan-Partei), der die LDP verlassen hatte und nun einige Reformen, wie die zur Wahlkreiseinteilung, durchführte. Doch schon 1994 war die LDP wieder an der Regierungskoalition beteiligt, und 1996 erlangte sie erneut die absolute Mehrheit im Unterhaus.

Durch die Gründung verschiedener neuer Parteien, mehr oder weniger kurzlebige Erneuerungsbewegungen und Koalitionen, die durch Abspaltung von den traditionellen Parteien entstanden, veränderte sich das politische Spektrum. Inzwischen hat sich ein Zwei-Parteien-System formiert, in dem die DPJ (Demokratische Partei Japans, Nihon minshutō) die Oppositionspolitik bestimmt.

1951 unterzeichneten Japan und die USA den Friedensvertrag in San Francisco und ratifizierten gleichzeitig den japanisch-amerikanischen Sicherheitsvertrag. Das Ende der alliierten Besatzung (1952, außer Ryūkyū, das bis 1972 unter US-amerikanischer Verwaltung stand) fiel in die erste Hochkonjunktur nach dem Zweiten Weltkrieg: Mit dem Beginn des Korea-Krieges (1950–53) erlebten Industrie und Handel in Japan einen steilen Aufschwung, denn die US-amerikanischen

Yakuza
Die ursprünglichen Betätigungsfelder des organisierten Verbrechens sind Glücksspiel, Prostitution, Drogen, Schutzgelderpressung und Kreditbeschaffung. Die Yakuza-Syndikate verfügen über enorme Finanzmittel, die sie im Baugewerbe, bei Grundstücksspekulationen und im Aktiengeschäft einsetzen. Einige Gruppen spezialisierten sich auf die Erpressung von Aktiengesellschaften, indem sie Unannehmlichkeiten auf Aktionärsversammlungen androhten und bei den Versammlungen für Unruhe sorgten. Die einzelnen Gruppen basieren auf einer straffen, auf unbedingte Loyalität ausgerichteten Hierarchie.

Basen im Land brachten Devisen und Investitionen (Infrastruktur für Versorgung, Krankenhäuser usw.). 1955 entsprach der Konsum pro Kopf zum ersten Mal wieder dem der Vorkriegszeit, und Ende der fünfziger Jahre verlor der Agrarsektor seine bisherige Dominanz.

Obwohl Japan über fast keine Rohstoffe verfügt – Eisenerze, Bauxit, Rohöl oder Steinkohle müssen zu hundert Prozent aus dem Ausland importiert werden –, nahm das Land das Risiko der hohen Weltmarktabhängigkeit auf sich und konzentrierte sich wirtschaftlich auf extrem rohstoffabhängige Sektoren: auf schwer- und petrochemische Industrien (vor allem Stahl, Schiffsbau) sowie auf Konsum- und Ausstattungsgüter (Fahrzeuge, Elektrogeräte, Kameras und Unterhaltungselektronik). In Japan entstanden infrastrukturell hervorragend angelegte Großhäfen mit integrierten Erdölraffinerien, Hüttenwerken und Großwerften. Mitte der fünfziger Jahre öffneten die USA den Markt für japanische Produkte, die zunächst als nicht konkurrenzfähig betrachtet wurden, denn ein technologisch und wirtschaftlich überlegener asiatischer Konkurrent war nicht vorstellbar.

Während der Hochwachstumsphase in den sechziger Jahren belief sich das jährliche reale Wirtschaftswachstum auf durchschnittlich über 10 Prozent, und im Ausland staunte man über einen von anderen Industriestaaten abweichenden Führungsstil, fremde Prozesse der Entscheidungsfindung und die japanische Arbeitsethik, die Firmen- über Privatinteressen stellte. Tatsächlich waren die Ursachen für das »Wirtschaftswunder« vielfältig. Die Bevölkerung verfügte über ein hohes Ausbildungsniveau, war zum Sparen und zum Zurückstecken privater Bedürfnisse bereit (lange Arbeitszeiten, unzumutbare Wohnverhältnisse, beleidigend bezeichnet als *rabbit hutches*, »Kaninchenställe«, in einem amtlichen Papier der EG). Soziale Absicherungen existierten kaum.

Gleichzeitig entwickelte sich in der Wirtschaft die duale Struktur von wenigen Großunternehmen auf der einen und einer Masse von kleinen und mittleren Betrieben auf der anderen Seite. Während die Angestellten der Großunternehmen zahlreiche Privilegien genossen (Beförderung nach Dienstalter, lebenslange Beschäftigung, Unternehmensrente, Firmenwohnungen, Kredite und Zulagen), galten die Arbeitsstellen der kleinen und mittleren Unternehmen als »3-K-Jobs«: *kitanai* (schmutzig), *kitsui* (anstrengend) und *kiken* (gefährlich). Als Subunternehmer oder Zulieferer waren und sind sie nach wie vor mit den Großen eng verbunden.

Junge Japanerin in traditioneller Kleidung

Theorien über das Japanischsein

Die zahlreichen *Nihonron* (Japandiskurse) bzw. *Nihonjinron* (»Theorien über Japaner«, also Nationalcharakterstudien) stellen Versuche dar, das Charakteristische Japans bzw. der japanischen Persönlichkeit anthropologisch, soziologisch, psychologisch oder kulturell zu fassen. Als Vergleich werden meist nicht andere asiatische Gesellschaften, sondern ein nicht näher differenzierter »Westen« (USA und die Staaten Europas) herangezogen.

Als Ausgangspunkt der Japandiskurse gilt die Abhandlung *The Chrysanthemum and the Sword,* verfaßt von der US-amerikanischen Kulturanthropologin Ruth Benedict während des Zweiten Weltkriegs. Die Studie zielte auf ein besseres Verständnis des Kriegsgegners Japan.

Seit Kriegsende wurden sowohl von Japanern wie auch von Ausländern zahllose Abhandlungen über Japan verfaßt. Aoki Tamotsu unterscheidet vier Phasen: In der Nachkriegszeit (1945–54) stand die Rückständigkeit bzw. Minderwertigkeit Japans im Mittelpunkt. Mitte der fünfziger bis Mitte der sechziger Jahre erfaßten die Autoren die Chance der Kombination von westlichen und japanischen Einflüssen, das Selbstvertrauen wuchs. Ab Mitte der sechziger Jahre erschien dann eine Masse an Abhandlungen zur Überlegenheit des sog. japanischen Systems als Erklärung für den wirtschaftlichen Aufstieg, mit den anhaltenden Wirtschaftsfriktionen allerdings auch zunehmend kritische Veröffentlichungen vor allem von ausländischen Autoren. Seit Mitte der achtziger Jahre steht die sogenannte »Internationalisierung« *(kokusaika)* Japans im Mittelpunkt der Debatte: Der Forderung nach einer dem Ausland gegenüber offeneren Haltung stehen Schriften gegenüber, die die relative Geschlossenheit der japanischen Gesellschaft zu begründen versuchen. Aktuell sind Debatten um die Haltung zu asiatischen Nachbarländern und die Eingliederung in die internationale Staatengemeinschaft.

Strategische Netzwerke von Geschäftskonzernen sicherten die hohe Geschlossenheit von Produktions- und Zulieferketten. Die Unternehmensverbände, die sich in der Meiji-Zeit entwickelt hatten, wurden zwar während der Besatzungszeit entflochten, organisierten sich jedoch als Verbundgruppen *(kigyō keiretsu,* wörtlich »Unternehmensreihe«, »-linie«) bald neu. Da große Anteile ihrer Aktien nicht an der Börse gehandelt, sondern von Unternehmen im Verbund gehalten werden, mußten nicht ständig kurzfristige Gewinne angestrebt werden, sondern es konnte in Vorhaben mit langen Vorlaufzeiten investiert werden.

Gelenkt wurde die Wirtschaft durch staatliche Interventionen, vor allem durch das inzwischen schon legendäre MITI (damals Ministerium für internationalen Handel und Industrie, heute METI, Ministerium für Wirtschaft, Handel und Industrie). Mit seinem Apparat gut geschulter Beamter verfügte das MITI über eine herausragende Stellung innerhalb der Regierung und gegenüber dem Außenministerium, das nur einen vergleichsweise kleinen Mitarbeiterstab unterhielt. Außenpolitik wurde und wird als Außen*handels*politik verstanden. Das MITI entwickelte fünf- bis zehnjährige Wirtschaftspläne und legte damit Vorgaben etwa zur Größe bestimmter Wirtschaftszweige, zu Subventionen, dem Außerkraftsetzen von Wettbewerb in bestimmten Bereichen und der Förderung des Exports in einzelnen Wirtschaftssektoren vor.

Für die Abstimmung zwischen Privatwirtschaft, Banken, Politik und Ministerialbürokratie entstand der Begriff »Japan, Inc.« (»Japan AG«). Die engen Verflech-

Fernsehen
1953 begann der öffentlich-rechtliche Sender NHK (Nihon hōsoku kyōkai, Staatliche japanische Rundfunkgesellschaft) mit der Ausstrahlung seines programms, ein halbes Jahr später der Privatsender Nihon terebi *(terebi,* »Fernsehen«, von engl. »televi[sion]«). Heute gibt es neben Nihon terebi vier weitere große Privatsender: TBS terebi (Tōkyō Broadcasting System), Fuji terebi, Terebi Asahi und Terebi Tōkyō.

Fernsehserien mit historischem Subjet erzielen seit Jahrzehnten hohe Einschaltquoten. NHK produziert jährlich eine neue Serie, die entweder vom Hofadel des Altertums, von den Kriegern oder den Ständen der Edo-Zeit handelt.

tungen zeigen sich auch auf personeller Ebene: Viele hochrangige Beamte übernehmen nach ihrer Pensionierung politische Ämter oder hohe Positionen in der Wirtschaft *(amakudari,* wörtlich »vom Himmel herabsteigen«).

Während der eigene Markt abgeschottet wurde, sorgte die Exportoffensive in den ausgewählten Marktsegmenten (Audio, Video, Fahrzeuge) durch Dumping und gezielte Produktausrichtung auf den US-amerikanischen Kunden für die nachhaltige Schädigung der dortigen Industrien. In den siebziger Jahren wurden japanische Produkte zur ernstzunehmenden Konkurrenz, die achtziger Jahre waren von Handelskonflikten geprägt, die mehrmals kurz davorstanden, in einen Handelskrieg zu münden.

Der wirtschaftliche Aufstieg wurde von Prestigeobjekten (Inbetriebnahme des Shinkansen, aufsehenerregende Bauprojekte) und internationalen Veranstal-

Kurz vor der Olympiade in Tōkyō 1964 wurde der erste Autobahnabschnitt in der Hauptstadt fertiggestellt.

Der Hochgeschwindigkeitszug Shinkansen

Als in den fünfziger Jahren nach einer neuen Transportform gesucht wurde, schien der Hochgeschwindigkeitszug Shinkansen so abwegig, daß es schwierig war, das notwendige Kapital zu beschaffen, und es mußten Darlehen von der Weltbank aufgenommen werden. Trotz aller technischer Schwierigkeiten wurde die erste Teilstrecke, die Tōkaidō-Linie zwischen Tōkyō und Ōsaka, in nur fünfeinhalb Jahren pünktlich zur Eröffnung der Olympischen Spiele am 1. Oktober 1964 freigegeben. Die Züge, die schon damals mit mehr als 200 Stundenkilometern verkehrten, erlangten eine so breite Akzeptanz, daß schon 1968 Gewinne eingefahren werden konnten. Noch heute hat der Shinkansen eine hohe Auslastung, denn die Züge bieten einen auf die Minute pünktlichen Verkehrsablauf und einen unübertroffenen Sicherheitsstandard. Der Flugverkehr ist nur über einige wenige Langstrecken konkurrenzfähig, das gebührenpflichtige Autobahnnetz in den Metropolregionen ständig überlastet. 1964 war Japan nach Indien der zweitgrößte Empfänger von Darlehen der Weltbank. 1990 zahlte Japan die letzten Darlehen zurück, und schon in den achtziger Jahren wurde es größter Geberstaat von Entwicklungshilfe. Die nach dem Zusammenbruch der »Seifenblasenwirtschaft« Anfang der neunziger Jahre notwendigen Ausgabenkürzungen führten zur Diskussion um eine Wende in der Entwicklungshilfe (von Quantität hin zu besserer Betreuung).

tungen (1964 Olympiade in Tōkyō, 1970 Weltausstel-
lung in Ōsaka, 1972 Winterspiele in Sapporo) begleitet.

Schon in den Jahren 1959–60 hatten hunderttausen-
de Bürger heftigen Widerstand gegen die Verlängerung
des japanisch-amerikanischen Sicherheitsvertrages ge-
leistet. Im Straßenprotest formierte sich ein buntes
Spektrum verschiedenster Widerstandsgruppen (Bür-
gerinitiativen, Studenten- und Gewerkschaftsbewegun-
gen, Friedensgruppen). 1960 wurde das Nachfolgeab-
kommen schließlich doch unterzeichnet, und Japan
war weiterhin wichtige Nachschub- und Operationsba-
sis der USA. Während der sechziger Jahre rebellierte
wie in den USA und in Westeuropa die Studenten-
schaft, und es entstanden große Protestbewegungen
gegen den Vietnam-Krieg. Zu Massenprotesten führte
1966 das behördliche Vorgehen beim Bau des 70 Kilo-
meter von Tōkyō entfernt liegenden internationalen
Großflughafens Narita. Das staatliche Bauprojekt wurde über die Köpfe der Bürger hinweg ohne Einhaltung
jeglicher demokratischer Prinzipien durchgeboxt, die
ansässigen Bauern sollten zwangsenteignet werden.
Mit Unterstützung linker Gruppierungen leistete der
Großteil der betroffenen Bauern massiven Widerstand.

Seit Anfang der sechziger Jahre waren unzählige
Krankheits- und auch Todesfälle unübersehbar auf die
Verschmutzung der Umwelt zurückzuführen. Die beiden größten Skandale waren die Minamata-Krankheit,
benannt nach einer Meeresbucht an der Westküste
Kyūshūs, und die Itai-Itai-Krankheit *(itai*, Ausdruck des
Schmerzes), am Fluß Jinzū, Präfektur Toyama. Beide
Krankheiten wurden durch Schwermetalle (Quecksil-
ber, Kadmium) verursacht, die Industrieunternehmen
in Gewässer einleiteten. Daneben häuften sich in den
Ballungszentren die Atemwegserkrankungen. Ende
der sechziger Jahre wurden die ersten Umweltgesetze
erlassen, die allerdings noch locker gehandhabt wurden. Erst nach Wählerverlusten, militanten Demon-
strationen und der Verhinderung von Industrievorha-
ben durch Kommunen überdachte die Regierung ihre
Umweltpolitik. Nachdem Geschädigten in vier großen

Farbige Leuchtreklamen und Laternen in Tōkyō.

Umweltschutzprozessen hoher Schadenersatz zugesprochen worden war, wurde 1970 eine Reihe von im
internationalen Vergleich vorbildlichen Umweltschutz-
gesetzen und -verordnungen erlassen. Im Zentrum
standen die Minderung der Schadstoffemissionen und
die Kostenbeteiligung von Unternehmen bei Sanierun-
gen.

Nachdem das Umweltthema an Brisanz verloren hat,
bleiben zahlreiche Probleme, wie die Belastung der Gewässer und die Lärmbelästigung, die riesigen Abfall-
mengen und der exzessive Energieverbrauch. Obwohl
es in den neunziger Jahren einige Störfälle in der Atom-
wirtschaft gab, setzt die Regierung mit dem Haupt-
argument der totalen Abhängigkeit von Rohstoffen aus
dem Ausland weiterhin auf Kernenergie.

Mitte der siebziger Jahre glich die japanische Wirt-
schaftsstruktur zum ersten Mal der europäischer Industriestaaten: Nur noch 10 Prozent der Gesamtbevölkerung arbeitete in der Landwirtschaft, und über 50 Prozent aller Erwerbstätigen waren im Dienstleistungssektor
beschäftigt. Obwohl die beiden Ölkrisen von 1973 und
1978 beträchtliche Einbußen brachten, standen die
siebziger und achtziger Jahre noch ganz unter dem
Zeichen des Wirtschaftsaufschwungs. Innerhalb einer
Generation war Japan zur Wirtschaftsgroßmacht geworden.

Nach wie vor überstieg der Export bei weitem den
Import, was zu schweren Handelsfriktionen zwischen

Shintō-Schrein vor einer Hochhausfront in Tōkyō.

den USA und Japan führte. Während die japanische Seite auf das hervorragende Preis-Leistungs-Verhältnis ihrer Produkte verweist, sahen (und sehen) US-amerikanische Politiker die Ursache für Japans riesige Handelsüberschüsse in den Unternehmensstrukturen und der protektionistischen Politik. Unter Sanktionsandrohungen, mit Strafzöllen, Sonder- und Vergeltungsmaßnahmen forderten die USA wiederholt Zugang für US-amerikanische Firmen zum japanischen Markt.

1985 bewirkten die USA, Frankreich, Japan, Deutschland und Großbritannien durch eine Abwertung des Dollars eine massive Aufwertung des Yen *(endaka)*. Doch obwohl sich damit japanische Exporte verteuerten, wurde Japans Exportoffensive nicht gestoppt. Die japanischen Unternehmen reduzierten ihre Kosten, indem sie Produktionsprozesse optimierten, Personal abbauten *(lean management)* und Betriebe ins asiatische Ausland auslagerten *(kudōka,* wörtlich »Aushöhlung«). Obwohl in vielen Fällen der Selbstkostenpreis unterschritten wurde, hielten sie an ihren Märkten fest. Die höhere Kaufkraft des Yen führte im Gegenzug zu japanischen Käufen von US-Unternehmen, Immobilien und Kunstobjekten (darunter Prestigeobjekte wie das Rockefeller Center in New York oder Columbia Pictures), und schürte noch die Angst vor der nicht aufzuhaltenden Wirtschaftsmacht, die gegen alle Probleme der westlichen Industriemächte immun zu sein schien. Das Schlagwort der Zeit, *Japan bashing*

(»Einprügeln auf Japan«), bezeichnete nicht nur das symbolische Zertrümmern japanischer Produkte im Ausland, sondern im übertragenen Sinne auch die aus japanischer Sicht vollkommen ungerechtfertigte und überzogene Kritik an Japan.

1989/90 erreichte die Spekulationswirtschaft (*bubble economy*, wörtlich »Seifenblasen-Wirtschaft«) ihren Höhepunkt. Es war die Zeit des uneingeschränkten Privatkonsums und der Börsenspekulationen, die jeglicher realen Basis entbehrten. Astronomische Bodenpreise und grenzenlos überbewertete Immobilien dienten als Sicherheit für Finanzgeschäfte unglaublichen Ausmaßes. Der Nikkei-Index lag bei knapp 40.000 Punkten, bis er 1990 innerhalb eines Jahres auf knapp 24.000 Punkte fiel und sich seitdem meist unter 20.000, zeitweise gar unter 10.000 Punkten bewegt. Finanzinstitutionen, Immobilienkonzerne und Unternehmen brachen zusammen.

Die japanische Regierung stützte die Bankbranche mit umgerechnet vielen Milliarden Euro, doch in den folgenden Jahren der Wirtschaftskrise dominierten Nachrichten über Rekordverluste, steigende Arbeitslosenzahlen und wachsende Staatsverschuldung die Schlagzeilen. Die Konzerne regierten auf die schlechte Wirtschaftslage mit der Umstrukturierung ihrer Firmen und mit Auslagerungen ins Ausland, die in Japan Entlassungen nach sich zogen.

Neben der Auslagerung soll jetzt die Rationalisierung des tertiären Sektors die Wirtschaft entlasten: Die für den Konsumenten angenehmen, allerdings teuren Dienstleistungen sollen abgebaut werden. Gleichzeitig stehen die einst so gepriesenen Besonderheiten der japanischen Firmenkultur, die zwar die Harmonie fördern, Entscheidungen aber schwerfällig machen, auf dem Prüfstand.

Heisei (seit 1989) – Politik, Wirtschaft und Gesellschaft auf dem Weg ins 21. Jahrhundert

1989 hatte nach dem Tod von Tennō Hirohito (postum: Shōwa-Tennō) sein Sohn Akihito den Thron bestiegen

(Beginn der Heisei-Ära). Das Ende des Kalten Krieges und der Zusammenbruch der Sowjetunion erforderten auch in Japan ein Umdenken in der Außen- und Sicherheitspolitik und die Suche nach einer neuen Rolle in der internationalen Staatengemeinschaft. Vor dem Hintergrund der ersten militärischen Intervention der USA im Nahen Osten entbrannte 1991 die Diskussion um eine Beteiligung Japans, mit 13 Milliarden US-Dollar Hauptgeldgeber des Golfkrieges. Im Juni 1992 verabschiedete das Parlament nach langen und heftigen Debatten um die Frage, ob eine Verfassungsänderung notwendig sei, das »Gesetz über die friedenssichernden Operationen der UN« (PKO-Gesetz, *peace keeping operations*), und im September 1992 wurden die ersten Angehörigen der Selbstverteidigungsstreit-

Die Metropole Tōkyō

Heute ist der Großraum Tōkyō das mit Abstand größte japanische Ballungszentrum, in dem sich Politik, Wirtschaft, Finanzwelt und Kultur konzentrieren. In Tōkyō und den umliegenden drei Präfekturen Saitama, Ibaraki und Chiba leben 23 Prozent der Gesamtbevölkerung, und dementsprechend hoch sind Grundstücks- und Mietpreise. Die enge Bebauung setzt sich weit über die Grenzen der Präfektur Tōkyō hinaus fort, und die immense Ausdehnung fordert von vielen Einwohnern stundenlanges tägliches Pendeln. Immer wieder wird die Verlegung des Regierungssitzes diskutiert, um der Konzentration entgegenzuwirken und aus der Befürchtung heraus, daß bei einem großen Erdbeben die Verwaltung lahmgelegt sein wird. Doch bisher konnten nationale Raumordnungspläne die Zentralisierung nicht aufhalten, die Regionen außerhalb der Ballungszentren sind durch ihre infrastrukturelle Unterentwicklung zu wenig attraktiv. Nach wie vor wird in der Bucht von Tōkyō Neuland gewonnen. Der Boden stammt von vorgelagertem Meeresgrund und aus dem bergigen Umland von Tōkyō, das abgetragen, eingeebnet und damit besiedelbar gemacht wird.

Die Straßenzüge bieten einen chaotischen Anblick. Da keine städtebauliche Gesamtplanung im europäischen Sinne existiert, sind Neubauten abgesehen von Auflagen des Erdbebenschutzes keinen Reglementierungen unterworfen – ein großes Experimentierfeld für Architekten, die einen geplanten Neubau nicht an das städtebauliche Umfeld anpassen müssen, sondern unter dem Gesichtspunkt der Funktionalität und dem Diktat der hohen Grundstückspreise entwerfen. Durch die immer wiederkehrenden Katastrophen, aber auch durch das fehlende Interesse, historische Gebäude zu erhalten, erneuerte sich die Stadt rasant und wirkt weitgehend geschichtslos.

Panorama von Tōkyō.

kräfte als UN-Friedenstruppe nach Kambodscha entsandt. Dem beständigen Druck aus dem Ausland, eine
der starken Wirtschaft angemessene globale Verant-
wortung zu übernehmen, steht die Angst der asiatischen Nachbarn gegenüber, Japan könne sich erneut
zu einer politischen und militärischen Großmacht ent-
wickeln. Taktlose Äußerungen japanischer Politiker
und beschönigende Darstellungen der jüngeren japanischen Geschichte in Schulbüchern gaben mehrmals
Anlaß für diplomatische Verstimmungen zwischen Japan und seinen Nachbarstaaten, vor allem China und
Südkorea.

Wirtschaftlich bestimmend sind im asiatisch-pazifi-
schen Raum nach wie vor die USA und Japan. Auch
wenn zwischen Washington und Tōkyō kein Vertrau-
ensverhältnis besteht, gibt es für die USA keinen vergleichbar abhängigen und damit kalkulierbaren Partner in Asien. Japans Nachbarstaaten weisen vollkommen unterschiedliche Regierungssysteme und
wirtschaftliche Standards auf. Mit der Sowjetunion
streitet Japan seit Jahrzehnten um vier Kurilen-Inseln
im Nordosten von Hokkaidō. Nach dem sogenannten
»Nixon-Schock«, also der Annäherung zwischen den

Das Rathaus von Tōkyō, entworfen vom japanischen Stararchitekten Tange Kenzō, 1991 fertiggestellt. Die beiden Türme erinnern an die Kathedrale Nôtre Dame von Paris.

USA und China, normalisierten sich ab 1972 auch die Beziehungen zwischen Japan und der VR China mit der Unterzeichnung einer gemeinsamen Erklärung, in der Japan die Regierung der Volksrepublik als die einzig rechtmäßige anerkannte. Obwohl das Verhältnis zwischen den beiden Staaten von militärischer Rivalität geprägt ist, entstanden mit der chinesischen Liberalisierungspolitik enge wirtschaftliche Verbindungen. Nach der Unterzeichnung des Abkommens mit der VR China führt Japan seine Kontakte zu seinem Wirt-

Überalterung

Dringlichstes Problem ist die Überalterung der Gesellschaft und die damit verbundene Finanzierung der sozialen Sicherungssysteme. 2025 wird ein Viertel der Bevölkerung älter als 65 Jahre sein. Immer weniger ältere Menschen leben noch mit ihren Kindern in einem Haushalt zusammen, so daß auf den Staat höhere Sozialausgaben zukommen werden als in der Vergangenheit, als die ältere Generation von Töchtern und Schwiegertöchtern gepflegt wurde.

Ausschnitt aus einer Wahlwerbung der Partei Kōmeitō, die die Sicherheit der Renten auch in 100 Jahren verspricht, Zeitungsbeilage im November 2003 vor der Unterhauswahl.

schaftspartner Taiwan auf inoffiziellem Wege fort. Auch zu Südkorea hat Japan enge wirtschaftliche Beziehungen, obwohl das Verhältnis zwischen den beiden Staaten durch die Kolonialzeit und die Kriegsvergangenheit sehr belastet ist. Die diplomatischen Kontakte zu Nordkorea können nur als eisig bezeichnet werden. Erst nach Jahrzehnten wurde ein Teil der nach Nordkorea verschleppten Japaner freigelassen. Immer wieder kommt es zu Zwischenfällen, und die Unsicherheit über Nordkoreas Atomwaffenprogramm wird als wachsende Bedrohung empfunden. Die ASEAN-Staaten (Vereinigung südostasiatischer Staaten, seit 1967) bilden ein großes, differenziertes Wirtschaftsgebiet und gelten als heranwachsende wirtschaftliche Konkurrenten. Nach dem Ölschock von 1973 tätigte Japan vor allem in Indonesien und Malaysia Investitionen zur Sicherung seines Rohstoffnachschubs. Australien exportiert nach Japan Rohstoffe und importiert japanische Industrieprodukte.

Probleme der Gegenwart sind nach wie vor die langen Arbeitszeiten, das generell hohe Preisniveau (vor allem aber für Grundstücke, Immobilien und Mieten), die fehlenden Möglichkeiten zur Naherholung in den Ballungsgebieten und das stundenlange Pendeln im Berufsverkehr in Vorortzügen mit über 200 Prozent Auslastung.

Über Straßen winden sich in einigen Metern Höhe Autobahnen auf Betonpfeilern durch die Häuserreihen. – In den engen Gassen drängen Blumentöpfe der handbreiten Vorgärten auf die Straße hinaus.

Aus einem Prospekt für besondere Speisen zum Neuen Jahr des Kaufhauses Mitsukoshi.

Neujahr

Das höchste Fest im Jahresablauf ist Neujahr. Gegen Jahresende häufen sich die »Feiern zum Vergessen des alten Jahres« *(bōnenkai)*. Vor dem Jahreswechsel wird das Haus gründlich gereinigt und mit einem Gesteck aus Kiefer, Bambus und Pflaume *(shōchikubai)*, den »Freunden der kalten Jahreszeit«, geschmückt. Am Abend des 31. Dezember *(ōmisoka)* werden zur alljährlichen NHK-Fernsehshow *Kōhaku uta gassen*, einem Gesangswettbewerb zwischen einer »roten« und einer »weißen« Mannschaft, *toshikoshisoba* (»Nudeln zum Abschied des alten Jahres«) aufgetischt, um Mitternacht läuten die Glocken der Tempel 108 Mal. An den folgenden drei Tagen *(oshōgatsu)* steht das wirtschaftliche Leben tatsächlich still (im Gegensatz zu den Wochenenden, an denen Geschäfte geöffnet sind). Bei den Familientreffen werden besondere Neujahrsspeisen *(osechiryōri)* gereicht, der Verzehr spezieller Reiskuchen *(mochi)* verspricht ein langes Leben. Beim Besuch buddhistischer Tempel und shintoistischer Schreine *(hatsumōde)* bittet man um Beistand für das neue Jahr. Nicht nur die Familie, sondern auch Freunde und Bekannte, denen man sich verpflichtet fühlt, werden mit Geschenken *(seibo)* bedacht: aufwendig verpackte, haltbare Lebensmittel, Delikatessen, Geschenkgutscheine. Die Neujahrskarten auch von entferntesten Bekannten dienen vor allem zur Aktualisierung des eigenen Adressenverzeichnisses.

Obwohl viele Frauen eine Kurzuniversität *(tandai)* besucht haben, wurde ihre Tätigkeit in Großfirmen bisher meist auf wenig verantwortungsvolle Verwaltungsaufgaben reduziert. Von wichtigen Entscheidungen ausgeschlossen, blieb den sogenannten »Blumen am

Arbeitsplatz« ein Aufstieg verwehrt, da man still-
schweigend davon ausging, daß Frauen mit der Heirat
oder spätestens mit der Geburt des ersten Kindes aus
dem Berufsleben ausscheiden sollten. Nach ihrem
Wiedereinstieg arbeiten die meisten Frauen offiziell als
Teilzeitkräfte, leisten allerdings oft genauso viele Ar-
beitsstunden wie Vollzeitbeschäftigte. Um Frauen im
Berufsleben zu fördern, wurde 1986 das Gesetz zur
Gleichstellung von Mann und Frau im Beruf und 1992
das Gesetz zum Erziehungsurlaub erlassen. Da inzwischen erstmals eine eigenständige berufliche Existenz
auch für Frauen gesellschaftlich akzeptiert ist, andererseits der Erziehungsurlaub in den meisten Betrieben
noch nicht geregelt ist, zeichnet sich die Tendenz ab,
daß Frauen immer später heiraten oder gar keine Fa-
milienpläne mehr haben.

Bisher bewegen sich Familienväter und ihre Famili-
en in der Regel in vollkommen unterschiedlichen All-
tagswelten. Lange Arbeits- und Pendelzeiten oder eine
Versetzung für einige Jahre in die Filiale einer anderen
Stadt *(tanshin funin)* lassen den Männern oft keinerlei
Möglichkeit, am Leben ihrer Familie teilzuhaben. Bei
einer Versetzung bleibt die Familie am ursprünglichen

Prospekt für den Druck
von Neujahrskarten für
das Jahr 2004 (Jahr des
Affen) mit Name und
Adresse des Absenders.

Oberschüler in den typischen Schuluniformen.

Wohnort zurück, um den Kindern den Wechsel von Schule und sozialem Umfeld zu ersparen. Viele Mütter erledigen die Haushaltsarbeit, verwalten das Geld, unterstützen ihre Kinder im schulischen Fortkommen und sind als Elternsprecherinnen oder in der Schulbibliothek aktiv.

Das japanische Schulsystem orientiert sich am US-amerikanischen Modell (6–3–3–4 [Jahre], Grundschule, Mittelschule, Oberschule, Hochschule). Die Schulpflicht umfaßt die neun Jahre der Grund- und Mittelschule, doch über 90 Prozent der Schüler eines Jahrgangs besuchen auch die Oberschule. Mit diesem Bildungsstand liegt Japan an der Weltspitze.

Nicht der Abschluß der Oberschule, sondern das Eingangsexamen einer Hochschule berechtigt zum Zugang zur Universität. Japan verfügt über ca. 450 Universitäten (davon über zwei Drittel privat) von sehr unterschiedlichem Niveau. Das höchste Ansehen genießt die Universität von Tōkyō (Tōkyō daigaku, kurz Tōdai): Ein Drittel der höheren Positionen in Wirtschaft, Politik und Verwaltung belegen ehemalige Tōdai-Studenten. Japan gilt als »Bildungsganggesellschft« *(gakureki shakai)*, in der der Gedanke stark ausgeprägt ist, daß das Durchlaufen der richtigen Bildungsinstitution im späteren Leben beruflich und sozial belohnt wird. Da eine angesehene Universität Berufschancen in Privatwirtschaft, Regierungsbehörden und Bildungsinstitutionen erhöht, ist der Schwierigkeitsgrad der berühmt-berüchtigten Zugangsprüfungen entsprechend hoch *(shiken jigoku,* wörtlich »Examenshölle«). Um die Kinder rechtzeitig auf die Prüfungen vorzubereiten, existieren neben den staatlichen Schulen Zigtausende von privaten Zusatzschulen *(juku),* die fast alle Schüler jeder Klassenstufe am Nachmittag und Abend besuchen. *Juku* sind keine reinen Nachhilfeschulen, denn auch die besten Schüler besuchen sie und lernen manchmal schon den Stoff für das kommende Schuljahr.

Der schönste Tag

Inzwischen haben Liebesheiraten *(ren'ai kekkon)* die traditionellen arrangierten Ehen *(miai kekkon)* weitestgehend verdrängt. Den großen Tag lassen sich Japaner sehr viel kosten, und die pompöse Ausstattung von Hochzeitsfeiern ließ eine ganze Industrie entstehen. Spezielle Unternehmen kümmern sich um alle Vorbereitungen der Feier, die vielleicht am besten als eine Aufeinanderfolge von Inszenierungen zu beschreiben ist. Mehrmals wechseln Braut und Bräutigam zwischen traditioneller japanischer und europäischer Festkleidung, wobei die Accessoires in jeder »Szene« genau aufeinander abgestimmt sind. Auch bei den Programmpunkten wählt man aus eigenen traditionellen und ausländischen Bräuchen: wechselseitiges Trinken aus Sake-Tassen, Anschneiden der Hochzeitstorte, Entzünden der *heart candles* etc. Während des Banketts halten Freunde und Bekannte Reden und Ansprachen. Im übrigen gleicht die Entwicklung der in Europa – die Scheidungszahlen steigen, die meisten Trennungen werden von den Frauen initiiert.

Braut und Bräutigam posieren in japanischer Festkleidung für das Hochzeits-foto.

Nach offiziellen Angaben hält ein Prozent der Schüler dem ständigen Druck, dem extremen Wettbewerb und der Einförmigkeit des Unterrichts nicht stand und verweigert die Schule. Andere schikanieren ihre Mitschüler *(ijime)*, doch trotz einzelner sehr brutaler Vorfälle sind die kriminellen Delikte im internationalen Vergleich gering. Die Mehrheit der Schüler verhält sich passiv und konsumorientiert.

Tatsächlich scheint aber die Generation einer »neuen Menschheit« *(shinjinrui)* heranzuwachsen, die sich

Sumō

Nach einem langen gegenseitigen Provozieren dauert ein Kampf unter Sumō-Ringern manchmal nur Sekunden. Das Ziel besteht darin, den Gegner entweder aus dem Ring zu stoßen oder ihn dazu zu bringen, daß er mit einem anderen Körperteil als den Füßen den Boden berührt. Entsprechend den Siegen und Niederlagen eines jeden Turniers wird die Rangliste der Ringer aktualisiert.

Die Ringer mit der ungewöhnlichen Körperfülle tragen traditionelle Kleidung und Haartracht, praktizieren alte Rituale und unterwerfen sich auch im Alltag einem strengen Verhaltenskodex. Die unverheirateten Sportler leben gemeinsam in ihrem Trainingscamp *(heya)* und dienen auch außerhalb von Training und Wettkampf Ranghöheren. 1993 verlieh die Sumō-Vereinigung dem aus Hawaii stammenden Akebono als erstem Ausländer den höchsten Titel *(yokozuna)*.

Für die Sumō-Ringer zählt nicht nur die Kampftechnik, sondern auch das Körpergewicht: etwa 200 Kilo bringen die schwergewichtigen Kämpfer auf die Waage – hier der berühmte Yoközuna Takanohana.

in Werten und Verhalten grundlegend von den Eltern unterscheidet. Die Jungen wollen mehr Freiheit, Freizeit, Urlaub, Selbstverwirklichung, weniger ein hohes Bruttosozialprodukt, denn einen hohen Nettolohn. Ob sie ihre Absage an den uneingeschränkten Arbeitseinsatz und die Bereitschaft zur Unterordnung im realen Berufsleben aufrechterhalten können, wird sich zeigen. Zumindest die Gruppe der noch bei den Eltern lebenden Singles mit eigenem Einkommen läßt es sich heute schon gutgehen. Vor allem die modebewußten, noch nicht verheirateten Frauen im Alter zwischen 25 und 35 Jahren, die mit ihrem Einkommen keinen eigenen Haushalt bestreiten müssen, gelten als *young single parasites* und sind die Hauptkundschaft der Boutiquen und Trendläden.

Alle Sportarten in Japan unterliegen modischen Trends, bisweilen werden sie von einem Boom ergriffen, dann wieder rücken sie für einige Zeit aus dem Rampenlicht. Vor allem in den achtziger und neunziger Jahren hatten die Sumō-Ringer keineswegs nur ältere Fans, sondern genossen auch unter jungen Frauen Kultstatus. Die jährlich insgesamt sechs Turniere fanden vor ausverkauftem Haus statt und hatten im Fernsehen konstant hohe Einschaltquoten. Es erschienen Sumō-Manga, und Sumō-Zeichentrickfilme wurden ausgestrahlt.

Baseball wurde in der Meiji-Zeit zum Nationalsport. Heute existieren zwei bezahlte Oberligen mit jeweils sechs Mannschaften, die nach den Firmen benannt sind, denen sie gehören. Berühmte Mannschaften sind die Tōkyō Giants (Yomiuri), die Seibu-Lions und die Nippon Ham Fighters.

1993 wurde die erste Fußball-Profiliga (J-League) gegründet. In der Anfangsphase arbeiteten erfolgreiche ausländische Spieler zeitlich befristet in Japan, inzwischen werden japanische Spieler auch im Ausland verpflichtet. Nach der ersten japanischen WM-Teilnahme 1998 wurde 2002 die erste Fußballweltmeisterschaft in Asien gemeinsam von Japan und Korea ausgetragen.

Mit den Auslandsreisen Ende des 19. Jh.s wuchsen die Fremdsprachenkenntnisse und damit auch die Neugier auf fremde Literatur, und viele Japaner wurden zu Spezialisten fremdsprachlicher Literaturen. Durch ihre Übersetzungen eröffnete sich der japanischen Leserschaft innerhalb kürzester Zeit ein breites Spektrum unterschiedlichster Strömungen und Stilrichtungen, die sich in den verschiedenen Herkunftsländern über lange Zeiträume hinweg entwickelt hatten. Die japanische Literatur erfuhr eine ungeheure Auffächerung, von der im folgenden nur die entscheidenden Schlaglichter erwähnt werden können.

In Anlehnung an europäische Romantheorien forderten die Literaten der Meiji-Zeit realistische Schilderungen in strukturierten Romanen, eine neue Dramaturgie bzw. Gedichte nach neuer Form (*shintaishi*). Ihre Werke veröffentlichen die Autoren in Zeitschriften literarischer Gruppen (*dōjin zasshi*, viele von Studenten gegründet).

Tausend-Yen-Geldschein mit dem Portrait Natsume Sōsekis (1867–1916), neben Akutagawa Ryūnosuke (1892–1927), Mori Ōgai u. a. einer der wichtigsten Vertreter der japanischen literarischen Moderne. In seinen Texten lotet er alle Seiten des modernen Individualismus aus.

Beeinflußt von europäischen Vorbildern, schufen japanische Autoren in den folgenden Jahrzehnten realistische, naturalistische, symbolistische und romantische Werke, doch diese Bezeichnungen sind nur bedingt anwendbar, denn alle literarischen Strömungen erfuhren vor dem japanischen Hintergrund eine Umdeutung. Am deutlichsten wird die Neuinterpretation beim japanischen Naturalismus, der sich von der kritischen Betrachtung gesellschaftlicher Zustände zu einer schonungslosen Beschreibung von Erfahrungen der eigenen Alltagswelt entwickelte (*shishōsetsu*, autobiographische Literatur).

In den zwanziger Jahren erlebte die proletarische Literatur, die die sozialen Probleme der Arbeiter aufgriff, eine Blüte. Nach den Verhaftungswellen Anfang der dreißiger Jahre beugten sich die meisten Autoren der strengen Zensur, die Anpassung oder Schweigen forderte. Die Zensur der Kriegszeit erlaubte nur Werke, die den »Dienst am Thron« stärkten, geringste Kritik zog Gefängnisstrafen nach sich, und gegen Kriegsende existierte praktisch keine literarische Produktion mehr.

Deshalb überrascht es nicht, daß die Jahre nach der Niederlage Japans trotz schwieriger äußerer Bedingungen von außerordentlich intensiver literarischer Aktivität geprägt waren. Zum einen erschienen neue Werke renommierter Autoren

der Vorkriegszeit (Tanizaki Jun'ichirō, 1886–1965, Kawabata Yasunari, 1899–1972), zum anderen schilderten jüngere Autoren ihre Kriegserfahrungen, überdachten die eigene Haltung zur Zeit des Militarismus und setzten sich mit dem Zusammenbruch der bestehenden Ordnung und des Wertesystems auseinander. Hohe Erwartungen wurden an die von den Alliierten propagierten demokratischen Werte geknüpft, und es erschien eine neue Welle an ausländischer Literatur in Übersetzung.

Die beiden Literaturnobelpreisträger Japans: Kawabata Yasunari (1899–1972) erhielt 1968, Ōe Kenzaburō (geb. 1935) 1994 den Nobelpreis für Literatur. In einer eigenen Ästhetik beschrieb Kawabata subtile Gefühlsschwankungen seiner Hauptfiguren. Ōe beschäftigt sich mit der Erfahrung des Krieges, Umweltzerstörung durch Industrialisierung, Leben mit einem behinderten Kind.

Der wirtschaftliche Aufstieg Japans brachte die Gründung vieler Verlage, breit angelegte Werbekampagnen, eine Menge Literaturpreise und eine unüberschaubare Zahl an Zeitschriften und Magazinen. Unter dem Einfluß von Massenmedien und Populärkultur verschwand die strenge Trennung zwischen ernster und Unterhaltungsliteratur, am deutlichsten abzulesen an den Preisträgern der beiden angesehensten Literaturpreise, dem Akutagawa-Preis (tendenziell für E-Literatur) und dem Naoki-Preis (tendenziell für U-Literatur).

Junge Autoren und Autorinnen, wie Yoshimoto Banana, die in einem von *manga* beeinflußten Erzählstil Alltagssituationen in japanischen Metropolen beschreiben, erzielen hohe Auflagenzahlen, und in jüngster Zeit veröffentlichen viele junge Autoren koreanischer Abstammung mit großem Erfolg. Gefragtester Autor der letzten Jahre ist Murakami Haruki, der in seinen Bestsellern in einem von US-amerikanischen Vorbildern geprägten Stil meist junge Einzelgänger beschreibt und dabei scheinbar so treffend wie kein anderer Sehnsüchte junger Japaner beschreibt.

Nach ersten erfolgreichen Filmaufnahmen und -vorführungen Ende des 19. Jh.s entstand in Japan Anfang des 20. Jh.s eine eigene Filmindustrie. Der Film galt als eine Erweiterung des Theaters: Die Darstellung orientierte sich an *kabuki*-Aufführungen, und bei Vorführungen kommentierte ein Erzähler (*benshi*) das Geschehen und verlieh den Figuren Stimmen, er übernahm die erzählende Rolle, die es in allen traditionellen japanischen Theaterformen gibt. 1920 gab es etwa 7.000, zum Teil sehr berühmte *benshi*, die sich heftig gegen die Einführung des Tonfilms wehrten.

Um eine der Realität nähere Darstellung der Ereignisse zu erreichen, verzichtete man schrittweise auf Elemente aus dem *kabuki* und begann, anstelle der männlichen *kabuki*-Darsteller (*onnagata,* s. S. 122) Schauspieler*innen* für Frauenrollen

Der Nationalheld Torasan (Atsumi Kiyoshi) in der Serie *Otoko wa tsurai yo* (»Es ist hart, ein Mann zu sein«). Über Jahrzehnte hinweg wurden knapp 50 Folgen produziert. Der fahrende Händler und liebenswerte Junggeselle Torsan verbringt in jeder neuen Folge einige Zeit an einem bestimmten Ort Japan, um dann weiterzuziehen.

zu engagieren. Anfang der zwanziger Jahre wurden die ersten Schauspielerinnen zu Stars.

Einer großen Zahl an Literaturverfilmungen und historischen Stücken (*jidaigeki*) in den zwanziger Jahren folgten in der Zeit der schwierigen Wirtschaftslage Ende der zwanziger Jahre Filme, die vom Alltagsleben von Kleinbürgern handelten (*shōshimin eiga*) und sich mit sozialen und politischen Problemen der Zeit auseinandersetzten (*keikō eiga,* wörtlich »Tendenzfilme«).

Nachdem sich die Filmindustrie von den Schäden des schweren Erdbebens (1923) erholt hatte, wurde die Lage in den dreißiger Jahren durch die Rationierung der notwendigen Materialien zunehmend schwierig. Die Zensur ließ nur noch wenige Importe zu und schränkte die einheimische Produktion ein. In den Kriegsjahren hatten die Filme den Kampfgeist der Bevölkerung zu stärken und der Unterstützung der militaristischen Expansion zu dienen.

Auch unter alliierter Besatzung unterlag die Filmproduktion einer starken Zensur, verboten waren nun Stoffe, die Feudalismus, Krieg, Militarismus oder Nationalismus verherrlichten. Nach 1945 erlebte das filmproduzierende Gewerbe eine Reihe von Streiks, und Anfang der fünfziger Jahre erreichte die in den USA unter McCarthy betriebene antikommunistische Verfolgungswelle auch Japan. Kritische Filmemacher

Szene aus *Rashōmon – Das Lustwäldchen* (1950) von Kurosawa Akira mit Mifune Toshirō in der Rolle des Räubers.

gründeten unabhängige Produktionsgesellschaften.

1949 lockerten die Alliierten ihre strenge Zensur, und Kriegsschäden (vor allem die Zerstörung der Kinos) waren allmählich überwunden. Regisseure wie Mizoguchi Kenji (1898–1956), Ozu Yasujirō (1903–1963) und Kurosawa Akira (1910–1998) leiteten das »Goldene Zeitalter des japanischen Films« ein. Zur gleichen Zeit erregte die besondere Ästhetik des japanischen Films zum ersten Mal auch im Ausland Aufmerksamkeit. 1951 erhielt *Rashōmon* von Kurosawa Akira den Goldenen Löwen, 1952 *Ugetsu monogatari* (»Erzählungen unter dem Regenmond«) von Mizoguchi Kenji den Silbernen Löwen der Filmfestspiele von Venedig.

Während die Lichtspielhäuser in Japan 1958 über eine Milliarde Besucher verzeichneten, mußten in den sechziger Jahre mehr als die Hälfte aller japanischen Kinos schließen. Die großen Filmgesellschaften gerieten in finanzielle Schwierigkeiten, denen man durch die Produktion von Softpornos,

Monsterfilmen à la *Godzilla* (seit 1954), Komödien und Actionfilmen mit Yakuza-Gangstern oder Motorradgangs zu begegnen versuchte.

Mit zum Teil geringen Budgets entstanden in den sechziger Jahren zahlreiche unabhängige, experimentelle Produktionen (etwa von Ōshima Nagisa). Das thematische Spektrum aktueller Filme ist breit gefächert: Einerseits wird in Samurai- und Yakuza-Filmen (auch ironisch) Historisches aufgegriffen, andererseits aktuelle gesellschaftliche Probleme behandelt: die Welt der Jugendlichen (sich wandelnde Konsumeigenschaften, Schwierigkeiten beim Erwachsenwerden, erste sexuelle Erfahrungen und Liebesbeziehungen), der Zusammenbruch traditioneller Familienstrukturen (Scheidung, individuelle Unabhängigkeit, Formen alternativen Zusammenlebens, Homosexualität), das Verhältnis zu Angehörigen asiatischer Nachbarstaaten, vor allem zur koreanischen Minderheit.

Szene aus *Tōkyō monogatari – Die Reise nach Tōkyō* (1953). In dem Film, der als Meisterwerk des Regisseurs Ozu Yasujirō gilt, reist ein älteres Ehepaar nach Tōkyō und erlebt dort, wie fremd ihm die eigenen Kinder geworden sind.

In Form der langen Bildrollen hat die Kombination von Wort und Bild zum Erzählen von Geschichten in Japan eine lange Tradition. Während der Edo-Zeit war mit den Mitteln des Blockdrucks zum ersten Mal eine Massenproduktion von bebilderten Leseheften möglich. Ende des 19. Jh.s bereicherten ausländische Karikaturisten wie Charles Wirgman und George Bigot japanische Skizzen und Drucke um europäische Zeichentechniken und etablierten die Karikatur als Mittel der Kritik an sozialen und politischen Mißständen. Berühmt für ihre politischen Karikaturen wurde die 1905 von Kitazawa Rakuten (1876–1948) gegründete Wochenzeitschrift *Tōkyō Puck*. Nach der schrittweisen Verschärfung der Zensur verloren die Karikaturen an Bissigkeit, und unpolitische *kodomo manga*, für Kinder entworfene *manga*, erreichten zu Beginn des 20. Jh.s eine erste Blüte.

Nachdem 1940 alle Zeichner in der Dachorganisation Shin Nippon mangaka kyōkai (»Neue Vereinigung der *manga*-Zeichner Japans«) organisiert waren, aktiven Zeich-

In Stil und Themen beherrschte Tezuka Osamu (1928–1989, hier auf einer japanischen Briefmarke) mit seinen Serien jahrzehntelang den Markt.

nern blieb nur, sich mit ihren Erzählungen an der offiziellen Propaganda zu beteiligen.

Nach 1945 begann ein völlig neuer Abschnitt in der Geschichte der Kinder-*manga*: Spannende Erzählungen um junge Helden, die erfolgreich gegen das Böse antreten – der berühmteste: Tetsuwan Atomu, im Ausland als »Astroboy« bekannt –, ließen die Auflagenzahlen nach oben schnellen. In den fünfziger Jahren erschienen zum ersten Mal eigens für Mädchen entworfene Geschichten.

In den sechziger Jahren bereicherten die von ihren Zeichnern als *gekiga* (»dramatische Bilder«) bezeichneten Erzählungen die *manga*. *Gekiga* thematisierten sozialkritische Fragestellungen, richteten sich an Jugendliche und junge Erwachsene und wurden vor allem von Studenten gelesen. Nun wandten sich auch *manga* an eine ältere Leserschaft: zunächst an junge Männer, ab den achtziger Jahren an Frauen und in den Neunzigern an Senioren. Inzwischen finden *manga* ihre Leserschaft in allen Altersschichten. Aufgrund der effektiven und unter-

Manga

Manga war der Titel einer Skizzensammlung, die Katsushika Hokusai in der ersten Hälfte des 19. Jh.s anfertigte. In 15 Bänden hielt er Menschen, Tiere, Pflanzen, zum Teil zu Karikaturen übersteigert, fest. Malschüler nutzten die Skizzenhefte als Vorlage für ihre Übungen. Der Titel wurde im 20. Jh. zur allgemeinen Bezeichnung für japanische Comics, *manga*.

haltsamen Informationsvermittlung werden in Japan nicht nur Erzählungen, sondern auch Anleitungsbücher, Wahlwerbung, selbst Infoblätter von Polizei und Feuerwehr in *manga*-Form verlegt.

In den sogenannten *story manga*, die häufig mehrere tausend Seiten umfassen, entwickelten die Zeichner die als typisch japanisch geltenden Zeichentechniken wie die Aufsplittung einzelner Momente in viele Einzelbilder.

Heute sind etwa dreißig Prozent aller japanischen Druckerzeugnisse *manga*. Erfolgreiche Serien werden in den auflagenstarken Wochen- oder Monatszeitschriften über Jahre hinweg fortgesetzt, parallel dazu in Taschenbüchern und Liebhaberausgaben zusammengefaßt, inzwischen die *manga*-Klassiker in Werkgesamtausgaben kanonisiert.

Eng ist die Verbindung zu den *anime*, den japanischen Zeichentrickfilmen. Mit dem großen Erfolg der Fernsehserie *Astroboy* von Tezuka Osamu begann 1963 der steile Aufstieg der *anime*-Industrie. Während in Europa und in den USA Zeichentrickfilme als Unterhaltung für Kinder betrachtet wurden, richteten sich in Japan schon in den siebziger Jahren *anime* mit breit gefächerten Themen an ein jugendliches und auch erwachsenes Publikum.

Obwohl viele Serien nicht nur ins asiatische Ausland, sondern inzwischen auch in die USA und in euro-

päische Staaten exportiert werden, spricht man seit Jahren in Japan von einer Krise in der *manga*- und *anime*-Industrie. Doch sind es immer wieder *anime* des Regisseurs Miyazaki Hayao (Studio Ghibli), die Spielfilme – auch die erfolgreichsten aus Hollywood – an den Kinokassen schlagen. *Sen to Chihiro no kamikakushi* (2001, »Chihiros Reise ins Zauberland«) z. B. war erfolgreichster Film des Jahres 2001, gewann 2002 den Goldenen Bären der Berliner Filmfestspiele und wurde 2003 mit dem Oscar für den besten Zeichentrickfilm ausgezeichnet.

Werke der Populärkultur werden in Japan nicht generell abgewertet, viele Künstler bekennen sich zu ihrem Einfluß: Junge Autoren übernehmen Themen der *manga* und *anime*, bildende Künstler und Filmemacher nutzen deren Ästhetik. Da *manga* und *anime* nicht selten ihre Themen aus klassischen literarischen Quellen schöpfen, bleiben gerade in ihnen Mythen und Legenden lebendig.

Szene aus Miyazaki Hayaos *anime Tonari no Totoro* (»Mein Nachbar Totoro«).

Hieizan Berg nordöstlich von Kyōto, auf dem die Klöster der Tendai-Sekte errichtet wurden

Kyōto (früherer Name Heiankyō) Hauptstadt und politisches Zentrum 794–1192, Residenz des Tennō und offizielle Hauptstadt bis 1867, außerdem Regierungssitz der Shōgune 1338–1573

Sekigahara (östlich des Biwa-Sees) Entscheidungsschlacht von 1600 zwischen Anhängern der Tokugawa und der Toyotomi

Uji Tempel Byōdōin mit der Phönixhalle (Familie Fujiwara)

Nara (früherer Name Heijōkyō) Hauptstadt 710–784

Hōryūji Tempel gestiftet von Prinz Shōtoku, ältester Holzbau der Welt

Kinki-Region Siedlungsgebiet des ersten japanischen Staates, Yamato

bei Shimonoseki Meerenge Dannoura zwischen Honshū und Kyūshū, Entscheidungsschlacht des Genpei-Krieges 1185

Japan
0   N   200 km

Japanisches Meer

Izumo Großer Schrein von Ōkuninushi, eines Nachkommen der Gottheit Susanoo

Miyajima Itsukushima-Schrein (Familie Taira = Heike)

Tsushima
Kanazawa
Toyam
Matsue
Ama no hashidate Fukui
Matsun
Izumo Tottori
Maizuru
Hagi
Iki Shimonoseki **Hiroshima** Okayama Himeji Hieizan *Biwa-See* Gifu
Fukuoka Yamaguchi *Miyajima* Kurashiki **Kōbe** Kyōto 848 m
Gotō- **Kitakyūshū** Dazaifu Kōbe Hikone **Nagoya**
Inseln Awaji- Ōsaka Uji
Nagasaki Saga Matsuyama Takamatsu shima Sakai Hōryūji Shiz
Kumamoto Ōita Tokushima Ise Hamamatsu
Unzen-dake Aso-san Uwajima Wakayama Yoshino
1359 m *1592 m* Kōchi 986 m
Amakusa- *Kōya-san*
Inseln **Honshū**

Shikoku

Kagoshima Miyazaki
Sakurajima **Ise** Großer Sch
1118 m **Kyūshū** **Ōsaka** (früherer Name Naniwa) Regierungssitz während der Taika-Reform (645), von Amaterasu, heiligster Ort de
traditionell bedeutende Handelsstadt Shintō
Sakai Schlüssellochgrab des Kaiser Nintoku

Nagasaki in der Edo-Zeit Zentrum des europäischen Einflusses, Umschlagplatz des Außenhandels, künstliche Insel Deshima als Aufenthaltsort für Ausländer

Shimabara (Kyūshū) Rebellion christianisierter Bauern und *rōnin* 1637–38

Yoshino 1336–1392 Sitz des südlichen Tenn Hofes (Tennō Go-Daigo)

Hokkaidō

Wakkanai
Rishiri-tō
Teshio-dake 2077 m
Asahikawa
Kunashiri-tō
Otaru
Abashiri
Sapporo
Tokachi-dake 2077 m
Habomei-Inseln
Muroran
Horoshiri-dake 2052 m
Kushiro
Nemuro
Hakodate
Osore-zan 828 m
Aomori
Hirosaki
Hachinohe
Akita
Iwate-san 2041 m
Morioka
Sakata
Tsuruoka
Hiraizumi
•ga-ma
Yamagata
Niigata
Shibata
Sendai
Yonezawa
Matsushima
Aizu Wakamatsu
Fukushima
Nikkō
•no
•zawa
Mito
Tōkyō
•hama
Chiba
Kamakura
•Hakone
•u-
•albinsel

Kamakura Regierungssitz der Shōgune 1192–1333

Tōkyō unter dem Namen Edo Regierungssitz der Shōgune 1600–1867, danach umbenannt zu Tōkyō, Hauptstadt und Regierungssitz des Tennō

Pazifischer

Ozean

Als die »drei (schönsten) Landschaften Japans« *(Nihon sankei)* gelten:

Ama no hashidate Landzunge nordwestlich von Kyōto
Matsushima Bucht nördlich von Sendai
Miyajima Schreininsel westlich von Hiroshima

Yokohama Niederlassung europäischer Kaufleute nach der Öffnung Japans im 19. Jh.

VORZEIT *(GENSHI)*

Jōmon 10 000 v. Chr. bis ca. 300 v. Chr.

Yayoi ca. 300 v. Ch. bis ca. 300 n. Ch.

1. und 2. Jh. n. Chr.	Gesandtschaften verschiedener Sippenoberhäupter nach China
239	Gesandtschaft der Herrscherin Himiko von Yamatai nach China

ALTERTUM *(KODAI)*

Kofun 3. Jh. bis 7. Jh.

ab 350	Beginn der Herrschaft des Yamato-Reiches über die anderen Sippen
5. Jh.	Gesandtschaften von Yamato-Herrschern nach China
538 oder 552	Einführung des Buddhismus in Japan. Der Sieg der Sippe Soga, die den Buddhismus fördert, verhilft dem Buddhismus zur Verbreitung.
593–622	Regentschaft des Prinzen Shōtoku
594	Buddhismus als Staatsreligion
645	Taika-Reform
701/702	Taihō-Gesetze

Nara 710–794

710	Gründung der ersten festen Hauptstadt in Heijōkyō (Nara)
718	Yōrō-Kodex
752	Einweihung des Großen Buddha, Nara
784	Verlegung der Hauptstadt nach Nagaoka
794	Verlegung der Hauptstadt nach Heiankyō (Kyōto)

Heian 794–1192

858	Beginn der Fujiwara-Regentschaft, deswegen: bis Mitte des 12. Jhs. auch »Fujiwara-Zeit«
894	Abbruch der diplomatischen Beziehungen zu China
1087–1156, 1158–1221	frühere und spätere *insei*-Zeit: die Macht wird nicht vom offiziell regierenden Kaiser, sondern von einem zurückgetretenen oder Mönch gewordenen Vorgänger ausgeübt
1156–59	Bürgerkriege in Kyōto, die Kriegerfamilien übernehmen die Macht
1167	Taira no Kiyomori wird Großkanzler *(dajōdaijin)*, Höhepunkt der Herrschaft der Taira
1180–1185	Genpei-Krieg zwischen den Familien Minamoto (= Genji) und Taira (= Heike), Niederlage der Familie Taira

MITTELALTER *(CHŪSEI)*

Kamakura 1192–1333

1192	Kaiser Go-Toba ernennt Minamoto Yoritomo zum Shōgun, Etablierung der Militärregierung in Kamakura
1203	Die Hōjō-Familie wird Berater *(shikken)* des Shōgun und übernimmt schrittweise die Macht im Shogunat, das sie ab 1219 dominiert
1219–1221	Exkaiser Go-Toba versucht vergeblich, die Militärregierung zu stürzen und die kaiserliche Macht wieder herzustellen (Jōkyū-Unruhen)
1274, 1281	zwei erfolglose Invasionsversuche der Mongolen

Muromachi 1333–1600

1333	Kaiser Go-Daigo stürzt das Kamakura-Shogunat und stellt das Tennō-System wieder her
1336	Ashikaga Takauji erobert Kyōto, setzt einen Tennō ein (nördlicher Hof) und zwingt Tennō Go-Daigo zum Rückzug nach Yoshino (südlicher Hof), 1336–1392 »Zeit des südlichen und nördlichen Hofes« (Yoshino- oder Nanboku-Zeit)
1338	Gründung des Muromachi-Shogunats durch Ashikaga Takauji
1370	Japanische Piraten *(wakō)* plündern chinesische und koreanische Küstenregionen
1392	Ashikaga Yoshimitsu vereinigt Nord- und Südhof
1467–1477	Ōnin-Krieg, Beginn der Sengoku-Zeit (Zeit der kämpfende Provinzen, bis zur Einigung Japans unter Toyotomi Hideyoshi 1590)
1542 oder 1543	die ersten Portugiesen landen in Japan, bringen Feuerwaffen
1549	Mit dem portugiesischen Jesuiten Francisco Xavier beginnt die Missionierung in Japan.
1568	Oda Nobunaga erobert Kyōto
1568–1598	drei Jahrzehnte der Reichseinigung (von den militärischen Erfolgen Oda Nobunagas bis zum Tode Toyotomi Hideyoshis) Azuchi-Momoyama-Zeit, benannt nach der Lage der Burgpaläste von Oda Nobunaga und von Toyotomi Hideyoshi
1582	Ermordung des Oda Nobunaga
1587	Verbot der Missionierung
1590	Japan unter Toyotomi Hideyoshi vereinigt
1592–1593	erste japanische Invasion in Korea
1597–1598	zweite japanische Invasion in Korea
1598	Tod des Toyotomi Hideyoshi
1600	Tokugawa Ieyasu besiegt die Anhänger des Toyotomi Hideyoshi in der Entscheidungsschlacht von Sekigahara

NEUERE ZEIT *(KINSEI)*

Edo 1600–1868

1603	Tokugawa Ieyasu wird Shōgun und etabliert die Militärregierung der Tokugawa in Edo (dem heutigen Tōkyō)
1609	Die Holländer gründen in Hirado (Kyūshū) eine Faktorei
1615	Fall der Festung von Ōsaka, die Tokugawa vernichten die letzten Anhänger der Toyotomi
1624	Ausweisung der Spanier aus Japan
1637–1638	Rebellion christianisierter Bauern und *rōnin* in Shimabara, blutige Niederschlagung
1639	Maßnahmen festigen die Abschließungspolitik *(sakoku)*, endgültige Ausweisung aller Portugiesen aus Japan, Todesstrafe für alle Christen
1641	Verlegung der holländischen Faktorei von Hirado auf die künstliche Insel Deshima (im Hafen von Nagasaki)
1688–1704	Genroku-Zeit
1690–92	Engelbert Kaempfer als Arzt auf Deshima
1703–1709	viele Katastrophen suchen Japan heim: Erdbeben, Überschwemmungen, Feuersbrünste, Ausbruch des Fuji, Masernepidemie
1720	Lockerung der Einfuhr europäischer Bücher unter Tokugawa Yoshimune
1767	Zunahme der Bauernaufstände und Erhebungen in den Städten

1782–1787	Während der fünfjährigen Tenmei-Hungersnot sterben mehrere hunderttausend Menschen.
1823–1830	Philipp Franz von Siebold als Arzt in Japan
1833–1836	Während der Tenpō-Hungersnot sterben mehrere hunderttausend Menschen
1853	Ankunft der »Schwarzen Schiffe« des Commodore Matthew Perry in der Bucht von Edo
1854–56	Freundschaftsverträge mit den USA, England, Rußland, Holland
1856	Der US-Amerikaner Townsend Harris, erster ausländischer Konsul in Japan, trifft in Japan ein
1858	Handelsverträge mit den USA, Holland, Rußland, England, Frankreich
1860	die erste japanische Delegation tritt ihre Reise in die USA an
1861	Handelsvertrag mit Preußen
1862	Aufhebung der Anwesenheitspflicht in Edo *(sankin kōtai)* als Zugeständnis des Shogunats an die *daimyō*
1866	Shogunatstruppen werden auf ihrem Feldzug gegen das Heer des Daimyats Chōshū geschlagen.
1867–68	andauernde Kämpfe, Sieg der Koalitionstruppen der Daimyate Satsuma, Chōshū, Hizen und Tosa

NEUZEIT *(KINDAI)*

Meiji 1868–1912

1868	Meiji-Restauration: Wiederherstellung der Regierungsmacht des Tennō, der von Kyōto nach Edo zieht, das in Tōkyō (»Östliche Hauptstadt«) umbenannt wird
1871–73	Die Iwakura-Mission reist durch die USA und durch verschiedene Staaten Europas.
1871	Die ehemaligen Lehen *(han)* werden zu Präfekturen *(ken)* umgewandelt.
1872	Einführung der allgemeinen Schulpflicht, Shintoismus wird Staatsreligion
1873	Einführung der allgemeinen Wehrpflicht
1876	Abschaffung des Samurai-Status
1877	Satsuma-Rebellion, Tod des Saigō Takamori
1889	Verkündung der Meiji-Verfassung
1894	Vertragsrevision mit England
1894–95	Chinesisch-japanischer Krieg, Sieg Japans
1895	Vertrag von Shimonoseki, Triple-Intervention durch Rußland, Frankreich und das Deutsche Reich, Japan annektiert Formosa (Taiwan)
1902	Bündnisvertrag zwischen Japan und England
1904–05	russisch-japanischer Krieg, Sieg Japans, Korea unter japanischer Oberhoheit
1910	Japan annektiert Korea

Taishō 1912–1926

1914	Japan tritt an der Seite Englands in den Ersten Weltkrieg ein, erobert die deutschen Kolonien in Fernost/Pazifik
1915	Einundzwanzig Forderungen an China
1918	Reisaufstände in den Städten, erste Parteienregierung
1923	großes Erdbeben in Tōkyō
1925	Einführung des allgemeinen Wahlrechts für Männer

GEGENWART *(GENDAI)*

Shōwa 1926–1989

1931	Überfall auf die Mandschurei, damit Eintritt in den sog. »Fünfzehn-jährigen Krieg« (bis zur Kapitulation Japans im August 1945)
1936	Abschluß des Antikominternpaktes mit Deutschland
ab 1937	Krieg mit China
1940	Dreimächtepakt zwischen Tōkyō, Berlin und Rom
1941	Besetzung Indochinas
7.12.1941	Überfall auf Pearl Habor und damit Eintritt in den Krieg gegen die USA (Pazifischer Krieg)
Frühjahr 1942	schnelle Gebietsgewinne Japans: Malaya, Singapur, Birma, Niederländisch-Indien, Philippinen in japanischer Hand
03.–06.06.1942	Sieg der Amerikaner in der See-Luft-Schlacht von Midway (Wendepunkt im Kriegsverlauf)
22.–25.10.1944	Seeschlacht vor den Philippinen: entscheidende Niederlage für Japan
14.07.1945	zum ersten Mal beschießen US-Kriegsschiffe japanische Küsten-gebiete
06.08.1945	Atombombenabwurf auf Hiroshima
08.08.1945	Die UdSSR tritt in den Krieg gegen Japan ein
09.08.1945	Atombombenabwurf auf Nagasaki
15.08.1945	bedingungslose Kapitulation Japans
02.09.1945	Unterzeichnung der Kapitulationsurkunde
01.01.1946	Kaiser Hirohito verzichtet in einer Radioansprache auf das Dogma seiner Göttlichkeit
03.05.1947	Inkrafttreten der Nachkriegsverfassung
08.09.1951	Friedensvertrag von San Francisco
April 1952	Ende der alliierten Besatzung
1956	Aufnahme diplomatischer Beziehungen zur UdSSR, Aufnahme in die Vereinten Nationen
1972	Rückgabe der Ryūkyū-Inseln an Japan, Wiederherstellung diplomatischer Beziehung zur VR China
1978	Friedens- und Freundschaftsvertrag mit der VR China
1989	Tod des Tennō Hirohito, damit Ende der Shōwa-Ära

Heisei seit 1989

1989	Tennō Akihito besteigt den Thron
1992	das PKO-Gesetz ermöglicht Japan die Teilnahme an friedenserhalten-den Maßnahmen der UNO, Entsendung japanischer UN-Kontingente nach Kambodscha
1993	Ende der jahrzehntelangen Herrschaft der LDP, Spaltung der Partei
1993	erstmalige Öffnung des japanischen Reismarktes für Importe
1994	LDP wieder in Regierungskoalition
1995	Hanshin-Erdbeben (Kōbe/Ōsaka, 5.500 Tote, knapp 37.000 Verletzte, über 300.000 Menschen werden obdachlos), Giftgas-Anschlag der Aum-Sekte (12 Tote, tausende Verletzte)
1996	LDP wieder alleinige Regierungspartei
2004	Japanische Soldaten beginnen ihren in Japan umstrittenen Einsatz im Irak; erster Einsatz japanischer Truppen in einem Kampfgebiet seit Ende des Zweiten Weltkriegs.

Geographische, klimatische und demographische Eckdaten

Japan besteht aus den **vier Hauptinseln** Hokkaidō (früher Ezo genannt), Honshū, Shikoku und Kyūshū und mehreren Tausend kleiner und kleinster Inseln (Gesamtfläche: 377.837 km², Ausdehnung: 24. bis 45. Grad n. Br., von Nordosten nach Südwesten über 3.000 km). Die vier Hauptinseln sind durch spektakuläre Bauwerke miteinander verbunden (Brücken und Tunnel, wie z.B. der 53,9 km lange Seikan-Tunnel zwischen Honshū und Hokkaidō).

Die dem ostasiatischen Festland vorgelagerte Inselkette entstand dadurch, daß sich die Pazifische Platte unter die Kontinentalplatte schob. Die Erdkruste weist Risse auf, ist also **tektonisch sehr labil**. Täglich ereignen sich mehrere Erdbeben, außerdem sind zahlreiche Vulkane aktiv, und Erschütterungen im Boden lösen zuweilen riesige Flutwellen *(tsunami)* aus, die auf die Küsten prallen.

Höchste Erhebung des Landes ist mit 3776 m der Berg **Fuji** (Fujisan). Seine ausgewogene Kraterform macht ihn zu einem der schönsten Vulkane der Welt und wurde unzählige Male Motiv der Künste. »Fuji« ist wahrscheinlich ein Wort aus der Ainu-Sprache und bezeichnet den Feuergott. Der Gipfelkrater wird als shintoistisches Heiligtum verehrt, seit jeher besteigen Pilger den Gipfel, und 1868 wurde auch Frauen der Aufstieg erlaubt.

Heiße Quellen *(onsen)* wurden von alters her zur Reinigung, zur Erfrischung und zur Heilung genutzt. Der Bade- und Erholungsbetrieb rund um die Thermal- und Mineralquellen (Schwefel, Eisen, Kohlensäure, Kochsalz, teilweise 90 Grad und heißer) ist ein bedeutender Wirtschaftsfaktor.

Japan ist ein **Landschaftsmosaik** aus engen Buchten, Steilküsten, Steilgebirgen und zerklüfteten Tälern – reizvolle Naturstriche, von denen drei mit Kiefern bestandene Küstenabschnitte, die »drei Landschaften Japans« *(Nihon sankei)*, als die schönsten gelten: die Landzunge Ama no hashidate (nordwestlich von Kyōto), die Bucht von Matsushima (nördlich von Sendai) und die Schreininsel Miyajima (westlich von Hiroshima).

Das gebirgige Terrain macht die **Erschließung** weiter Landstriche schwierig: Mehr als 60 % der Landesfläche können nicht oder wenig genutzt werden. Folglich drängen sich auf den wenigen Ebenen Städte, Industrie und Landwirtschaft.

Durch hohe Investitionen in Vorwarnsysteme, in die Befestigung von Küsten und Hängen, in Aufforstungen und Flußregulierung versucht man **Naturkatastrophen** abzuwenden, doch die hohe Bevölkerungsdichte in den Ballungszentren und die damit einhergehende Zersiedelung des Landschaftsraumes verhindert effektive Schutzmaßnahmen. Das Hanshin-Erdbeben (1995) führte vor Augen, daß trotz intensivster Forschung kein zuverlässiges Frühwarnsystem existiert, daß vor allem aber auch die Vorbereitung auf den Katastrophenfall und dessen Bewältigung weit schlechter funktionieren als angenommen.

Durch die große Nordsüd-Ausdehnung gibt es in Japan sehr unterschiedliche **Klima- und Vegetationszonen**: vom subtropischen Bereich Südkyūshūs über die gemäßigte Zone Mitteljapans bis zum winterkalten Nadelwaldklima auf Hokkaidō.

Da die Inselkette der Länge nach durch ein **Gebirge** geteilt ist, sorgt der mit Feuchtigkeit aufgeladene NW-Monsun im Winter auf der dem Kontinent zugewandten Japanmeer-Seite für reiche Schneefälle, während es zur gleichen Zeit auf der dem Pazifik zugewandten Seite meist windig, kühl und wolkenlos ist. Der meiste Niederschlag fällt zur Regenzeit im Frühsommer (»Pflaumenregen«, ostasiatischer Monsun) und im Herbst mit den häufig Zerstörung bringenden tropischen Wirbelstürmen, den Taifunen (Flußüberschwemmungen, Erdrutsche).

Insgesamt leben in Japan knapp **127 Millionen Menschen**. Die Japaner sind ein Mischvolk, wahrscheinlich von inneraasiatischem und indonesisch-polynesischem Ursprung.

Minderheiten:
– Ainu: nach offiziellen Angaben 30.000, nach anderen Schätzungen 60.000, Ureinwohner des nördlichen Japans, heute nur noch auf Hokkaidō weitgehend assimiliert oder in wenigen touristischen Ainu-Dörfern wohnhaft

Geographische, klimatische und demographische Eckdaten

– Bewohner des Ryūkyū-Archipels (Okinawa)
– *Burakumin:* nach offiziellen Angaben 1,15 Millionen, tatsächlich schätzungsweise 2 bis 3 Millionen. Japaner, die durch die Ausübung geächteter Berufe aus der Vier-Stände-Gesellschaft der Edo-Zeit ausgeschlossen wurden (s. S. 105), heute weiterhin diskriminiert werden und in eigenen Dörfern oder Stadtbezirken leben
– ca. 680.000 Nachfahren ehemaliger koreanischer Zwangsarbeiter, die nach der Annexion Koreas 1910 nach Japan verschleppt wurden und heute meist in den industriellen Ballungszentren leben
– mehrere Hunderttausend Flüchtlinge und illegale Arbeiter ohne gültige Aufenthaltsgenehmigung (v.a. aus Thailand, Iran, Malaysia, Südkorea, Philippinen, China)

Die durchschnittliche **Bevölkerungsdichte**, bezogen auf die gesamte Landesfläche (1996: 337 Einw./km²), ist wenig aussagekräftig, da nur 15 bis 27 % der Gesamtfläche als besiedel- bzw. bewirtschaftbar gelten. Berücksichtigt man nur diese besiedelbaren Ebenen und Täler, ergibt sich für ca. ein Viertel der Gesamtfläche eine Bevölkerungsdichte von 1.200 Einw./km², womit Japan zu einem der dichtest besiedelten Staaten der Erde zählt. Die Bevölkerungsdichte in den sog. *densely inhabited districts* (DID, dicht besiedelte Distrikte) lag 1990 bei etwas über 6.500 Einw./km², die DID machten damals nur etwas über 3 %

der japanischen Gesamtfläche aus, auf ihnen lebten aber über 63 % der Gesamtbevölkerung.

Einwohnerzahlen

Tōkyō (Stadt)	8 Mio
Tōkyō (Präfektur)	11 Mio
Yokohama	3,3 Mio
Ōsaka	2,6 Mio
Nagoya	2,15 Mio
Sapporo	1,75 Mio
Kōbe	1,5 Mio
Kyōto	1,46 Mio
Fukuoka	1,28 Mio
Hiroshima	1,1 Mio

Nationalflagge und Nationalhymne

Nationalflagge ist der rote Kreis, Symbol der Sonne, auf weißem Grund (Hinomaru). Die Nationalhymne wird nach der Anfangszeile des Textes *Kimigayo* genannt. Das fünfzeilige Gedicht aus der kaiserlichen Gedichtsammlung *Kokinshū* (10. Jh.) wurde unter Meiji-Tennō vertont.

Kimi ga yo wa
chi-yo ni, yachi-yo ni,
sazare-ishi no
iwao to narite,
koke no musu made.

Gebieter, Eure Herrschaft soll dauern eintausend Jahre, abertausend Jahre, bis der Stein zum Felsen wird und Moos seine Seiten bedeckt.

Übersetzung: Homepage der japanischen Botschaft in Deutschland, http://www.botschaft-japan.de/japan/flaggehymne.html

Feiertage

1.1. Neujahr *(ganjitsu)*

2. Montag im Januar
Tag der Mündigkeit *(seijin no hi)* mit Zeremonien für die jungen Männer und Frauen,

die im Jahr zuvor das 20. Lebensjahr vollendet haben

11.2. Tag der Staatsgründung *(kenkoku kinen no hi)*

21.3. Frühlingsanfang (Frühlings-Tagundnachtgleiche, *shunbun no hi)*

29.4. Tag des Grün *(midori no hi)*, ab 2005: Shōwa-Tag *(Shōwa no hi)*, war Geburtstag des Shōwa-Tennō

3.5. Tag der Verfassung *(kenpō kinenbi)*

5.5. Tag der Kinder *(kodomo no hi)*

3. Montag im Juli
Tag des Meeres /der Marine *(umi no hi)*

3. Montag im September
Tag des Respekts vor den Älteren *(keirō no hi)*

23.9. Herbstanfang (Herbst-Tagundnachtgleiche, *shūbun no hi)*

2. Montag im Oktober
Tag der Gesundheit und des Sports *(taiiku no hi)*

3.11. Tag der Kultur *(bunka no hi)*

23.11. Tag der Arbeit und des Erntedanks *(kinrō kansha no hi)*

23.12. Geburtstag des Kaisers *(Tennō tanjōbi)*

Die drei größten **Tageszeitungen** Japans (Auflage):
– *Yomiuri shinbun* (über 10 Mio)
– *Asahi shinbun* (über 8 Mio)
– *Mainichi shinbun* (knapp 4 Mio)

Literatur

Nachschlagewerke, Gesamtübersichten

Hammitzsch, Horst (Hg.): Japan-Handbuch. Wiesbaden, 2. unveränderte Aufl., 1984 (nach Themen gegliederte Übersichtsartikel)

Japan. An Illustrated Encyclopedia. Tōkyō, Kodansha 1993

Lewin, Bruno (Hg.): Kleines Wörterbuch der Japanologie. Wiesbaden, 2. unveränderte Aufl., 1981 (Einträge zur Vorzeit bis Vormoderne)

Pohl, Manfred und Hans Jürgen Mayer (Hg.): Länderbericht Japan. Geographie, Geschichte, Politik, Wirtschaft, Gesellschaft, Kultur. Bonn (Bundeszentrale für Politische Bildung), 2. Aufl., 1998

Geschichte, epocheübergreifend

Collcutt, Martin, Marius B. Jansen und Isao Kumakura: Cultural Atlas of Japan. Oxford 1988

Hall, John W.: Das japanische Kaiserreich (Fischer Weltgeschichte Band 20). Frankfurt/Main 1968, Neuauflage Augsburg 2000

Hartmann, Rudolf: Geschichte des modernen Japan von Meiji bis Heisei. Berlin 1996

Jansen, Marius B.: The Making of Modern Japan. Cambridge (Mass.) [u.a.] 2000

Jōmon

Naumann, Nelly: Japanese Prehistory. The Material and Spiritual Culture of the Jōmon Period. Wiesbaden 2000

Nara, Heian

Morris, Ivan: Der leuchtende Prinz. Höfisches Leben im alten Japan. Frankfurt/Main 1988

Schlombs, Adele (Hg.): Im Licht des großen Buddha. Schätze des Tōdaiji-Tempels, Nara. Eine Ausstellung des Museums für Ostasiatische Kunst der Stadt Köln. Köln 1999

Kamakura, Muromachi

Grossberg, Kenneth Alan: Japan's Renaissance. The Politics of the Muromachi bakufu. Ithaca (NY) 2001

Hall, John W. und Takeshi Toyoda (Hg.): Japan in the Muromachi Age. Ithaca (NY) 2001.

Morris, Ivan: Samurai oder Von der Würde des Scheiterns. Frankfurt/Main 1988

Edo

Dunn, Charles J.: Everyday Life in Traditional Japan. Rutland, Tōkyō 1969

Edo-Tokyo Museum (Hg.): Guide to Edo-Tokyo Museum. Tōkyō 1995 (Ausstellungskatalog)

Ehmcke, Franziska, und Masako Shōno-Sládek (Hg.): Lifestyle in der Edo-Zeit. Facetten der städtischen Bürgerkultur Japans vom 17. – 19. Jahrhundert. München 1994.

Reisen in Nippon. Berichte deutscher Forscher des 17. und 19. Jahrhunderts aus Japan. Ausgewählt und eingeleitet von Herbert Scurla. Berlin, 6. Aufl., 1990

Stahncke, Holmer (Hg.): Preußens Weg nach Japan. Japan in den Berichten von Mitgliedern der preußischen Ostasienexpedition 1860–61. München 2000

Meiji/Taishō

Die Iwakura-Mission. Das Logbuch des Kume Kunita-ke über den Besuch der japanischen Sondergesandtschaft in Deutschland, Österreich und der Schweiz im Jahre 1873. Übers. und hrsg. von Peter Pantzer. München 2002

Gluck, Carol: Japan's Modern Myths. Ideology in the late Meiji Period. Princeton (NJ) 1985

Schwebell, Gertrude C. (Hg.): Die Geburt des modernen Japan in Augenzeugenberichten. Düsseldorf 1970

Seidensticker, Edward: Low City, High City. Tokyo from Edo to the Earthquake. Harmondsworth, New York 1983

Shōwa

Bix, Herbert P.: Hirohito and the Making of Modern Japan. New York 2000

Dower, John W.: Empire and Aftermath. Yoshida Shigeru and the Japanese Experience, 1878–1954. Cambridge (Mass.) [u.a.] 1979

Ehmcke, Franziska und Peter Pantzer (Hg.): Gelebte Zeitgeschichte. Alltag von Deutschen in Japan 1923–1947. München 2000

Osada, Harata (Hg.): Kinder von Hiroshima. Japanische Kinder über den 6. August 1945. Frankfurt/Main, 4. Aufl., 1981

Partner, Simon: Assembled in Japan. Electrical Goods and the Making of the Japanese Consumer. Berkeley [u.a.] 1999

Scherer, Klaus: Kamikaze: Todesbefehl für Japans Jugend. Überlebende berichten. München 2001

Seidensticker, Edward: Tokyo Rising. The City since the Great Earthquake. New York 1990

Literatur

Historisches Japan-Bild in Europa

Croissant, Doris (Hg.): *Japan und Europa 1543–1929.* Berlin 1993 (Ausstellungskatalog)

Kapitza, Peter (Hg.): *Japan in Europa. Texte und Bilddokumente zur europäischen Japankenntnis von Marco Polo bis Wilhelm von Humboldt.* München 1990 (2 Bände + Begleitband)

Schuster, Ingrid: *Vorbilder und Zerrbilder. China und Japan im Spiegel der deutschen Literatur 1773–1890.* Bern [u.a.] 1988

Zeitgeschichte, Kultur, Politik, Gesellschaft

Aoki, Tamotsu: *Der Japandiskurs im historischen Wandel. Zur Kultur und Identität einer Nation.* München 1996

Coulmas, Florian: *Die Kultur Japans. Tradition und Moderne.* München 2003

Gössmann, Hilaria (Hg.): *Das Bild der Familie in den japanischen Medien.* München 1998

Hijiya-Kirschnereit, Irmela (Hg.): *Japan. Der andere Kulturführer.* Frankfurt/ Main, Leipzig 2000

Japan – Ein Lesebuch, Japan-Lesebuch II und III erschienen im Konkursbuchverlag Tübingen

Katō, Shūichi: *Närrische Gedanken am Abend. Essays zu japanischer Kultur, Politik und Zeitgeschichte.* Übers. und hrsg. von Frank Böhling. München 2001

Kevenhörster, Paul: *Politik und Gesellschaft in Japan* (Meyers Forum 16). Mannheim [u.a.] 1993

Scholz-Cionca, Stanca (Hg.): *Japan - Reich der Spiele.* München 1998

Mythen

Allan, Tony, Michael Kerrigan und Charles Phillips: *Söhne der Sonne. Japan* (Mythen der Menschheit). Amsterdam 1999

Naumann, Nelly: *Die Mythen des alten Japan.* München 1996

Literaturgeschichte

Hijiya-Kirschnereit, Irmela: *Japanische Gegenwartsliteratur. Ein Handbuch.* München 2000

Kato, Shuichi: *Geschichte der japanischen Literatur. Die Entwicklung der poetischen, epischen, dramatischen und essayistisch-philosophischen Literatur Japans von den Anfängen bis zur Gegenwart.* Darmstadt 1990

Keene, Donald: *World Within Walls. Japanese Literature of the Pre-Modern Era, 1600–1867.* Rutland, Vermont und Tōkyō 1978

Keene, Donald: *Dawn to the West. Japanese Literature in the Modern Era.* Band 1: *Fiction,* Band 2: *Poetry, Dama, Criticism.* New York 1984.

Anthologien

Araki, Tadao und Ekkehard May (Hg.): *Zeit der Zikaden. Japanisches Lesebuch. Erzählungen der Gegenwart.* München 1990

Die Zauberschale. Erzählungen vom Leben japanischer Damen, Mönche, Herren und Knechte. Ausgewählt und aus dem Japanischen übersetzt von Nelly und Wolfram Naumann. München 1990

Hammitzsch, Horst (Hg.): *Japanische Märchen.* Aus dem Japanischen von Ingrid Schuster und Fritz Rumpf. Reinbek bei Hamburg 1992

Hijiya-Kirschnereit, Irmela (Hg.): *Traumbrücke ins ausgekochte Wunderland. Ein japanisches Lesebuch.* Frankfurt/Main und Leipzig 1993

Itō, Narihiko u.a. (Hg.): *Seit jenem Tag. Hiroshima und Nagasaki in der japanischen Literatur.* Frankfurt/Main 1984

May, Ekkehard und Martina Schönbein (Hg.): *Blütenmond. Japanisches Lesebuch 1650–1900.* München 1990

Schaarschmidt, Siegfried und Michiko Mae (Hg.): *Japanische Literatur der Gegenwart.* München, Wien 1990

Yoshida-Krafft, Barbara (Hg.): *Frauen in Japan. Erzählungen.* München 1989

Es liegt eine sehr umfassende Auswahl an Übersetzungen von Werken sowohl klassischer wie aktueller japanischer Autoren und Autorinnen in dt. Übersetzung vor. Neben den bibliographischen Anmerkungen in den oben genannten Bänden verschafft einen Überblick über die moderne Literatur:

Stalph, Jürgen, Gisela Ogasa, Dörte Puls: *Moderne japanische Literatur in deutscher Übersetzung. Eine Bibliographie der Jahre 1868–1994.* München 1995

Kunst, Theater

Adachi, Barbara C.: *Backstage at bunraku. A behind-the-scenes Look at Japan's Traditional Puppet Theatre.* New York, Tōkyō, 1985

Fahr-Becker, Gabriele (Hg.):

Literatur / Quellennachweis

*Japanische Farbholzschnit-
te*. Köln 1993
Keene, Donald: *Nō and Bun-
raku. Two forms of Japane-
se Theatre*. New York [u.a.]
1990
Klopfenstein-Arii, Tomoko:
*Schrift und Schriftkunst
in China und Japan*. Bern
[u.a.] 1992
Munsterberg, Hugo: *Zen-
Kunst*. Köln 1978
Nakamura Matazo: *Kabuki.
Backstage, onstage. An
Actor's Life*. Tōkyō 1990
Violet, Renée: *Kleine Ge-
schichte der japanischen
Kunst*. Köln 1982

Manga, anime, Film

Anderson, Joseph L. und
Donald Richie: *The Japane-
se Film. Art and Industry*.
Princton (NJ) 1982
Clements, Jonathan, und
Hellen McCarthy: *The
Anime Encyclopedia.
A Guide to Japanese
Animation since 1917*.
Berkeley (CA) 2001
Hirano, Kyoko: *Mr. Smith
goes to Tokyo. Japanese
Cinema under the Ameri-
can Occupation, 1945–
1952*. Washington, DC
[u.a.] 1992
McCarthy, Helen: *Hayao
Miyazaki, Master of Japa-
nese Animation. Films,
Themes, Artistry*. Berkely
(CA) 1999
Phillipps, Susanne: *Tezuka
Osamu. Figuren, Themen
und Erzählstrukturen im
Manga-Gesamtwerk*.
München 2000

Richie, Donald: *Japanese
Cinema. An Introduction*.
Hongkong, New York [u.a.]
1990
Schilling, Mark: *The Encyclo-
pedia of Japanese Pop
Culture*. New York 1997

Schodt, Frederik L.: *Manga!
Manga! The World of Japa-
nese Comics*. Tōkyō, New
York, London 1983
Schodt, Frederik L.: *Dream-
land Japan. Writings on
Modern Manga*. Berkeley
(Calif) 1996

**Geistesgeschichte/
Religion/Philosophie**

Breen, John und Mark
Teeuwen (Hg.): *Shinto in
History. Ways of the kami*.
Richmond 2000
Clarke, Peter B. (Hg.): *Japa-
nese New Religions. In
Global Perspective*. Rich-
mond 2000.
Gonick, Gloria: *Matsuri!
Japanese Festival Arts*.
Los Angeles (CA) 2002
Japanische Weisheit. Aus-
gewählt, übersetzt und hg.
von Lydia Brüll. Stuttgart
1999
Pörtner, Peter, Jens Heise:
*Die Philosophie Japans.
Von den Anfängen bis zur
Gegenwart*. Stuttgart 1995
Ueyama, Shunpei: *Japani-
sche Denker im 20. Jahr-
hundert*. München 2000
Yusa, Michiko: *Japanese
Religions*. London 2002

Quellennachweis

Texte ohne Quellenangaben
sind eigene Übersetzungen

S. 60
Sugawara Michizane, *Kanke
kōshū* Nr. 485 (Sammlung
chinesischer Gedichte aus
dem Jahre 903)
zitiert nach Kato Shuichi:
*Geschichte der japanischen
Literatur*. Darmstadt 1990,
S. 99

S. 103
*Reisen in Nippon. Berichte
deutscher Forscher des 17.
und 19. Jahrhunderts aus
Japan*. Ausgewählt und eingeleitet von Herbert Scurla.
Berlin, 6. Aufl. 1990, S. 113

S. 100
Asai Ryōi: *Ukiyo monogatari
(Erzählungen aus der
fließend-vergänglichen Welt*,
von 1661
zitiert nach Gabriele Fahr-
Becker (Hg.): *Japanische
Farbholzschnitte*. Köln 1993,
S. 23

S. 150
Sekretariat des Verfassungs-
ausschusses (Hg.): *Die Verfassung Japans*, Tōkyō
1952, S. 3
zitiert aus: Kevenhörster,
Paul: Politik und Gesell-
schaft in Japan 1993, S. 22.

Museen mit ostasiatischen Sammlungen und Kulturinstitute

DEUTSCHLAND

Berlin
Staatliche Museen zu Berlin
Museum für Ostasiatische
Kunst und Ethnologisches
Museum
Lansstraße 8
14195 Berlin
www.smb.spk-berlin.de

Japanisch-Deutsches
Zentrum Berlin
Saargemünder Straße 2
14195 Berlin
www.jdzb.de

Mori Ôgai-Gedenkstätte der
Humboldt-Universität zu Berlin
Luisenstraße 39
10117 Berlin
www.z.rz.hu-berlin.de/
japanogie/mog

Bremen
Übersee-Museum
Bahnhofsplatz 13
28195 Bremen
www.uebersee-museum.de

Düsseldorf
EKO-Haus der Japanischen
Kultur e.V.
Brüggener Weg 6
40547 Düsseldorf
www.eko-haus.de

Frankfurt/Main
Museum für Angewandte
Kunst
Schaumainkai 17
60594 Frankfurt/Main
www.museumfuerangewandte-
kunst.frankfurt.de

Hamburg
Museum für Völkerkunde
Abteilung Süd- und Ostasien
Rothenbaumchaussee 64
20148 Hamburg
www.voelkerkundemuseum.com

Museum für Kunst und
Gewerbe Hamburg
Steintorplatz 1
20099 Hamburg
www.mkg-hamburg.de

Köln
Japanisches Kulturinstitut
Universitätsstraße 98
50674 Köln
www.jki.de

Museum für Ostasiatische
Kunst
Universitätsstraße 100
50674 Köln
www.museenkoeln.de/museum-
fuer-ostasiatische-kunst

München
Staatliches Museum für Völkerkunde, Abteilung Ostasien
Maximilianstraße 42
80538 München
www.voelkerkundemuseum-
muenchen.de

Stuttgart
Linden-Museum Stuttgart,
Staatliches Museum für
Völkerkunde, Abteilung
Ostasien
Hegelplatz 1
70174 Stuttgart
www.lindenmuseum.de

Würzburg
Siebold-Museum
Frankfurter Straße 87
97082 Würzburg
www.wuerzburg.de/
siebold-museum

SCHWEIZ

Genf
Collections Baur
8, Rue Munier Romilly
1206 Genf
www.collections-baur.ch

Zürich
Völkerkundemuseum
der Universität Zürich
Pelikanstrasse 40
8001 Zürich
www.musethno.unizh.ch

Museum Rietberg
Kunst ferner Völker
Gablerstrasse 15
8002 Zürich
www.rietberg.ch

Bern
Japan Information and
Cultural Center (JICC)
Engestraße 43
3012 Bern
www.ch.emb-japan.go.jp/
japan/JICC.htm

ÖSTERREICH

Wien
Museum für Völkerkunde
Neue Burg
1010 Wien
www.ethno-museum.ac.at

Österreichisches Museum
für Angewandte Kunst
Stubenring 5
1010 Wien
www.mak.at

Japanisches Informations-
und Kulturzentrum
Schottenring 8
1010 Wien
www.at.emb-japan.go.jp

NIEDERLANDE

Amsterdam
Rijksmuseum Amsterdam
Stadhouderskade 42
1071 Amsterdam
www.rijksmuseum.nl

Leiden
Rijksmuseum voor
Volkenkunde Leiden
Steenstraat 1
2300 Leiden
www.rmv.nl

Glossar

anime
»Zeichentrickfilm«, von engl. »animation«

bakufu
»Zeltregierung«, benannt nach dem Hauptquartier eines Heeres auf dem Marsch, seit Minamoto Yoritomo Bezeichnung für Regierungsapparat und -sitz der Militärregierung

bon
buddhistisches Totenfest in der Mitte des 7. Monats des Mondkalenders, bei dem die Seelen der Verstorbenen bewirtet und nach der Aufführung von Tänzen mit Lichtern (auf Bergen, auf dem Wasser) ins Jenseits zurückleitet werden

buke
»Kriegerfamilie«, politisch vorherrschend von der Kamakura- bis zur Edo-Zeit

bunraku
Puppentheater, das im frühen 17. Jh. für Städter entstand

bushi
bewaffneter Gefolgsmann oder Berufskrieger

bushidō
»Weg des Kriegers«, Ehrenkodex der Krieger (Samurai) mit den Grundwerten der bedingungslosen Treue gegenüber dem Herrn und der Todesverachtung

daimyō
»großer Name«, ursprünglich Landbesitzer, seit dem Mittelalter dann Feudalfürst mit riesigem Großgrundbesitz, in dessen Diensten Samurai standen, die seine Ländereien verteidigten

futon
Schlafunterlage (entsprechend einer Matratze), die am Abend auf dem Boden ausgebreitet und am Morgen nach dem Auslüften wieder in den Wandschrank geräumt wird

geisha
professionelle Unterhalterin mit einer Ausbildung in Tanz, Gesang und Shamisen-Spiel; soziale Stellung 1872 durch die offizielle Trennung von Prostituierten und *geisha* verbessert

haiku
sehr populäre Gedichtform: inhaltlich und sprachlich sehr freies Gedicht in drei ungereimten Zeilen mit 5–7–5 Silben

hiragana
eine der beiden Silbenschriften, entstanden durch Kursivierung chinesischer Schriftzeichen

kabuki
farbenprächtiges, bürgerliches Theater der Edo-Zeit, in dem männliche Schauspieler auch Frauenrollen übernehmen

kami
im Shintō verehrte Kräfte, die alles Lebendige und Leblose beseelen; umfassen mythische Gestalten, Naturphänomene, zu Götter gewordene Helden

kamikaze
»Göttlicher Wind«, Begriff für die Taifune, die 1274 und 1281 die riesigen mongolischen Invasionsflotten vernichteten; im Zweiten Weltkrieg Bezeichnung für die Selbstmordflüge junger Piloten, die sich mit ihren Flugzeugen auf gegnerische Ziele stürzten

kanji
aus dem Chinesischen übernommene, bedeutungstragende Schriftzeichen

katakana
eine der beiden Silben-

schriften, entstanden als Kürzel chinesischer Schriftzeichen

kimono
langes Gewand mit weiten Ärmeln, oft reich verziert, durch einem Stoffgürtel *(obi)* zusammengehalten

kofun
Hügelgrab

kosode
kurzärmliger Kimono

koto
Zither mit dreizehn Saiten

kyōgen
humoristische Zwischenspiele zur Auflockerung von *nō*-Vorstellungen

manga
japanisches Comic

matsuri
Shintō-Fest zu Ehren von *kami* (Göttern)

nō
klassische Theaterform, die sich im 14. Jh. herausbildete, stark stilisiert, nur männliche Darsteller

obi
Schärpe aus steifem Seidenbrokat, die um den Kimono gebunden und im Rücken zu einem Knoten gebunden wird

onsen
heiße Quelle

rōnin
während der Edo-Zeit Bezeichnung für herrenlose Samurai

sake
alkoholisches Getränk, das aus vergorenem Reis gewonnen wird

samurai
»Dienender«, militärischer Gefolgsmann, später allg. Bezeichnung für einen Krieger

satori
im Zen-Buddhismus plötzliche Erleuchtung, Zustand spiritueller Vollkommen-

heit, bei dem man sich in völligem Einklang mit den Dingen befindet

seppuku
ritueller Selbstmord durch das Aufschlitzen des Bauches, im Ausland als »harakiri« bezeichnet

shakuhachi
Bambusflöte

shamisen
Lauteninstrument mit drei Saiten

Shinkansen
Hochgeschwindigkeitszug

shintō
»Weg der Götter«, Japans Urreligion mit einer riesigen Anzahl von Göttern *(kami)*

shōgun
vom Tennō verliehener höchster militärischer Rang, ursprünglich: *seii taishōgun* »oberster Befehlshaber im Feldzug gegen die Barbaren«, seit Minamoto Yoritomo

Oberbefehlshaber mit politischer Machtausübung

sumō
traditioneller Ringkampf

taiko
japanische Trommel

tatami
traditioneller Bodenbelag im Haus: Reisstrohmatte mit genormtem Maß von ca. 90 cm x 180 cm

tennō
»Himmlischer Herrscher«, seit dem 7. Jh. Titel des Kaisers/der Kaiserin

tokonoma
Ziernische in traditionellem japanischen Raum, Platz für ein Rollbild und ein zur Jahreszeit passendes Blumenarrangement

torii
rotes, meist hölzernes Schreintor, Zugang zum heiligen Bereich eines Shintō-Schreins

ukiyo
»fließend vergängliche Welt«, ursprünglich Begriff aus dem Buddhismus: Trauer über Vergänglichkeit des Lebens, dann Bezeichnung für den sinnlichen, extravaganten Lebensstil der Edo-Zeit

yakuza
Gruppen organisierter Kriminalität

Yamato
historische Provinz Japans, Zentrum der frühgeschichtlichen Kultur Japans um Nara, auch Bezeichnung für ganz Japan

yamatoe
»Yamato-Bild« mit der Bedeutung »japanische Malerei«, typische Sujets: Bilder der vier Jahreszeiten *(shikie)*, Tätigkeiten in den 12 Monaten *(tsukinamie)*, Bilder berühmter Orte *(meishoe)*, Szenen aus der Literatur

Umschrift und Aussprache
Verbindlich für die Umschrift ist das Hepburn-System, wobei folgende Ausspracheregeln zu beachten sind:

Vokale
- Die Vokale werden wie im Deutschen ausgesprochen, allerdings kürzer und offener.
- Vokalverbindungen wie ae, ie, oe, ue werden getrennt gesprochen (»a-e«, »i-e« usw.).
- Lange Vokale werden angezeigt bei a, o, u: durch einen Längungsstrich über dem Vokal (ā, ō, ū)
bei i und e: durch Anhängen eines i (ei wird also nicht wie das dt. Wort »Ei« gesprochen, sondern als langes e, wie in dt. »Beere«)

Konsonanten

Umschrift	Aussprache	Beispiel
s	stimmlos	wie in »Wasser«
z	stimmhaft	wie in »Sinn«
sh	»sch«	wie in »Schule«
ch	stimmlos: »tsch«	wie in »Patsche«
j	stimmhaft: »dsch«	wie in »Dschungel«
y	»j«	wie in »Jahr«

Abgesehen von dem einzigen Silbenschlußlaut n besteht das Japanische aus offenen Silben; n wird ausgesprochen:
- vor b, p, m als »m«
- vor k, g als »ng«

Register

Register

Bildnachweis